Hildegard Macha • Hildrun Brendler •
Catarina Römer
Gender und Diversity im Unternehmen

Hildegard Macha • Hildrun Brendler •
Catarina Römer

Gender und Diversity im Unternehmen

Transformatives Organisationales
Lernen als Strategie

Budrich UniPress Ltd.
Opladen • Berlin • Toronto 2017

Bibliografische Information der Deutschen Nationalbibliothek
Die Deutsche Nationalbibliothek verzeichnet diese Publikation in der Deutschen Nationalbibliografie; detaillierte bibliografische Daten sind im Internet über http://dnb.d-nb.de abrufbar.

Gedruckt auf säurefreiem und alterungsbeständigem Papier.

Alle Rechte vorbehalten.
© 2017 Budrich UniPress, Opladen, Berlin & Toronto
www.budrich-unipress.de

    ISBN   **978-3-86388-048-4 (Paperback)**
    eISBN 978-3-86388-213-6 (eBook)

Das Werk einschließlich aller seiner Teile ist urheberrechtlich geschützt. Jede Verwertung außerhalb der engen Grenzen des Urheberrechtsgesetzes ist ohne Zustimmung des Verlages unzulässig und strafbar. Das gilt insbesondere für Vervielfältigungen, Übersetzungen, Mikroverfilmungen und die Einspeicherung und Verarbeitung in elektronischen Systemen.

Umschlaggestaltung: Bettina Lehfeldt, Kleinmachnow – http://www.lehfeldtgraphic.de
Lektorat: Judith Henning, Hamburg – www.buchfinken.com
Sarz: Ulrike Weingärtner, Gründau – info@textakzente.de
Druck: Paper & Tinta, Warschau
Printed in Europe

Vorwort

Ein empirisches Forschungsprojekt mit Unternehmen zum Thema Gleichstellung durchzuführen war eine Herausforderung, war doch diese Thematik bis dahin in den Unternehmen weitgehend unbekannt. Sie vom Sinn der Strategie Gender und Diversity zu überzeugen war jedoch möglich, weil die humanen Werte weit über bloße Frauenförderung hinausgingen in Bezug auf partizipative Führung und Teilhabe von Mitarbeitenden und einen Nutzen und Mehrwert für die Unternehmen erbrachten.

Wir berichten in diesem Buch von der Geschichte eines Experiments mit zunächst ungewissem Ausgang: Würde es uns als Projektteam gelingen, aus dem Forschungsstand eine tragfähige Theorie für das Projekt zu entwickeln? Könnten wir aus der Theorie eine Intervention zur Weiterbildung zu Gender und Diversity ableiten und umsetzen? Zugleich wurde auch ein Evaluationsdesign für den Prozess der Transformation entwickelt, das die Wirksamkeit aller Maßnahmen in den Unternehmen empirisch erfassen sollte.

Es lag ein besonderer Reiz für uns als Wissenschaftler_innen darin, die Theorie der Organisationsforschung und den Inhalt der Gender- und Gleichstellungsforschung in der Praxis zu erproben. Dieses Experiment der Theorie-Praxis-Vermittlung besteht darin, theoretische Annahmen in die Praxis der Unternehmen zu transponieren und damit die Probe aufs Exempel zu machen: Trägt die Theorie die Transformation, führt also die Transformative Organisationsforschung zu einem Wandel im intendierten Sinn im konkreten Unternehmensalltag?

Folgen Sie uns in diesem Buch bei diesem Prozess, der in drei Schritten absolviert wurde, nämlich dem Theorieentwurf, der Intervention in die Praxis und der Evaluation der Effekte.

Der Dank gilt den Berater_innen des Europäischen Sozialfonds und des Bayerischen Staatsministerium für Arbeit und Soziales, Familie und Integration, Herrn Bachl und Frau Konradt für die tatkräftige Unterstützung und Begleitung. Auch die Universität Augsburg und das Gender Zentrum Augsburg standen an unserer Seite. Das Projektteam bestand neben der Projektleitung, Prof. Dr. Hildegard Macha, aus zwei Führungskräften, Frau Dipl. Päd. Julia Bopple und Frau Staatsex. Catarina Wurmsee sowie Frau Dipl. Päd. Hildrun Brendler vom Gender Zentrum Augsburg sowie vier wissenschaftlichen bzw. studentischen Hilfskräften, die engagierte und hervorragende Arbeit leisteten. Nicht zuletzt gilt der Dank auch Frau Hitzler für ihre Expertise und die Arbeit an dem Buchprojekt.

Inhalt

Vorwort 5

1. Einleitung 11

2. Theoretischer Rahmen des Projekts
   Future is Female 13

2.1 Organisationales Lernen in Unternehmen mit der
   Gender- und Diversity-Strategie 15
      2.1.1 Operationalisierung Stufe 1: Operationalisierung des
      Modells des Transformativen Organisationalen Lernens
      aus der Theorie 17
      2.1.2 Operationalisierung Stufe 2: Operationalisierung der
      Theorie der Transformativen Organisationsforschung
      für die Evaluation 18
2.2 Gender- und Diversityforschung 18
      2.2.1 Ebene I: Makro-/Mesoebene 21
      2.2.2 Ebene II: Mikroebene 22
2.3 Gleichstellungsforschung 24
      2.3.1 Anteil von Frauen in Führungspositionen 26
      2.3.2 Migrations- und Integrationsforschung 29
2.3. Die Strategie Gender und Diversity 32
2.4 Organisationsforschung 35
      2.4.1 Organisationales Lernen 36
      2.4.2 Transformatives Lernen 41
      2.4.3 Der Kontext der Unternehmen als
      zentrale Größe bei der Umsetzung des TOL Modells 46
2.5 Die Theorie der Transformativen Organisationsforschung 48
      2.5.1 Intervention mit der Methode des
      Transformativen Organisationalen Lernens 51

3. Entwicklung des Interventionsdesigns der
   Studie Future is Female 63

3.1 Die Projektstrategie 64
      3.1.1 Phase I: 66
      3.1.2 Phase II: 66
      3.1.3 Phase III: 66
      3.1.4 Die teilnehmenden Unternehmen 68
      3.1.5 Am Projekt beteiligte Akteur_innen 69

3.2 Die didaktisch-methodische Planung der Intervention 75
    3.2.1 Kick-off-Workshops 76
    3.2.2 Vorbereitung der Workshops. 77
    3.2.3 Aufbau der Workshops unter Anwendung des
          Lernmodells TOL 78
    3.2.4 Didaktisch-methodische Planung der Workshops –
          Umsetzung des Lernmodells TOL in der
          Weiterbildungspraxis 79
    3.2.5 Programmworkshops 83
    3.2.6 Konferenzen 88
    3.2.7 Coaching. 90
    3.2.8 Fördermaßnahmen für Frauen. 90
    3.2.9 Kollegiale Beratung zum Gender- und
          Diversity-Change-Prozess. 91

4. Design und Ergebnisse der Partizipativen Evaluation 93

4.1 Ziele der Evaluation und Forschungsfragen 93
    4.1.1 Ergebnisse für Unternehmen in Hinblick auf
          vorher definierte Ziele. 99
    4.1.2 Bestimmung von Indikatoren zur Überprüfung der
          Wirksamkeit des TOL mit Gender und Diversity 101
    4.1.3 Phasen der Evaluation und Instrumente der Erhebung. 102
    4.1.4 Phase 1. Erhebung des Ist- und Sollstandes der
          Gleichstellung in den Unternehmen vor Projektbeginn. 103
    4.1.5 Phase 2: Untersuchung der Wirksamkeit der
          Interventionsmaßnahmen 103
    4.1.6 Phase 3: Die Erhebung des Status quo post zum Stand der
          Gender- und Diversity-Maßnahmen in den Unternehmen
          nach der Intervention wird mit zwei qualitativen
          Instrumenten durchgeführt:. 104
4.2 Ergebnisse der Evaluation 104
    4.2.1 Gender-Daten-Analyse zum Ist- und Sollstand des
          Status quo ante 104
    4.2.2 Ergebnisse der Online-Fragebogen I und II zum
          Ist-Stand der Unternehmen 105
    4.2.4 Zusammenfasende Interpretation der Ergebnisse der
          Online-Fragebogenerhebung. 116
4.3 Dokumentenanalyse 117
    4.3.1 Datenmaterial 118

4.3.2 Auswertungsstrategie: Qualitative Inhaltsanalyse des Datenmaterials.	118
4.3.3 Auswertung der Ergebnisse.	121
4.3.4 Fazit.	125
4.4 Erhebungen zur Organisationsstruktur und den Zielen der Unternehmen zu Gender und Diversity	127
4.4.1 Erhebung der Unternehmensziele im Rahmen des Projekts	130
4.4.2 Die Planung der Weiterbildung hinsichtlich der unternehmerischen Ziele.	131

5. Ergebnisse zur Wirksamkeit der Intervention mit der Gender- und Diversity-Strategie ... 133

5.1 Analyse zur Wirksamkeit der Intervention zu Inhalten von Gender und Diversity.	137
5.1.1 Ergebnisse der quantitativen Daten aus den Feedbackbögen.	143
5.1.2 Zusammenfassende Würdigung der Ergebnisse.	152
5.2 Empirische Analyse der Wirksamkeit des Projekts durch Expert_inneninterviews.	153
5.2.1 Methodik.	154
5.2.2 Ergebnisse der Expert_inneninterviews.	154
5.2.3 Interpretation der Interviewdaten: Die Bildung von „Keimzellen" eines langfristigen Kulturwandels in Unternehmen.	155
5.2.4 Das Change Team: Zentraler Akteur für einen erfolgreichen Transformationsprozess.	169
5.2.5 Fazit.	174

6. Ergebnisse zum Status quo post der Wirksamkeit der Intervention ... 177

6.1 Gruppendiskussion mit Unternehmensvertreter_innen.	177
6.1.1 Methode.	177
6.1.2 Interpretation der Ergebnisse.	183
6.1.3 Zusammenfassung.	185
6.2 Artefaktanalyse.	186
6.2.1 Methodik.	187
6.2.2 Datenerhebung und Datenauswahl der visuellen Materialien: Korpusbildung.	189
6.2.3 Auswertungsstrategie.	191
6.2.4 Dateninterpretation.	191

6.2.5 1. Materialsorte; Artefakt 1: Unternehmens-Homepage:
„Aktuelles – Testsieger Unternehmen NN" 192
6.2.6 1. Materialsorte; Artefakt 2: Unternehmens-Homepage:
Unternehmen NN „Was wir bieten" 202
6.2.7 1. Materialsorte; Artefakt 3: Unternehmens-Homepage:
Unternehmen NN 206
6.2.8 2. Materialsorte: Artefakte der internen und externen
Unternehmenskommunikation 209
6.2.9 Zusammenfassende Auswertung der Artefaktanalyse 219

7. Bewertung der Kulturveränderung in den Unternehmen und der Wirksamkeit des Programms 221

7.1 Auswertung zum empirischen Prozess während der
Intervention 223
    7.1.1 Resümee der Evaluation zur Wirksamkeit der
Weiterbildung zu Gender und Diversity im Prozess........... 223
    7.1.2 Resümee zu der Qualität der Lernprozesse................. 225
    7.1.3 Überprüfung der Programmwirksamkeit in Bezug
auf die Multiplikator_innenfunktion der Gruppen 226
    7.1.4 Resümee zur Transformation der Unternehmenskultur 227
    7.1.5 Resümee zur Zielerreichung der Projektziele................ 228
7.2 Die Theorie der Transformativen Organisationsforschung
als Fundierung der Intervention mit Gender und Diversity 229

8. Literaturverzeichnis.. 231

1. Einleitung

Das Thema des zweijährigen Forschungsprojektes Future is Female, das vom Europäischen Sozialfonds gefördert wurde (9/2011 bis 9/2013), ist, die Gleichstellungsperspektive in Unternehmen zu verankern. Es engagierten sich im Rahmen des Projekts 20 kleine und mittelständische Unternehmen (KMU), mehr Frauen als Fach- und Führungskräfte zu gewinnen, mehr Migrant_innen einzustellen und zu fördern und Ältere stärker zu beteiligen, sie an das Unternehmen zu binden und sie langfristig im Unternehmen zu halten. Für dieses Ziel unterzogen sie sich dem organisationalen Lernprozess mit der Strategie Gender und Diversity. Vor dem Hintergrund des Fachkräftemangels waren der Druck und der Wettbewerb um qualifiziertes Personal in den bayerischen kleinen und mittleren Unternehmen so groß, dass sich die Unternehmen auf das Experiment der „Gender- und Diversity-Strategie" einließen. Sie gaben dabei am Anfang offen zu, die Materie Gleichstellung und Vielfalt bei der Unternehmensstrategie und im Personalmanagement bislang weitgehend außer Acht gelassen zu haben. Ein Motiv für die Unternehmen war auch, langfristig am Markt wettbewerbsfähig zu bleiben.

Das Projektteam verband ein hohes Engagement für die feministischen Ziele der Gender- und Gleichstellungsforschung, mit dem Wunsch, die Bedingungen der Arbeitswelt humaner zu gestalten und Chancengerechtigkeit eine Basis zu geben. Der Gleichstellungsprozess in den Unternehmen wird detailliert beschrieben, empirisch begleitet und ausgewertet. Die empirische Evidenz zeigt, dass die Anstrengungen, eine theoriebasierte Intervention durchzuführen und zu evaluieren, sich bewährt haben. Die Perspektivenwechsel der teilnehmenden Führungskräfte in Richtung Gleichstellung wurden erreicht und die diversitygerechten Kulturveränderungen in den Unternehmen waren messbar. Die Herausforderung anzunehmen erforderte Mut und Unterstützung, die wir aus der disziplinären Diskussion auf zahlreichen Tagungen erhielten.

Nach der Überwindung anfänglicher Hemmschwellen gelang es, mit Geschäftsführungen, Führungskräften und Mitarbeiter_innen der beteiligten Unternehmen Segregationsprozesse auf der strukturellen Ebene der Organisation, der interaktionalen Ebene des „doing gender" und des „doing difference" zu thematisieren, zu analysieren und Perspektiven, Regeln und Programme für eine gender- und diversitygerechte Unternehmenspraxis zu entwickeln.

Zur Umsetzung der Ziele wurden Weiterbildungsmaßnahmen mit der eigens entwickelten didaktischen Methode des „Transformativen Organisationalen Lernens" und mit den Inhalten der Strategie Gender und Diversity durchgeführt. Es ging also um Gleichstellung und Vielfalt in Unternehmen, die dafür einem organisationalen Lernprozess unterzogen wurden. Durch die Methode, so unsere These, kann dem Fachkräftemangel in der bayerischen Wirtschaft dadurch abgeholfen werden, dass Frauen, Migrant_innen und Ältere als das große noch „unausgeschöpfte Potenzial" in verstärktem Maße als Arbeits- und Führungskräfte gewonnen werden. Dabei sollte aber die gender- und diversitykritische Reflexion das Handeln fundieren und Frauen sollten ihre genuinen Eigeninteressen im Beruf selbst definieren. Es wollen aber viel mehr Frauen, Migranten und Ältere arbeiten, als sie es derzeit aufgrund der schlechten Rahmenbedingungen für Vereinbarkeit können. Von daher ist die Motivation des Projekts auch unter ethischen Kriterien sinnvoll.

Die Projektmethode bedeutete auch, dass die Entscheidungsträger im Unternehmen selbst ermächtigt wurden, im Sinne einer gender- und diversitygerechten Arbeitswelt als Multiplikator_innen zu fungieren. Dabei waren Fragen der Weiterbildung im quartären Bildungssektor und die spezifischen Rahmenbedingungen im Unternehmen stets genderkritisch im Blick zu behalten.

Der besondere neue Ansatz lag dabei in dem Prinzip, die maximale Partizipation der Stakeholder in den Unternehmen im Prozess des organisationalen Lernens zu erreichen. Damit setzten wir ein pädagogisches Ziel mit pädagogischen Methoden um: Teilhabe im Forschungs- und Transformationsprozess bedeutete, dass die Stakeholder selbst ermächtigt wurden, sich an dem gesamten Prozess zu beteiligen und somit ihren eigenen Transformationsprozess und den der Unternehmen mit zu planen und zu gestalten. Dieses Verfahren wurde aus dem Forschungsstand aufgenommen und für das Projekt weiterentwickelt. Dabei kamen auch immer die Machtverhältnisse in den Unternehmen in den Blick.

2. Theoretischer Rahmen des Projekts Future is Female

Die Perspektive der Gender- und Diversity-Strategie in Unternehmen zu implementieren, ist eine große Aufgabe, denn es gilt, die Logiken eines Wirtschaftsunternehmens mit denen des kritischen feministischen Diskurses, seinen Zielen und Erkenntnissen zu verknüpfen und in Einklang zu bringen. Die unternehmerische Logik zielt auf die Optimierung der Wertschöpfungskette, die Logik des feministischen Diskurses zielt auf Gleichberechtigung, Teilhabe und Vielfalt sowie auf transformative partizipative Führung. Das Ziel des Projektes Future is Female ist, die Organisationskultur von kleinen und mittelständischen Unternehmen hinsichtlich mehr Chancengerechtigkeit zu verändern und die Akzeptanz in Bezug auf die Differenzlinien von Geschlecht, Ethnizität, sozialer Herkunft, Weltanschauung und Religion, Alter und Behinderung zu erweitern, um eine chancengerechte Arbeitswelt zu gestalten. Konkret bedeutet das, entsprechende Rahmenbedingungen in den Unternehmen zu schaffen und Segregation abzubauen, um gleiche Teilhabechancen von Frauen und Männern mit unterschiedlichen Identitäten zu ermöglichen. Die Strategie Gender und Diversity mit ihren Zielen wird dabei als normative Basis gesetzt, die jedoch in Partizipation mit den Unternehmen umgesetzt wird.

Im Projekt Future is Female werden auf der Basis des internationalen Forschungsstandes ein eigener theoretischer Rahmen und ein Interventions- und Evaluationskonzept entwickelt und erprobt. Der Forschungsansatz verbindet eine gender- und diversitykritische Organisationsanalyse mit der Methode des Organisationalen Lernens im Unternehmen und der partizipativen wissenschaftlichen Evaluation der Ergebnisse.

Wissenschaftstheoretisch wird im Projekt Future is Female Neuland beschritten, und ein Paradigmenwechsel innerhalb der Gender- und Diversityforschung vollzogen. Es werden die Ergebnisse der Gender- und Diversityforschung zur Segregation im Unternehmen als Basis für eine gleichstellungspolitische Intervention in Unternehmen genutzt. Die Diskussion über das Spannungsverhältnis von Gender- und Diversityforschung und Gleichstellungspolitik (Meuser 2004; Wetterer 2009; Kahlert 2009; Riegraf 2009; Bührmann 2013; Macha/Brendler 2014a,b) wird aufgegriffen und insofern weitergeführt, als ein gendertheoretisch fundiertes Interventionskonzept durchgeführt wird, das die Implementierung von Gleichstellungspolitik in den Unternehmen wissenschaftlich evaluiert und die Daten mit dem gendertheoretischen Blick auswertet und bewertet. Somit wird die Grundlagenforschung als theoretisches Fundament genutzt und für die Praxis anwendbar gemacht.

Die Theorie wird dann an der Praxis überprüft und weiterentwickelt. Unter der Intervention wird das Gesamt des Projektkonzepts aus Weiterbildungsformaten und der Evaluation der Wirksamkeit verstanden, wobei die Intervention partizipative Elemente enthält. So wird der Versuch unternommen, die Kluft zwischen Genderforschung, Diversityforschung und anwendungsorientierter Gleichstellungsforschung zu schließen (vgl. dazu auch Macha et al. 2010, 2011).

Zum anderen wird durch einen unternehmerischen Prozess des Organisationalen Lernens per se eine Entwicklung angestoßen, in deren Verlauf Veränderungen zu – oft schmerzhaften – Lernprozessen bei den beteiligten Stakeholdern führen. Bei dieser Art der angewandten Forschung, nehmen die Forscher_innen zwei unterschiedliche Rollen wahr. Zum einen die Rolle der Transformator_innen eines unternehmerischen Change-Prozesses. Sie tragen maßgeblich Wissen ins Unternehmen herein, begleiten und steuern die Zielsetzung und -Erreichung des organisationalen Wandels bei maximaler Partizipation der jeweiligen Akteure der Unternehmen. Zum anderen treten sie gleichzeitig auch als Forscher_innen auf und führen den Prozess der Evaluation durch. Die Einheit von Verändern und Forschen ist ein komplexer Prozess und verlangt eine anspruchsvolle Herangehensweise. Im Prozess des Planens und Handelns ist es gelungen, im Projekt Future is Female eine forschungsmethodische Einheit aus Personal- und Organisationsentwicklung sowie Evaluation zu erschaffen, die das Projekt in allen Schritten fundiert. Für die Theorie – Praxis – Vermittlung wurde das Modell des „Transformativen Organisationalen Lernens – TOL" entwickelt, ein Konstrukt auf der Basis des Forschungsstandes, und durch ein entsprechendes Evaluationsdesign ergänzt. Die einzelnen Schritte sind miteinander verschränkt, sie werden in der Graphik verdeutlicht.

Die dargestellten Schritte werden im Folgenden näher erläutert.

I. Theorie der Transformativen Organisationsforschung

Entwicklung der Theorie der Transformativen Organisationsforschung aus dem theoretischen Rahmen der Gender- und Gleichstellungsforschung und der Theorie des Organisationalen Lernens. Die Verknüpfung dient zur Planung von Intervention und Evaluation.

II. Modell des Transformativen Organistionalen Lernens als Operationalisierung Stufe 1

Entwicklung der Theorie der Transformativen Organisationsforschung aus dem theoretischen Rahmen der Gender- und Gleichstellungsforschung und der Theorie des Organisationalen Lernens. Die Verknüpfung dient zur Planung von Intervention und Evaluation.

III. Evaluationsdesign als Operationalisierung Stufe 2

Operationalisierung als Theorie des Transformativen

Organisationsforschung für die Evaluation der Intervention in den Unternehmen, Entwicklung eines Evaluationsdesigns mit qualitativen und quantitativen Methoden zur Überprüfung der Wirksamkeit der Interventionen in der Praxis

2.1 Organisationales Lernen in Unternehmen mit der Gender- und Diversity-Strategie

Zunächst wird nun das konkrete Vorgehen im Projekt beschrieben, so dass die beiden Schritte der Operationalisierung aus der Theorie deutlich werden. Es wird der Anspruch erhoben, die Anwendung von Ergebnissen der Grundlagenforschung und der Gleichstellungsforschung im Bereich Gender- und Diversity-Management in Unternehmen durch ein abgestimmtes didaktisches Modell der Weiterbildung zu leisten. Der Forschungsstand zu den relevanten Bereichen der Forschung wird rezipiert und für den Kontext des Projekts und seine Weiterbildungspraxis passend zugeschnitten, ohne die Ziele zu verwässern. Es wurden die wissenschaftlichen Ergebnisse der Genderforschung (Intersektionalitätstheorie, Segregation von Geschlecht, Gender und Organisation), der Gleichstellungsforschung (Gender Mainstreaming und Diversity Management) und der Theorie des Organisationalen Lernens (Organisationspädagogik, *Transformative Learning*, organisationales Lernen) aufgearbeitet (Macha/Brendler 2014 a, b, 2016; Macha 2014 a, b; Macha/Hitzler 2015; Macha 2016). Mit der Genderforschung werden die erkenntnistheoretischen feministischen Wurzeln des Projekts begründet (Acker 1990, 1998; Riegraf 1996, 2008; Gherardi 2001, 2012; Gherardi/Nicolini 2001; Winker/Degele 2009, 2010; Macha/Handschuh-Heiß/Magg/Gruber 2010, Macha/Gruber/ Struthmann 2011).

Es wird eine Operationalisierung von Ergebnissen der Gender- und Diversityforschung für die Gleichstellungspraxis und -Politik geleistet und die Gegensätze zwischen beiden Ansätzen werden auf diese Weise überwunden (Meuser 2004; Kahlert 2004; Wetterer 2009, Krell et al. 2011; Müller et al. 2013; Macha 2014 a, b; Macha/Brendler 2014 a, b). Mit der Gleichstellungsforschung werden die durchgeführten Interventionen mit Weiterbildung zur Gender- und Diversity-Strategie fundiert und die Begleitung der Unternehmen bei der Entwicklung von passgenauen Gleichstellungsmaßnahmen theoretisch abgesichert (Meuser 2004, 2009; Macha et al. 2011, 2012; Krell et al. 2011; Struthmann 2013).

Die Forschung zum organisationalen Lernen bildet eine weitere Grundlage für den theoretischen Rahmen (Weick 1996; Geißler 2000; Mezirow 2000, 2012; Gherardi/Nicolini 2001; Elkjaer 2004; Weber 2007, 2009; Göhlich et al. 2007, 2009; Macha 2007, Macha et al. 2010, 2011; Macha/Brendler 2014; Taylor/Cranton 2012). Grundlegende Ergebnisse über die Transformation von Organisationen der Wirtschaft werden hier gewonnen.

Diese relevanten Forschungsergebnisse werden für den Kontext des Projekts zusammengefasst und daraus wird ein eigenes theoretisches Modell entwickelt, das für die Intervention mit Gender und Diversity in den Unternehmen angemessen ist, nämlich die Theorie der Transformativen Organisationsforschung mit ihren Prinzipien und Leitlinien. Sie verbindet die theoretischen Ansätze Gender- und Diversityforschung, Gleichstellungsforschung und Organisationsforschung.

Der theoretische Rahmen stellt das Kernstück des Projekts dar. Er ist so aufgebaut, dass er die grundlegenden Ergebnisse des Forschungsstandes aufnimmt und für die Praxis des organisationalen Lernens anwendbar macht. Hypothesen und Annahmen darüber werden formuliert, wie die Grundlagenforschung für die Praxis der Projekt-Intervention fruchtbar gemacht werden kann. Schließlich wird daraus das theoretische Modell des „Transformativen Organisationsforschung mit der Gender- und Diversity-Strategie" entworfen, das den besonderen feministisch-pädagogischen Ansatz der gleichstellungsorientierten Praxis in den Unternehmen kennzeichnet. Es wird in diesen Kapiteln auch als Lernmodell „Transformatives Organisationales Lernen – TOL" für das Projekt weiterentwickelt und spezifiziert. Das Projekt arbeitet mit der Hypothese, dass eine Intervention auf der Grundlage des theoretischen Modells in der Praxis der Unternehmen in Richtung auf mehr Geschlechtergerechtigkeit und Chancengleichheit für diskriminierte Gruppen wirksam werden kann.

2.1.1 Operationalisierung Stufe 1: Operationalisierung des Modells des Transformativen Organisationalen Lernens aus der Theorie

Im zweiten Schritt wird nach der Theorieentwicklung die Operationalisierung der Theorie der Transformativen Organisationsforschung für die Praxis der Intervention mit Weiterbildung in den Unternehmen zu Zielen und Themen der Gender- und Diversity-Strategie geleistet. Der Begriff der Intervention wird hier so definiert, dass die Ziele und die durch Weiterbildung angeregten neuen Maßnahmen der Gender- und Diversity-Strategie eine Veränderung anzielen, die in jeder Phase von den Unternehmen selbst getragen und mit verantwortet wird. Das Projektteam ist steuernde Instanz, Begleiter, Bereitsteller von Wissen und Informationen.

Ziel ist die Veränderung der Kultur der Unternehmen in Richtung auf mehr Gleichstellung der Geschlechter und Wertschätzung von Vielfalt. Hierbei werden auch weitere Diversity-Dimensionen wie Migration, Alter, Weltanschauung, sexuelle Orientierung, soziale Herkunft und körperliche Bedingungen relevant. Entsprechend werden die Schritte der Intervention in einzelnen Weiterbildungsformaten geplant und durchgeführt (ausführlich siehe dazu Kapitel 3).

Forschungsprojekte mit Interventionsabsicht bedienen sich Forschungsmethoden, die „einem empirisch-analytischen ebenso wie einem pädagogisch-gestaltungsorientierten Wissenschaftsverständnis verpflichtet" sind (Göhlich/Weber/Schröer 2014: 96; vgl. auch Kühl et al. 2009: 19; Macha 2016). Die Organisationsforschung nimmt eine prozessreflektierende Perspektive ein und untersucht die Wirksamkeit von pädagogischen Interventionen in Unternehmen. Das Konzept des Transformativen Lernens (Mezirow 1996, 2000, 2012; Macha et al. 2010, 2011, 2015; Taylor/Cranton 2012) beruht auf der Annahme, dass Transformation durch Lernen ermöglicht wird, wenn ein hoher Grad an Partizipation vorherrscht (Kirkpatrick/Kirkpatrick 2006; Mezirow 2000, 2012). Angewandt auf Organisationen, wird es zur Transformativen Organisationsforschung. Dabei werden unterschiedliche Lernformen initiiert und im Prozess erforscht: das individuelle und kollektive Lernen der Teilnehmenden an der Weiterbildung, das innerorganisationale Lernen der Unternehmen und das interorganisationale Lernen zwischen den Unternehmen. Die jeweiligen Lern- und Transformationsprozesse sind untereinander vernetzt. Wenn die Inhalte und Ziele von den Akteuren selbstbestimmt gewählt und partizipativ vermittelt werden, kann die Wissensbasis von Individuen und Kollektiven erweitert, das neue Wissen akzeptiert werden und zu einer neuen gleichstellungsorientierten Praxis führen. Ohne Anschlussfähigkeit an bekanntes Wissen und ohne Rückversicherung bei einer Gruppe zieht neues Wissen immer eine Verunsicherung nach sich und erschwert die Fähigkeit, sich auf Neues einzulassen (Weber/Göhlich/Schröer/Fahrenwald/Macha 2012). Durch die Erfahrungen mit der praktischen Intervention in Gruppen, insbesondere durch praktische Übungen zum Berufsalltag, kann hingegen der Lernprozess präzisiert und epistemologisch gefasst werden.

Die Voraussetzung für das Lernen in der gleichstellungspolitischen Arbeit mit kleinen und mittelständischen Unternehmen besteht also darin, maximale Partizipation bei der Planung von Zielen und der Umsetzung von Gleichstellungskonzepten zu gewähren. Die einzelnen Lern- und Transformationsschritte werden wissenschaftlich mit unterschiedlichen Instrumenten evaluiert. Ein Wandel wird in den Unternehmen induziert, der Räume für die Ermöglichung von Lernprozessen und die Ermächtigung der Akteure im Unternehmen schafft, selbst den Prozess mit Hilfe des Projektteams zu steuern (Göhlich et. al. 2005).

2.1.2 Operationalisierung Stufe 2: Operationalisierung der Theorie der Transformativen Organisationsforschung für die Evaluation

Das Forschungsdesign der Transformativen Organisationsforschung für die Intervention mit seinen Erhebungs- und Auswertungsmethoden wird entsprechend den Weiterbildungsformaten geplant, etwa Online-Fragebogen für die Erhebung des Status quo ante der Gleichstellung in den Unternehmen, oder Feedbackfragebogen für die Weiterbildungs-Workshops. Die Evaluation hat die Aufgabe, die Wirksamkeit der Intervention in der Praxis der Unternehmen empirisch zu prüfen und ggf. zu belegen. Es findet auf diese Weise eine enge Verschränkung von Intervention und Evaluation statt, indem jede Weiterbildungs-Maßnahme und jede Kulturveränderung durch die Intervention auch evaluiert wird. Die „partizipative Evaluationsforschung" strukturiert die Methodologie des Projekts (Nicolini 2001; Suarez-Herrera u. a. 2009; Eikeland/ Nicolini 2011). Sie bezieht auch beim Evaluationsprozess die Beteiligten mit ein.

Die theoretischen Forschungsansätze, die dem Projektkonzept zu Grunde liegen, werden nun mit Bezug zum Thema Gender- und Diversity-Strategie rezipiert.

2.2 Gender- und Diversityforschung

Ungleichheit im Unternehmen bedeutet, dass Chancen qua Geschlecht und anderer Merkmale unterschiedlich verteilt werden. Gender ist eine soziale Kategorie, die neben anderen ungleichheitsgenerierenden Kategorien vertikale und horizontale Segregation in Organisationen generiert und somit bei Individuen unterschiedliche Teilhabechancen erzeugt. Mit dem Konzept der *„inequality regimes"* konzeptualisiert Acker (2006: 443, 2013: 91) die interdependenten Dynamiken von *gender, class and race* in Organisationen. *Inequality regimes* werden definiert als „interrelated practices, processes, actions and meanings that result in and maintain class, gender and racial inequalities" (ebd.). Diese Praktiken führen zu Selektion, es sind „the systematic disparities between participants in power and control over goals, resources and outcomes, workplace decisions, such as how to organize work, opportunities for promotion and interesting work, security in employment and benefits, pay and other monetary rewards, respect and pleasure in work and work relations" (ebd.).

Die unternehmerischen Praktiken der Diskriminierung werden immer auch auf die pluridimensionalen Identitätskonzepte bezogen und ihre Dimensionen wie Geschlecht, Alter, ethnische Orientierung, ökonomischer Status und körperliche Verfassung, die als miteinander verwoben und sich wechselseitig beeinflussend verstanden werden (Baltes-Löhr 2013:17).

Alle Dimensionen können Anlass für Exklusion sein, zum Beispiel stellen auch die Körper als Gesellschaft strukturierende Kategorie heute den Ort der „Optimierung" der Menschen dar. Subtile Verinnerlichungen gesellschaftlich erwünschter Körpernormen wie Fitness, Schlankheit, Schönheit ziehen mentale Prägungen und kulturelle Standardisierungen nach sich, die an den Körpern ansetzen und die dazu führen, dass Körper ‚um/formbar', ‚brauchbar' und ‚nützlich' sein sollen (vgl. Winker/Degele 2009: 40; McRobbie, 2012; Schneider/Baltes-Löhr 2013). Frauen und Männer werden auch in Unternehmen durch Körpernormen selektiert und einer Beurteilung unterworfen.

Über die Körper werden in der Sozialisation Normen zur Haltung, Kleidung, der Orientierung an dem ‚fremden Blick' von außen an Mädchen und junge Frauen vermittelt (West/Zimmermann 1987; West/Fenstermaker 1995, 1996, 2001; Butler 1991, 1993; Gherardi 2001; Winker/Degele 2009: 20; Acker 2013: 95f). Frauen lernen so, sich an äußeren Bewertungen zu orientieren (Macha 2006, 2015). Geschlechterbilder sind insofern Ergebnis symbolischer Repräsentationen, Normen werden über diese Repräsentation transportiert und unbewusst gespeichert. Insofern sind sie auch besonders beharrlich und können nur dann verändert werden, wenn man den mühsamen Weg über Reflexion, Bewusstwerdung und Dekonstruktion geht. Nach Foucault ist das Grundprinzip, dass durch die Einflussnahme auf die Körper auf die Dauer auch Einfluss auf das Bewusstsein genommen wird, vor allem durch regelmäßige Disziplinen und Routinen (Foucault 1983).

Die analytische feministische Perspektive zeigt zum einen, wie kontinuierlich in Interaktionen Exklusion in (Arbeits-) Organisationen hergestellt wird und hilft dabei, diese Ungleichheit produzierenden Praktiken zu identifizieren und ihre Ursachen im Prozess des Organisierens zu verorten (Acker 2009; Winker/Degele 2009; Müller et al. 2013). Exklusion von Frauen ist also weder genetisch durch Unterschiede zwischen Männern und Frauen bedingt, noch resultiert sie nur aus mangelnden Motivationen von Frauen, Verantwortung zu übernehmen. Sie ist vielmehr Ergebnis konkreter diskriminierender Handlungsstrategien und Kontexte, die das *doing gender* ausmachen. Sie sind geschaffen von Menschen in Unternehmen und beruhen auf Traditionen, Zuschreibungen, Stigmatisierungen, Vorurteilen und Urteilen über Geschlecht und unterschiedliche Herkunft, die den *point of view* oder die mentalen Modelle in Bezug auf Frauen und Männer inhaltlich bestimmen (Gherardi 1995, 2001; Mezirow 1997).

Deshalb wird die herrschaftskritische und -reflektierende intersektionale Perspektive zur Grundlage genommen, um betriebliche Weiterbildung als transformative Intervention in Organisationen und deren Evaluation zu entwerfen. Ziel ist es, bestehende *inequality regimes* zu dekonstruieren und geschlechtergerechte organisationale Praktiken zu entwickeln und zu implementieren. Aus der Strukturkategorie ‚Gender' wird somit eine Prozess- und Identitätskategorie, die es an den Schnittstellen zwischen Ideologie, Interaktion und Identität auf der organisationalen, prozessualen und personalen Ebene aufzulösen gilt (vgl. auch Winker/Degele 2009; Walgenbach 2014; Macha/Brendler 2014 a, b). Dabei wird die Intersektionalitätstheorie (Winker/Degele 2009, 2012; Walgenbach 2014) als Grundlage gewählt ebenso wie die Theorie der *„gendered organization"* von Acker (1995, 1998, 2006, 2009).

Die Autor_innen der Intersektionalitätstheorie haben den Anspruch, die einzelnen Ebenen der gesellschaftlichen Analyse mit marxistischen Kategorien zu einer Mehrebenenanalyse zu verbinden, wie sie zum Beispiel auch Sandra Harding schon 1991 (53–58) forderte. Damit wird sowohl die gesellschaftliche Analyse auf untereinander interdependenten Kategorien aufgebaut wie auch die feministische Analyse der Ungleichheitskategorien. Die Autorinnen definieren dies wie folgt: „Wir begreifen Intersektionalität als kontextspezifische, gegenstandsbezogene und an sozialen Praxen ansetzende Wechselwirkungen ungleichheitsgenerierender sozialer Strukturen, (d. h. von Herrschaftsverhältnissen), symbolischer Repräsentationen und Identitätskonstruktionen" (Winker/Degele 2009: 15).

Die Analysekategorien aus der sozialwissenschaftlichen Genderforschung (s. o.) werden nun mit dem Drei-Ebenen-Modell der Intersektionalität und den dort systematisch vernetzten Faktoren verbunden, nämlich Migrationshintergrund, Alter, sexuelle Orientierung, Behinderung, um auch die anderen Faktoren der Diskriminierung in die gesellschaftliche Analyse und die Genderkritik einzubeziehen. Folgende drei Ebenen werden hier analysiert:

2.2.1 Ebene I: Makro-/Mesoebene

Auf der Makro-/Mesoebene sorgen „gesellschaftliche Sozialstrukturen inklusive Organisationen und Institutionen" (Winker/Degele 2009: 19) dafür, dass das Geschlecht als Strukturkategorie zu Ungleichheiten führt. Jedes Unternehmen hat eine „*gendered substructure*" sowie „*inequality regimes*" die alle Ebenen betreffen und zu ungleichem Verhalten sowie ungleich verteilten Chancen gegenüber dem weiblichen Geschlecht und anderen benachteiligten Gruppen führen (vgl. auch Acker 1990, 1998, 2006, 2009).

Auf der strukturell-organisationalen Ebene werden im Unternehmen als „*gendered organization*" Grenzen entlang der Geschlechterlinie geschaffen, die zur Exklusion von Frauen führen. Ursachen sind ungleiche Macht- und Dominanzstrukturen, vergeschlechtlichte Substrukturen sowie genderbasierte Entscheidungspraxen (Acker 1990, 1998; Alvesson/Billing 1997; Gherardi 2001; Macha et al. 2010, 2011; Müller et al. 2013). In symbolischen Repräsentationen und Artefakten wird die Gender-Struktur der Unternehmen verdeutlicht. Es gelten zum Beispiel Macht-Dispositive, die die Ungleichheit zum Ausdruck bringen und perpetuieren wie zum Beispiel: „Frauen können nicht führen", „Frauen wollen keine Führungspositionen einnehmen", „Männer werden sich 100prozentig im Beruf einsetzen, Frauen denken stets auch an ihre Familie". Diese Dispositive markieren die Grenzen, an die Frauen in den Unternehmen stoßen.

Die Exklusion führt zu „sozialstrukturellen Ungleichheiten in Bezug auf Bezahlung, Zugangschancen und Anerkennung" und diese sind „in die gesellschaftlichen Organisationen strukturell eingeschrieben", das heißt, sie sind strukturell verankert und abgesichert (Winker/Degele 2009: 19). Es sind Regulative, in denen die Verteilung und Organisation der gesamtgesellschaftlich notwendigen Arbeit und des gesellschaftlichen Reichtums erfolgt und die auch durch langlebige und veränderungsresistente Entscheidungsstrukturen verankert sind (a.a.O.: 19). Becker-Schmidt (1987) hat mit dem Konzept der doppelten Vergesellschaftung die Mechanismen erklärt: Während Männer primär für bezahlte Lohnarbeit zuständig sind (einfache Vergesellschaftung), obliegt Frauen zusätzlich zu einer oft reduzierten Teilzeitarbeit oft noch die Verantwortung für die unbezahlte Haus- und Sorgearbeit (doppelte Vergesellschaftung) (vgl. Winker/Degele 2009: 19).

Mit Gherardi (2001) ist zu folgern, dass auch schon in den Interaktionen auf der Mesoebene, zum Beispiel in Teams und Abteilungen der Unternehmen, die Prozesse des *doing gender* und *doing difference* ablaufen. Hier werden jeweils Förderung oder Exklusion zugeteilt, und zwar aufgrund unausgesprochener oder -geschriebener ‚Gesetze', jedenfalls Gesetzmäßigkeiten, die sich konstant gegen Frauen wenden. Welche Personen in KMU für prädestiniert gehalten und ausgewählt werden, um für einen Aufstieg als Führungskraft in Frage zu kommen, wird nicht aufgrund objektivierbarer Kriterien nachvollziehbar entschieden, sondern hinter verschlossenen Türen aufgrund von Vorlieben und Einschätzungen der Personalverantwortlichen und/oder der Team- und Abteilungschefs (vgl. dazu Scharrer 2015). Wer bei Bewerbungen als kompetent und motiviert beurteilt wird, ist nicht transparent, sondern es fließen unbewusste Normen, Annahmen und mentale Modelle ein, die oft wieder durch körperliche Merkmale wie Mimik, Gestik, Habitus und Kleidung bestimmt sind (Ridgeway 2001).

2.2.2 Ebene II: Mikroebene

Auf der Mikroebene laufen Prozesse der sozialen Konstruktion von geschlechtlichen Identitäten ab; in Interaktionen wird das *doing gender* und *doing difference* hergestellt (West/Zimmermann 1987, West/Fenstermaker 1995), das bedeutet die Zuschreibung von an das Geschlecht in Interdependenz mit weiteren Differenzkategorien gebundenen Erwartungen und Normen. Auf der interaktionalen und kommunikativen Ebene werden Stereotype und *gender status beliefs* (Ridgeway 2001: 637) wirksam, die nach dem unbewussten Bild des idealen – männlichen – Mitarbeiters Dominanz und Unterordnung herstellen und immer wieder Frauen ausgrenzen (Acker 2009). In den Prozessen der Identitätsbildung auf der Mikroebene wird die Herstellung von Geschlecht in Interaktionen und sozialen Praxen aufgrund von Normen und Ideologien beeinflusst. Es ist ein zirkulärer Prozess zwischen Darsteller_in und Betrachter_in: Wenn Frauen Röcke oder Kopftücher tragen, werden sie zu „weiblichen Objekten", woraufhin die Personen, die sich in dieser Weise kleiden, zu Frauen gemacht werden (vgl. a.a.O.: 20; Villa 2000: 76). Auch hier wirken immer wieder Körpernormen in Zuschreibungsprozesse hinein, die generalisiert werden zu Bewertungen.

Ziel des Projekts ist es infolgedessen, durch Transformatives Organisationales Lernen mit gleichstellungspolitischem Wissen Perspektivenwechsel bei den beteiligten Stakeholdern einzuleiten und so die Kultur der Unternehmen langfristig in Richtung Chancengerechtigkeit zu verändern.

Auf der personalen Ebene sind Gründe für die fehlende Planung oder das Abbrechen der Karrieren von Frauen in Unternehmen u. a. in der Entmutigung bzw. mangelnden Ermutigung der Frauen zu suchen, die zu geringeren Erfolgserwartungen führen (Macha u. a. 2011). Diese Entmutigung und Verunsicherung bezieht sich, wie oben gezeigt, immer auch und vor allem auf die körperliche „Dressur", die Mädchen und junge Frauen durch Körpernormen und Körperforming und den „fremden Blick" der Außenbewertung erleiden (McRobbie 2010; Schneider/Baltes-Löhr 2013). Auch die Verantwortlichkeit, die den Frauen für Vereinbarkeit von Familie, Pflege und Beruf zugesprochen wird bzw. die mangelnde Berücksichtigung der Bedürfnisse nach Flexibilisierung der Arbeit bilden Barrieren. Gherardi (2001) und Acker (2009) beschreiben, wie Frauen als Arbeitskraft in Unternehmen die „weibliche" Hälfte ihrer Identität aufgeben müssen, um erfolgreich in männerdominierten Unternehmen Fuß fassen zu können und sich zu positionieren.

Symbolische Repräsentationen und Artefakte, die Normen und Ideologien zum Ausdruck bringen und sichern, bilden hegemoniale Begründungen und symbolische Ordnungen und Werte. Soziale Repräsentationen sind „Träger sinnstiftender Strukturen" und stellen Bilder, Ideen, Vorstellungen und Wissenselemente dar, die Mitglieder einer Gruppe kollektiv teilen (Schützeichel 2007: 451). Scheinbar naturalisierte Differenzkategorien entstehen aus der Wiederholung von Praxen (Gherardi 2001; Winker/Degele 2009, 2010). Im Unternehmen sind es zum Beispiel männerfokussierte Unternehmens-Leitbilder, die männerdominierte Gestaltung der Homepages, des Firmenlogos, der Leitfäden für Mitarbeiter_innengespräche, in denen männliche Machtdispositive wirken, die sowohl die patriarchale Philosophie der Unternehmen als auch Differenz-Normen materialisiert Ausdruck darstellen und die Praxen der Akteur_innen präformieren.

Die intersektionale Ungleichheitsanalyse schafft eine Verbindung zwischen diesen drei Ebenen und ihren Kategorien, die so genannte Mehrebenenanalyse, sie stellt die Interdependenzen der Kategorien dar und verbindet sie zusätzlich durch den Rahmen der kapitalistischen Akkumulation (Riegraf 1996, 2008; Hochschild 1998; Gherardi 2001; Gherardi/Poggio 2001; Liebig 2007; Winker/ Degele 2009; Macha u. a. 2010; Macha/Struthmann 2011, Struthmann 2013; Bührmann 2014). Geschlecht erweist sich in diesen Analysen als eine diskursiv erzeugte Materialisierung, die es zu dekonstruieren gilt (Butler 1991: 218). Auch anatomische Geschlechtsunterschiede, vor allem aber habitualisierte verbale und nonverbale sowie diskursive und nichtdiskursive Praktiken konstruieren eine gesellschaftliche Zweigeschlechtlichkeit, die ein Produkt von Normierungen ist und eine symbolische Ordnung darstellt. Zweigeschlechtlichkeit ist somit performativer Effekt von Wiederholungen mit körperlicher und normativer Basis.

Die Diversityforschung oder Diversity Studies werden als integrierende Forschungsrichtung konzipiert, in der Genderstudien, Differenz oder Diversität und Heterogenität unter einem Dach vereint werden (Krell/Riedmüller/Sieben/Vinz 2007). Diese Diskussion ist zwischen Gender- und Diversityforscher_innen noch nicht abgeschlossen. Die ursprünglich aus dem unternehmerischen Diversity Management stammende praktische Ausrichtung ist jedoch zu einem Forschungskontext weiterentwickelt worden, der in der Betriebswirtschaft, Soziologie, Pädagogik und Anthropologie/Philosophie verfolgt wird. Der Fokus liegt auf der Betonung der Diskriminierungstatbestände, die weit über die im Allgemeinen Gleichstellungsgesetz – AGG genannten Kategorien hinausgehen und ebenso die in der Genderforschung bekannten Kategorien *gender, class and race* erweitern. Die Verschränkung der prinzipiell unbegrenzten Anzahl von Kategorien der Diskriminierung wie zum Beispiel ethnische Herkunft, Alter, Behinderung, religiöser Kontext, Kultur, sexuelle Identität und Orientierung, Klasse, Geschlecht und andere wurde auch vor allem von der Intersektionalitätsforschung in die Diskussion gebracht (Krell et al. 2007: 9; Walgenbach et al. 2007, Walgenbach 2014; Winker/Degele 2010). Sie wird jetzt zum Bindeglied und die Wahlverwandtschaft zwischen der Gender- und Diversityforschung (Bührmann 2009, 2013). Die Vielfalt als Kategorie wurde ja auch in den Gender Studies betont (Butler 1991; Prengel 2013), insofern kann eine Annäherung möglich und sinnvoll sein.

2.3 Gleichstellungsforschung

Die Strategie Gender und Diversity wurde ebenfalls auf einer theoretisch-feministischen Basis verankert (Meuser 2004; Kahlert 2004; Krell et al. 2011). Sie ist jedoch auf einem anderen theoretischen Niveau angesiedelt als die grundlagenorientierte Genderforschung, denn es geht ihr um Gleichstellungspraxis und -Politik, das heißt es ist angewandte Forschung aus der Praxis heraus. Zwischen Genderforschung und Gleichstellungspolitik besteht ebenfalls eine Spannung, da beide unterschiedliche Zielstellungen haben (Wetterer 2009; Riegraf 2008; Kahlert 2004).

Im Projekt Future is Female erheben wir den Anspruch, die unterschiedlichen Wissenstypen von wissenschaftlicher Genderforschung, Gender-Expert_innenwissen sowie Gleichstellungspolitik und -praxis zu reflektieren und miteinander in der Praxis in Beziehung zu setzen (vgl. Meuser 2004: 331;

Wetterer 2009: 48ff; Macha 2014 a). Das Ziel ist dabei auch, diese Gegensätze stärker aufeinander zu beziehen, indem ein „Reflexionspotenzial zur Verfügung gestellt wird, das die Praxis herausfordert und eine dekonstruktivistische Strategie einführt" (Meuser 2004: 333; vgl. auch Gramespacher 2010).

Der Fokus der Weiterbildungs-Interventionen im Projekt Future is Female in den Unternehmen lag infolgedessen darauf, sowohl Unternehmenskulturen, organisationale Strukturen, als auch Interaktionen und individuelle Haltungen der Führungskräfte so zu verändern, dass horizontale und vertikale Segregationen am Arbeitsmarkt abgebaut werden und dass die Blindheit für (Geschlechter-)Ungerechtigkeit „handlungspraktisch in Frage gestellt wird" (Meuser 2004: 331).

Im Projekt Future is Female wurde deshalb mit 20 kleinen und mittelständischen Unternehmen an der Erhöhung von Gleichstellung und von mehr Vielfalt gearbeitet. Die Strategie „Gender und Diversity mit TOL im Unternehmen" kann als ein partizipatives, genderkritisches, pädagogisches und an gleichstellungspolitischen und ethischen Zielen orientiertes Handeln definiert werden, das Lernvorgänge der Stakeholder anregt und unterstützt und dadurch neue Handlungsoptionen und -Freiräume eröffnet (Macha et al. 2014). Wichtige Entscheidungsträger_innen entwickelten Gender- und Diversity-Kompetenz und konnten diese als Multiplikator_innen in die Organisation hineintragen (Macha 2014). Die Strategie war dadurch begründet und notwendig, dass die kleinen und mittelständischen Unternehmen ein Defizit an Gleichstellung und Diversity aufwiesen (BMSFSFJ 2011, Charta der Vielfalt 2011) und selbst über wenige Ressourcen zur Weiterbildung in diesem Bereich verfügten, sie waren auf externe Berater_innen angewiesen.

Die datenbasierte Forschung zur Notwendigkeit der Strategie Gender und Diversity in der Wirtschaft belegt die beharrlichen Exklusions- und Marginalisierungsmechanismen der Unternehmen in Deutschland. Aus unternehmerischer ökonomischer Perspektive begründete sich folglich die strategische Ausrichtung an Gender und Diversity-Zielen dadurch, dass sie die Optimierung der Nutzung von Personalressourcen durch effektivere Personalgewinnung, -Bindung und -Entwicklungskonzepte gestattete und somit auch die Steigerung der Wettbewerbsfähigkeit. Von der wachsenden Kluft zwischen verfügbaren Arbeitskräften und zu besetzenden Stellen sind in der Bundesrepublik Deutschland insbesondere kleine und mittelständische Unternehmen (KMU) und hier vor allem die MINT-Branchen betroffen (Mathematik, Informatik, Natur- und Technikwissenschaften).

Um dem zunehmenden Fach- und Führungskräftemangel zu begegnen, muss daher bislang ungenutztes Arbeitskräftepotenzial rekrutiert und genutzt werden. Neueste Studien kommen zu dem Ergebnis, dass in den einzelnen

Mitgliedsstaaten der Europäischen Union ein hohes Potenzial an Arbeitskräften vorhanden ist, die meisten Unternehmen jedoch nach wie vor nur auf einen beschränkten Teil davon zugreifen. Insbesondere davon betroffen sind auch in Deutschland Frauen, deren Ressourcen aus den verschiedensten Gründen oftmals nicht ausreichend anerkannt und genutzt werden (Autor_innengruppe Bildungsberichterstattung 2010). Obwohl Frauen mittlerweile im Durchschnitt höhere sowie bessere Schul- und Bildungsabschlüsse erreichen als Männer und die Beschäftigungsquote von Frauen in Deutschland und in der gesamten Europäischen Union ansteigt, ist die Repräsentanz von Frauen auf dem Arbeitsmarkt nach wie vor nicht gleich zu setzen mit der von Männern. Frauen sind insbesondere in den obersten Gremien der großen Unternehmen nach wie vor stark unterrepräsentiert und kaum in Vorständen vertreten: In den 200 größten börsennotierten Unternehmen außerhalb des Finanzsektors sind gerade 2,5 Prozent der Spitzenpositionen mit Frauen besetzt. Damit lag Deutschland 2008 mit 13 Prozent nur knapp über dem europäischen Durchschnitt (11 Prozent) (BMSFSFJ 2010).

2.3.1 Anteil von Frauen in Führungspositionen

Die Forschung zum Thema „Frauen in Führungs- und Entscheidungspositionen der Wirtschaft" ist ein Beispiel für diese Aussage: Auf den höheren Hierarchieebenen sind Frauen in der Wirtschaft deutlich unterrepräsentiert (BMFSFJ 2014). Zu den Führungspositionen zählen die Geschäftsführungen kleiner und mittelständischer Unternehmen, die Geschäftsführungen oder Bereichs- und Abteilungsleitungen großer Unternehmen sowie leitende Positionen im Verwaltungsdienst. Auch wenn der Frauenanteil an den Erwerbstätigen insgesamt deutlich zugenommen hat, beschränkt sich ihre Berufswahl immer noch häufig auf ein begrenztes Spektrum von Tätigkeiten. Die Frauenanteile in den einzelnen Berufsgruppen haben sich seit Anfang der neunziger Jahre insgesamt nur wenig verändert. Mit der frauen- und männertypischen Berufswahl sind aber häufig Unterschiede im Verdienst und in den Karriereverläufen verknüpft.

Der Public Women-on Board-Index, das Ranking der 375 größten öffentlichen Unternehmen auf Bundes-, Landes- und kommunaler Ebene zeigt, dass sich die Situation der öffentlichen Unternehmen nicht wesentlich von der privater Unternehmen unterscheidet. Ergebnisse aus den 74 Unternehmen mit einer Bundesbeteiligung von über 25% belegen: Weniger als jede vierte Position in den Aufsichtsgremien ist mit einer Frau besetzt. In 16 Prozent der Unternehmen mit Bundesbeteiligung wird ein Frauenanteil von 40 Prozent und mehr in den Aufsichtsgremien erreicht. 16 Prozent der Unternehmen mit Bundesbeteiligung haben keine Frau in den Führungsetagen, also weder im Aufsichtsrat noch im Vorstand.

Der aktualisierte Women-on-Board-Index (WoB-Index) dokumentiert die Führungsetagen der 160 im DAX-30, Tec-DAX, M-DAX und S-DAX notierten deutschen Unternehmen. Auch hier zeigt sich: Beim Frauenanteil in Aufsichtsräten haben 32 der 160 Unternehmen weder im Aufsichtsrat noch im Vorstand eine Frau. „77 (DAX)-Unternehmen, rund drei Viertel, erfüllen die gesetzlichen Vorgaben noch nicht. Ein Viertel (24 von 101) der betroffenen Unternehmen haben die vom Gesetz geforderte 30-Prozent-Quote bereits erfüllt" (BMFSFJ v. 19.5.2015). Der Frauenanteil an den Vorständen der Top-200-Unternehmen in Deutschland liegt 2015 bei gut 5% (Holst/Kirsch 2015), ebenso in den MINT-Fächern der Wissenschaft, dort lag der Anteil der Professorinnen zum Beispiel in Mathematik im Jahr 2012 bei 14,3 5 und in Ingenieurwissenschaften bei 10,2% (Stat. Bundesamt 2014). Das „Führungskräfte-Monitoring" (Holst/Busch-Heinzmann/Wieber 2015) zeigt, dass der Anteil von Frauen in Führungspositionen 2013 29% beträgt. In den 200 DAX-geführten Unternehmen hingegen macht der Anteil von Frauen in Führungspositionen Ende 2014 5,4% aus, in den DAX-30-Unternehmen sind 7,4% Frauen im Vorstand und 18,4% Frauen im Aufsichtsrat (a.a.O.: 18).

Neuere Studien belegen sogar (Allensbach 2015), dass der Frauenanteil in den Vorständen börsennotierter Unternehmen tendenziell wieder abnimmt (Ernst & Young 2015): Lediglich 36 der 667 Vorstandsposten sind mit Frauen besetzt, das entspricht einem Anteil von 5,4%. Im Jahr 2014 waren es noch 5,55%, 2013 noch mehr als 6%.

Nur jede dritte Führungskraft ist eine Frau (28,6%). Dieser Anteil verändert sich langsam – von 2005 bis 2011 stieg er jedes Jahr um 0,4 Prozentpunkte an. Im Jahr 2012 ist ein leichter Rückgang von 1,6 Prozentpunkten zu verzeichnen. „Frauen sind insofern in Führungspositionen unterrepräsentiert und in den obersten Gremien der großen Unternehmen sogar nach wie vor massiv unterrepräsentiert. In den Vorständen sind sie kaum vertreten: In den 200 größten Unternehmen außerhalb des Finanzsektors sind gerade 4,4 Prozent der Spitzenposten von Frauen besetzt. Sogar im Finanzsektor (100 größte Banken und Sparkassen), wo über die Hälfte der Beschäftigten Frauen sind, stellen sie gerade 6,3 Prozent der Vorstände. Von den DAX-30-Vorständen sind nur 12 weiblich. Dies entspricht einem Anteil von 6,5 Prozent. Etwas besser sieht es in den Aufsichtsräten aus. Der Frauenanteil in Aufsichtsräten der 200 umsatzstärksten Unternehmen außerhalb des Finanzsektors beträgt 15,1 Prozent. Die weiblichen Aufsichtsratsmitglieder werden dabei allerdings immer noch überwiegend von den Arbeitnehmern gestellt, die aufgrund der Mitbestimmungsregeln Vertretungen in den Aufsichtsrat entsenden. In den

DAX-30-Aufsichtsräten sind 21,9 Prozent der Mitglieder weiblich" (Statistisches Bundesamt 2014). „Der geringe Anteil von Frauen in Führungspositionen ist eine der wichtigsten Ursachen für die Verdienstlücke zwischen Frauen und Männern/*Gender Pay Gap)*" (Holst/Friedrich 2016, S. 836).

Der Frauenanteil in Führungspositionen auf der ersten Führungsebene in der Wirtschaft lag in Bayern im Jahr 2012 gerade einmal bei 25 Prozent. Auf der zweiten Führungsebene – soweit vorhanden – betrug der Frauenanteil 35 Prozent (STMAS Bayern 2014).

Durch den Mangel an qualifizierten Frauen in Entscheidungspositionen gehen Wachstums- und Innovationspotenziale verloren, denn Frauen werden hervorragende Führungseigenschaften zugeschrieben und gemischtgeschlechtliche Gruppen zeichnen sich durch eine höhere finanzielle Performanz und eine konstruktivere Zusammenarbeit aus (McKinsey & Company 2010, 2013; Singh et al. 2014). Die unternehmenskulturell immanenten Ausschlussmechanismen sind eingebettet in Geschlechterverhältnisse, deren Manifestation in entsprechenden Praktiken und im Führungsleitbild fest verankert ist. Erst durch Maßnahmen der Gender- und Diversity-Weiterbildung kann ein Sichtbarmachen der Diskriminierung erfolgen, das als *Awareness* in die Weiterbildung Eingang findet. Diese Mechanismen können durch *Deconstruction,* das ist die Reflexion traditioneller Ungleichheits-Praktiken und das gemeinsame Vereinbaren neuer gendersensibler Regeln für Interaktionen im Unternehmen aufgedeckt und verändert werden, die in der projektinternen Weiterbildung angewendet werden (Macha 2014 a, b, Macha/Brendler 2014 a, b, Macha/Hitzler 2016 a, b).

Zudem ist der Arbeitsmarkt noch immer stark nach Geschlecht differenziert: Die horizontale Segregation zeigt sich darin, dass Frauen nur in bestimmten Wirtschaftsbereichen und Berufsfeldern besonders repräsentiert sind, die vertikale Segregation zeigt sich im Mangel von Frauen in Führungspositionen. Dagegen ist der Nutzen, den Unternehmen aus einer heterogenen Belegschaft ziehen können, vielfältig. So belegen Studien der Europäischen Kommission (2005) neben der Nutzung von vorhandenem Arbeitskräftepotenzial auch die Steigerung von Innovation und Kreativität in den Unternehmen. Denn Männer und Frauen verfügen aufgrund unterschiedlicher Sozialisationsbedingungen über teilweise je andere soziale Kompetenzen. So können gemischtgeschlechtliche Teams Aufgabenstellungen besser bewältigen, da sie über mehr Handlungs- und Problemlösungsmöglichkeiten verfügen, andere und neue Blickwinkel und Sichtweisen haben und damit für ein Unternehmen gewinnbringender sind (Catalyst 2004).

Daten zu dem hohen Anteil an in Teilzeit arbeitenden Frauen zeigen die Nachteile der Vereinbarkeit für Frauen (Klammer 2004; Klammer et al. 2011;

BMFSFJ 2011). Die Entscheidung der Frauen im Lebenslauf, für die Erziehung von Kindern zuständig zu sein, bedeutet einen teilweisen Verzicht auf Karriere, auf eine ausreichende eigene Rente, Krankenversicherung usw. Die Forschung zu den Risiken der Geschlechter in den Lebensphasen sagt aus, dass, je mehr Kinder im Haushalt zu versorgen sind, desto geringer dabei der Anteil derjenigen Mütter an allen Müttern ist, die einer Vollzeittätigkeit nachgingen. So waren es im Jahr 2012 weniger als 12 Prozent der Frauen mit drei oder mehr Kindern, die einer Vollzeittätigkeit nachgingen. Insgesamt lag der Anteil der Frauen, mit 3 oder mehr zu versorgenden Kindern, die einer Erwerbsarbeit nachgingen, bei knapp unter fünfzig Prozent. Unabhängig von der Anzahl der im Haushalt lebenden Kinder waren die Mütter im betrachteten Jahr wesentlich öfter in Teilzeit als in Vollzeit beschäftigt (Sozialpolitik aktuell 2014). 69% der berufstätigen Mütter arbeiten in Teilzeit, bei den erwerbstätigen Vätern waren es hingegen lediglich 5%. Die Erwerbsmuster der Mütter waren dabei im Jahr 2012 regional sehr unterschiedlich. So war die Teilzeitquote der Mütter im Westen mit 75% deutlich höher als bei den Müttern im Osten (44%). Bei den erwerbstätigen Vätern verhielt es sich umgekehrt, wenn auch auf deutlich niedrigerem Niveau: 2012 arbeiteten im Osten knapp 8% der erwerbstätigen Väter in Teilzeit, im Westen waren es 5% (Destatis 2014).

2.3.2 Migrations- und Integrationsforschung

Neuere Daten zeigen, dass Chancengleichheit und Teilhabe auch in Bezug auf Menschen mit Migrationshintergrund noch nicht erreicht sind (Georgi 2015; Struthmann 2013; Charta der Vielfalt 2010; Färber et al. 2008). Vielmehr fungiert Migration ebenso wie Geschlecht als Exklusionskriterium (Georgi 2015: 25). Im Diversity-Konzept wird die Vielfalt der Differenzlinien und die Heterogenität individueller und kollektiver Identitäten, bezogen auf soziale Herkunft, Ethnizität, Religion, sexuelles Begehren, Behinderung, Alter und Geschlecht betont. In der Studie Future is Female ist Migration ebenfalls von Bedeutung, insofern es ein Ziel des Projekts ist, in den beteiligten Unternehmen auch die Integration und die Teilhabechancen von Mitarbeiter_innen mit Migrationshintergrund zu fördern.

Neue Studien sehen Deutschland zwar „auf dem Weg zu einer modernen Einwanderungsgesellschaft", die die Integration bewältigen muss, aber die Einwanderungsbewegungen der jüngsten Zeit stellen auch neue Herausforderungen dar, die schwierige Problemlagen für die Zukunft bilden und die empirisch noch nicht erfasst sind.

Unter Migrant_innen werden Menschen mit Migrationshintergrund der ersten, zweiten und dritten Generation verstanden, Spätaussiedler_innen sowie

Kinder mit deutscher Staatsangehörigkeit mit Eltern aus den obengenannten Gruppen (Struthmann 2013: 97). „Zu dieser Bevölkerung mit Migrationshintergrund zählen alle, die entweder selbst oder deren Eltern beziehungsweise Großeltern nach Deutschland zugewandert sind. Zu ihnen gehören u. a. Ausländerinnen und Ausländer, Spätaussiedler und Eingebürgerte. Dimensionen der strukturellen Integration sind Bildung und Erwerbsbeteiligung, Einkommenshöhe und Armutsgefährdung, das Zusammenleben in Familien und Haushalten, sowie der Erwerb der deutschen Staatsangehörigkeit" (Destatis 2015).

Eine Studie zu den „neuen Potenzialen" der Einwanderung mit aktuellen Daten zeigt im Vergleich zur Datenlage von 2005 einige wesentliche Veränderungen: „So nähert sich der Durchschnitt der Personen mit Migrationshintergrund in einigen Punkten immer mehr demjenigen der einheimischen Gesellschaft an. Vor allem ihr Bildungsstand hat sich gegenüber der ersten Studie verbessert. Die Nachkommen der ehemaligen Gastarbeiter erreichen durchweg höhere Abschlüsse als ihre Eltern. Die Zuwanderer der jüngsten Vergangenheit schneiden sogar besser ab als die Einheimischen: Spätestens seit 2005 liegt der Akademikeranteil unter den Neuankömmlingen deutlich über dem Mittelwert der einheimischen Bevölkerung – ganz gleich aus welcher Herkunftsregion sie kommen. Zwar kommen generell noch rund zehn Prozent aller Zuwanderer ohne jeden Bildungsabschluss ins Land, darunter vermutlich viele Saisonarbeiter. Aber von einer „Armutszuwanderung" als Massenphänomen kann keine Rede sein" (Berlin Institut für Bevölkerung und Entwicklung 2014: 23).

Diese Fortschritte werden aber weniger auf das Konto einer erfolgreichen deutschen Integrationspolitik zurückgeführt, sondern eher darauf, dass sich die wirtschaftlichen Bedingungen in Deutschland geändert haben: Warben die Unternehmen früher gezielt gering qualifizierte Gastarbeiter an, denen später noch schlechter ausgebildete Familienmitglieder folgten, so lockt der heutige Fachkräftemangel überwiegend gut ausgebildete Personen nach Deutschland. Sie finden vergleichsweise leicht eine Beschäftigung und erfüllen damit die wichtigste Voraussetzung für eine gelingende Integration" (a.a.O.: 29).

Die Studienergebnisse von 2009 haben deutlich gemacht, wie unterschiedlich gut Integration in Deutschland verlaufen kann. Ebenso wurde offenbar, wie stark die Umstände der Zuwanderung und der Integrationsergebnisse sich unterscheiden. So hatten es meist gering gebildete Zugewanderte in jeder Hinsicht schwerer, in der Gesellschaft Fuß zu fassen. Auch ihre in Deutschland geborenen Kinder und Kindeskinder schafften es häufig nicht, diese Defizite auszugleichen.

Im Vergleich der Ergebnisse auf Grundlage der Daten von 2005 und 2010 zeigt sich für alle Migrantengruppen eine Verbesserung der Integration. Das liegt vor allem an der konjunkturellen Erholung und der Lage auf dem Arbeitsmarkt, die sich in Deutschland generell verbessert hat. Entsprechend ist in allen Bevölkerungsgruppen der Anteil der Erwerbslosen gesunken, wovon auch Menschen mit geringer Qualifikation, darunter viele Migrant_innen, profitieren konnten. Aber auch in den Bildungsdaten lassen sich in einigen Herkunftsgruppen leichte Verbesserungen aufzeigen. Generell gilt jedoch, dass sich am Gesamtbild der Integrationslage nur wenig verändert hat. Auch die Reihenfolge der Endbewertung der Migrantengruppen durch den IMI (Integrations-Migrations-Index) bleibt dieselbe (a.a.O.: 31). Neben den durchschnittlichen Ergebnissen für jede Migrantengruppe zeigt die aktuelle Analyse die Erfolge und Problemlagen der in Deutschland geborenen Migranten im Vergleich zu den selbst Zugewanderten auf. Stärker als zuvor berücksichtigt die Untersuchung dabei den Zuwanderungszeitpunkt der ersten Generation und den jeweiligen sozio-ökonomischen Hintergrund der Migranten, die ihre Integration beeinflussen.

Insgesamt belegt die Studie jedoch einen unbefriedigenden Stand der Integration. Zuwanderer waren im Durchschnitt schlechter ausgebildet als Einheimische, (deshalb) häufiger arbeitslos und konnten weniger am öffentlichen Leben teilhaben. Bei der Betrachtung der einzelnen Migrantengruppen schnitten die Zugewanderten aus den sonstigen Ländern der damaligen EU-25 am besten ab. Sie gehörten häufig der europäischen Wanderungselite an, die leicht Beschäftigung findet und sehr gut gebildet ist. Menschen türkischer Herkunft dagegen wiesen die schlechteren Integrationsbedingungen auf.

Die Erwerbstätigenquote bei 25- bis unter 55-jährigen Männern mit Migrationshintergrund lag 2009 bei 78,90%, (hingegen bei Männern ohne Migrationshintergrund bei 87, 60%). Bei Frauen lag sie bei 60,30% (Frauen ohne Migrationshintergrund 60,30%). Insbesondere die 15- bis 25-jährigen Frauen waren nur zu 36% erwerbstätig (Destatis 2010) und Teilzeitarbeitsverträge und geringfügige Beschäftigungen sind mit 20,50% (19,70%) doppelt so hoch wie bei gleichaltrigen deutschen Mädchen und Frauen (Struthmann 2013: 98). Insbesondere Jugendliche mit Migrationshintergrund haben es schwer auf dem deutschen Arbeitsmarkt: (Berlin-Institut 2014: 61ff): Bei der Jugenderwerbslosenquote (Anteil der Erwerbstätigen an allen Erwerbspersonen unter den 15- bis 24-Jährigen) reicht die Spanne von 19 Prozent unter den Personen türkischer Herkunft bis zu 10 Prozent bei den Aussiedlern. Einheimische Jugendliche weisen einen Wert von 9 Prozent auf (Berlin Institut für Bevölkerung und Entwicklung 2014: 61ff).

„Bei der Erwerbslosenquote 2014 (Anteil der Erwerbstätigen an allen Erwerbswilligen, im Alter von 15 bis 64 Jahren in Prozent) reicht die Spanne von 20 Prozent in den Migrantengruppen aus dem Nahen Osten und Afrika bis zu 8

Prozent unter den Personen aus den sonstigen Ländern der EU-27. Die Einheimischen weisen eine deutlich bessere Rate von 6 Prozent auf" (Berlin Institut für Bevölkerung und Entwicklung 2014: 62). Bei den Erwerbspersonen (Anteil der 15- bis 64-jährigen Erwerbspersonen in Prozent) reicht die Spanne von 61 Prozent unter den Personen türkischer Herkunft bis zu 76 Prozent unter den Aussiedlern. Damit liegen die Aussiedler nur knapp unter den 78 Prozent der Einheimischen (a.a.O.: 63)

Die Interpretation der Daten legt nahe, dass die Integration möglich ist, trotz großer Schwierigkeiten bei der rasch wachsenden Zahl der Migrant_innen. Da der Bildungsstand wächst, können auch Migranten_innen in den Arbeitsmarkt integriert werden, wenn sie über die erforderlichen Sprachkenntnisse und Abschlüsse verfügen Dies setzt aber eine erhöhte Integrationsbereitschaft und logistische Leistung voraus, um die Arbeitswilligen an die Standorte mit Arbeitssuchenden zu vermitteln.

In der Studie Future is Female war der Faktor Migration in den Unternehmen rein zahlenmäßig weit weniger bedeutsam als der Faktor Geschlecht. Allerdings wurden einige Migrantinnen und Migranten in Arbeits- oder Ausbildungsplätze vermittelt und das Thema Integration von Migrant_innen begleitete inhaltlich alle Weiterbildungsworkshops.

2.3. Die Strategie Gender und Diversity

Berufliche Bildung mit der Strategie Gender und Diversity (G&D) hat das Ziel, die Faktoren der Diskriminierung positiv zu beeinflussen, so dass in der Praxis von Unternehmen Prinzipien zur Geltung kommen, die eine zukunftsgerichtete gleichstellungsgerechte Orientierung der Unternehmen fördern. Das Projekt Future is Female verbindet die humanen Werte von Gleichstellung und Diversity mit der ökonomischen Logik eines Wirtschaftsunternehmens. Die Prinzipien der Intervention, die in der Wirksamkeitsstudie empirisch auf Anwendbarkeit und Effizienz überprüft werden, sind Zielorientierung, Partizipation und Steuerung, die Ziele der einzelnen Unternehmen zu Gender und Diversity wurden in diesem Rahmen selbstbestimmt definiert. Die Unternehmen wurden für das Projekt akquiriert, indem ihnen das Angebot eines Change Prozesses zur Umsetzung der Strategie Gender und Diversity – G&D – mit den Methoden des Transformativen Organisationalen Lernens – TOL – gemacht wurde. Der Nutzen für die Firmen lag in der Behebung des Fachkräftemangels durch die Rekrutierung, Entwicklung und Bindung von Mitarbeiter_innen durch Maßnahmen der Vereinbarkeit, durch gender- und diversitygerechte Sprache in Stellenausschreibungen und internen Dokumenten und durch ein neues, partizipatives Führungskonzept. Das Ziel war Organisationsentwicklung der Unternehmen mit der Strategie Gender und Diversity auf den vier Ebenen des Individuums, der Gruppen, der Organisationen und im interorganisationalen Austausch. Dabei wurden die feministischen Ziele der Strategie verbindlich zugrunde gelegt.

Die Strategie Gender und Diversity entsteht aus der Kombination der ursprünglich im europäischen Parlament beschlossenen Strategie des Gender Mainstreaming und der in den USA entwickelten unternehmerischen Strategie des Diversity Management. Beide „sind integrative, pro-aktive und ganzheitliche gleichstellungspolitische Strategien und zielen darauf ab, die Chancen und Potenziale von Individuen jenseits von diskriminierenden Strukturen, Mechanismen und Stereotypen wahrzunehmen, zu fördern und zu erweitern" (Struthmann 2013: 97). Die Gender- und Diversity Strategie kann wie folgt definiert werden: Als Gleichstellungsstrategie in Unternehmen verbindet sie die Ansätze des Gender Mainstreaming mit dem Diversity Management. Während Gender Mainstreaming als Strategie des Europäischen Parlaments von 1998 alle Entscheidungen einer Organisation hinsichtlich der Geschlechterrelevanz überprüfen will (Stiegler 2005: 17f; Macha et al. 2011: 87), findet Diversity Management als unternehmerische Strategie des Personalmanagements seit den 1990er Jahren Verbreitung und betont die Wertschätzung und den sinnvollen Einsatz der Vielfalt der Mitarbeitenden eines Unternehmens. Ziel ist es, organisationale Strukturen und Prozesse darauf hin zu überprüfen, ob soziale Heterogenitätsdimensionen im Unternehmen zu Exklusion führen (Koall 2001; Meuser 2004; Struthmann 2013: 118). Die Schnittmengen von Gender Mainstreaming und Diversity Management sind so groß, dass eine Verbindung zwischen beiden Strategien sinnvoll erscheint (Bruchhagen/Koall 2005: 1; Krell et al. 2011, Krell et al. 2013: 9ff). Gleichberechtigung, Gleichstellung und Chancengleichheit in den verschiedenen Diversitätsdimensionen sollen zur Geltung gebracht werden. Gender als Ungleichheitskategorie ist dabei besonders im Focus. Die beiden Strategien zu verbinden hat sich auch in Unternehmen als sinnvoll erwiesen (Krell et al. 2011), wobei kritisch die Ambivalenz der unterschiedlichen Logiken beachtet werden muss (Riegraf 1996, 2009; Meuser 2004; Wetterer 2009; Kahlert 2009).

Gleichzeitig ist Gender und Diversity eine mit ethischen Zielen und humanitären Aspekten der Arbeitswelt verbundene Aufgabe mit einem kritischen feministischen Potenzial, die zur Erweiterung der unternehmerischen Wirklichkeit führt. Denn Gleichstellung für die Geschlechter bedeutet z. B., dass weit über die Frauenförderung hinaus (oft erstmalig) von der Unternehmensleitung Bedürfnisse der Mitarbeitenden zur Gestaltung der Arbeitswelt gehört und gewürdigt werden und damit eine neue partizipative Führungskultur in das Unternehmen einzieht. Die Implementation der Gender- und Diversity-Strategie erfolgt nach dem Prinzip der Partizipation der delegierten verantwortlichen Führungskräfte. So wird durch Gleichstellungspolitik im Unternehmen eine weitergehende Transformation der Unternehmenskultur in Richtung Partizipation initiiert, die sich schließlich auf alle Unternehmensbereiche erstrecken kann. Diese neue zukunftsweisende Führungskultur wird von den Unternehmensleitungen begrüßt, weil sie Innovationen durch mehr Teilhabe aller Unternehmensvertreter_innen begünstigt. Auf diese Weise wird Marktorientierung neben der Gleichstellung gefördert. Beispielsweise kann die Einführung von Modellen zur Führung in Teilzeit bewirken, dass Frauen und Männer darüber diskutieren, welche Arbeitszeiten zukünftig sinnvoll sind, um Vereinbarkeit von Familie und Beruf zu erleichtern und wie sie mit der unternehmerischen Aufgabe kompatibel gemacht werden können. Insofern grenzt sich die Gleichstellungsstrategie auch von der Organisationsentwicklung ab, da sie die gleichstellungspolitischen Ziele im Rahmen des Projekts partizipativ von den Unternehmen bestimmen lässt, aber die Richtung der Maßnahmen normativ vorgibt.

Mit Bührmann wird im Projekt Future is Female eine kritische Sicht der Gender- und Diversity-Strategie im Unternehmen zugrunde gelegt. Sie wird als *„boundary object"* (Bührmann 2013) bezeichnet. Das bedeutet, dass Gender und Diversity als Unternehmensstrategie entgrenzt ist und für widersprüchliche Zwecke in unterschiedlichen sozialen Feldern angewandt werden kann, ohne ihre Kernbedeutung dabei zu verlieren (Leigh Star/Griesemer 1989: 393).

Mit der Gender- und Diversity-Strategie (oder kurz Gender und Diversity) in kleinen und mittelständischen Unternehmen zu arbeiten verlangt eine Vermittlung von ökonomischen mit gleichstellungspolitischen Logiken. Dies gelingt durch argumentativen Aufweis des ökonomischen Nutzens der Fachkräftesicherung und der humanen Ansprüche und Führungsstile, die mit Gleichstellung verbunden sind. Im Forschungsprojekt Future is Female wurden zum einen die feministischen, intersektionalen theoretischen Bezüge als oberste Ziele und Qualitätsstandards bei der Konzeption und Durchführung der Interventionen und der daran anschließenden Evaluation verpflichtend vorgegeben. Gleichzeitig sollten die Interventionen und die Erreichung der Projektziele aber auch im Kontext der Unternehmen mit ihrer eigenen ökonomischen Logik Bestand haben. Verknüpft und angewandt wurden beide Perspektiven durch die Theorie des Transformativen Organisationalen Lernens (TOL) (Mezirow 1997; Göhlich u. a. 2007; Weber 2007, 2009; Macha u. a. 2010, 2011). Deshalb wurde Gender und Diversity für das Forschungsvorhaben als Gleichstellungstrategie definiert, die einem bestimmten Prozessmodell folgte, um soziale und organisationale Strukturen, symbolische Repräsentationen und Identitätskonstruktionen in Richtung auf mehr Teilhabechancen unterrepräsentierter Gruppen zu verändern.

2.4 Organisationsforschung

Die Theorie des organisationalen Lernens bildet die Grundlage für eine erfolgreiche Arbeit an der Transformation von Unternehmen (Elkjaer 2004; Macha 2007; Weber u. a. 2012; Göhlich u. a. 2014). Für den Kontext des Projekts gibt es drei Bezugstheorien zum organisationalen Lernen:

1. Die Organisationspädagogik (Schein 1985, 2003; Senge u. a. 1996; 1999; Alvesson/Billing 1997; Geißler 2000; Argyris/Schön 2008; Gherardi/Poggio 2001; Gherardi/Nicolini 2001; Göhlich et al. 2005, 2008, 2009, 2010, 2011, 2012, 2013, 2014; Macha u. a. 2010, 2011; Weber 2007, 2009)
2. Die Theorie des transformativen Lernens (Mezirow 1997, 2012; Kitchenham 2008; Taylor/Cranton 2012)
3. Die Modelle des organisationalen Lernens von Argyris/ Schön (2008) und Gregory Bateson (1984, 2014)

Aus diesen drei Bezügen wird schließlich die Theorie des Transformativen Organisationalen Lernens (TOL) entwickelt, aus der dann das methodisch-didaktisches Lernmodell des Projekts abgeleitet wird, das die Referenztheorien aufgreift und für die Intervention mit Weiterbildung im Projekt die Basis bildet (s. u.).

Die Organisationspädagogik hat das genuin pädagogische Ziel der partizipativen Ermöglichung von Lernprozessen der Individuen und der Eröffnung von Räumen für Veränderungen in der Organisation (Göhlich et al. 2007, 2014). Organisationales Lernen ist ein Prozess, der ein Unternehmen aufgrund neuer Bedarfe und Ziele einer Transformation unterzieht und der bei dem Lernen der Individuen ansetzt, aber auch die Ebene der Gruppe und der Organisation einbezieht. Das Spezifische des Organisationalen Lernens ist die partizipative Einbindung der Stakeholder in den Veränderungsprozess. Sie sollen selbst die Ziele der Transformation bestimmen und jederzeit im Prozess an Entscheidungen beteiligt werden. Dabei spielen viele Faktoren, wie individuelle Kompetenzen, Macht-Strukturen und Macht-Dynamiken, Kontextbedingungen sowie möglicherweise auftretende Barrieren eine wichtige Rolle für diesen dynamischen und ergebnisoffenen Prozess.

Organisationen werden nicht länger angesehen als abstrakte Entitäten, sondern als von Individuen konstruierte Realitäten. Lernen wird als integraler Teil des alltäglichen Lebens betrachtet und im kollektiven Lernprozess können Organisationen verändert werden. „The concept of participation directs the attention to the fact that learning is not an activity distinct from other activities, organizational or otherwise, but rather a part of becoming a member of an organization and that it is intrinsic to the practices that sustain an organization" (Gherardi 2012: 12). Damit ist ein relationaler Lernbegriff verbunden, der Lernen in den Kontext des Handelns stellt: Die Praktiken der Organisation werden in konkreten Interaktionen zwischenmenschlich ausgehandelt und müssen auch dort verändert werden.

Organisationales Lernen auf der Mesoebene ist ein Prozess kultureller Praxis. Es reflektiert die institutionellen Rahmenbedingungen auf der Makroebene und wird wesentlich durch individuelle Lernprozesse und dyadische Lehr-Lern-Interaktionen auf der Mikroebene bewirkt (Göhlich et al. 2014: 98). Auch die Chronoebene der Zeitlichkeit wird einbezogen (Morris/Bronfenbrenner 1998, 2006).

Im Projekt Future is Female wurde eine tief greifende Wandlung der Unternehmenskultur und –Struktur hin zu einer gender- und diversitygerechten Organisation angezielt. Diese implizierte einen Bewusstseinswandel und Perspektivenwechsel sowohl bei den beteiligten Führungskräften als auch im gesamten Unternehmen. Das konnte aber nur erreicht werden, wenn nicht nur einzelne G&D-Maßnahmen in Unternehmen implementiert werden, sondern vor allem die Interaktionen zwischen Führungskräften und Mitarbeiter_innen reflektiert werden und dabei die habitualisierten diskriminierenden Praktiken gegenüber Frauen, Migrant_innen und andere diskriminierten Gruppen bewusst werden und zu alternativen Regeln und Handlungsoptionen führen (Argyris/Schön 1978, S. 9; Zahn 1996, S. 43; Acker 1998, 2006; Gherardi 2012). Der Lernprozess ging also über rationale Inhalte hinaus und bezog affektive, wertbezogene und unbewusste Dimensionen mit ein.

2.4.1 Organisationales Lernen

Das Organisationale Lernen war somit ein zentraler Punkt im Projekt Future is Female. Es wurden zunächst Modelle rezipiert, die die Dynamik des Lernens in einer Organisation auf der Meso- und Makroebene thematisierten und auch Möglichkeiten der Einflussnahme und Barrieren charakterisierten. Ziel war die Erarbeitung eines Lernmodells für das Projekt.

Das erweiterte „4I-Modell" des Organisationalen Lernens (Crossan et al. 1999; Lawrence et al. 2005; Schilling/Kluge 2009) bezieht vielfältige theoretische Ansätze ein, die für das spezielle Vorhaben des Projekts Future is Female relevant sind und an den oben ausgeführten theoretischen Bezügen anknüpfen.

Das ältere, von Crossan et al. 1999 entwickelte Modell eines *„organizational learning framework"* wurde aus dem Erkenntnisinteresse heraus entwickelt, strategische Entwicklungsprozesse *(organizational renewal)* zu erfassen, wobei Transformatives Organisationales Lernen (TOL) als wichtigster Motor für das Gelingen derselben dient. Die dem Modell von Crossan et al. zu Grunde liegenden Annahmen und die jeweiligen Weiterentwicklungen durch Lawrence et al. (2005) sowie Schilling und Kluge (2009) erwiesen sich für das Projekt Future is Female mit seinem theoretischen Hintergrund und der pädagogischen und empirischen Praxis als nützlich und anschlussfähig. Interessant für die Konzeptualisierung der operativen Arbeit mit den Unternehmen im Projekt Future is Female war die Verknüpfung der drei Ebenen des Lernens, nämlich Individuum, Gruppe und Organisation, sowie der prozesshafte Übergang von einem individuellen Lernen über das Lernen der Gruppen oder Change Teams hin zur Veränderung der Organisation.

Organisationales Lernen wird in diesen Theorien als dynamischer Prozess gefasst, in welchem auch Sub-Prozesse Berücksichtigung finden (Schilling/Kluge 2009) die ihre eigenen Gesetzmäßigkeiten entwickeln können und nichtlinearen Logiken folgen (Weick 1995). Der differenzierte Prozess des Organisationalen Lernens ist gemäß March (1991), wie alle Veränderungs- oder Entwicklungsprozesse in Organisationen, im Spannungsverhältnis zwischen *„exploration"* und *„exploitation"* zu kontextualisieren. Crossan et al. (1999) fassen dies zusammen: „renewal requires that organizations explore and learn new ways while concurrently exploiting what they have already learned" (ebd. 522). Das bedeutet, dass jede der im Projekt begleiteten Organisationen auf eigenen früheren „Lernerfahrungen" aufbaut und daran anknüpft. Dieses in der Organisation gespeicherte implizite Wissen ist unterschiedlich. Deshalb wurde im Projekt gemeinsam mit den Stakeholdern für jedes der 20 teilnehmenden Unternehmen ein eigener Entwicklungsprozess mit eigenen Zielen und Maßnahmen entworfen.

Organisationales Lernen ist auf den Ebenen Individuum, Interaktion und Organisation zu konzeptionieren. Hier gibt es eine sinnvolle Verbindung zu den Analysen von Acker und Gherardi (1998 bzw. 2001) bezüglich der Lernprozesse in Organisationen. Die Verknüpfung der Lernebenen durch das „4I-framework" (Crossan et al.: 523), beschreibt die reziproke Verbindung der Ebenen durch die folgenden sozialen und psychologischen Prozesse: Intuiting, Interpreting, Integrating und Institutionalizing (ebd.: 523). Dabei findet vor allem das prozesshafte Wechselspiel zwischen individuellem und organisationalem Lernprozess Berücksichtigung (Crossan et al. 1999: 523; Schilling/

Kluge 2009). „We describe the framework in a sequential way, although there are necessarily many feedback loops among the levels, given the recursive nature of the phenomenon" (Crossan et al. 1999: 526). Damit betonen sie die Offenheit und Unsicherheit des Prozesses, dessen Ergebnisse einerseits von den Kompetenzen Einzelner aber auch andererseits von der Umwelt abhängen in der der Lernprozess verläuft. Diese theoretisch beschriebenen Prozesse wurden in der Intervention im Projekt Future is Female konkret umgesetzt und praktisch durchgeführt sowie auch empirisch auf ihre Wirksamkeit hin überprüft.

Das „4I-Modell" umfasst folgende vier Schritte, hier zusammengefasst nach Schilling und Kluge (2009: 340):

1. „Intuiting: This process of developing new insights and ideas based on personal experience is located within the individual
2. Interpreting: In this step, the individual explains his/her insights through words and/or action to him/herself and more importantly – to others
3. Integrating: This step takes place at group level where a shared understanding among individuals and groups is achieved which allows for coherent, collective action within the organization
4. Institutionalization: Finally, shared understanding is implemented in systems, structures, procedures, rules and strategies, thereby becoming independent of its individual or group origins, and guides organizational action."

Die Erweiterung des „4I framework" von Lawrence et al. (2005) durch Macht-Dispositive und die Kontextualität der Unternehmen für die Modellierung des Prozesses des Organisationalen Lernens durch Gender und Diversity im Projekt Future is Female ist deshalb eine weitere wichtige Komponente.

Bezogen auf die vier Schritte des „4I-Modells", wird deutlich, dass neue gender- und diversityspezifische Erkenntnisse und Ideen in den Prozess einmünden und letztlich zu personen-unabhängigen Wissensbeständen der Organisation werden können, die wiederum zurück auf die Individuen wirken. Die kontextuellen Bedingungen, insbesondere Aspekte von Macht und Politik sorgen dafür, dass einige Ideen erfolgreicher etabliert werden können als andere und dass ein organisationaler Lernprozess stattfindet. Dies ist essentiell für die Evaluation im Projekt: „an examination of these different forms of power provides a basis for understanding why some insights become institutionalized while others do not" (Lawrence et al. 2005: 180).

Außerdem ist den Gender- und Diversity-Kategorien immer auch eine Konstruktions- und Deutungsmacht inhärent, die in engem Zusammenhang steht mit hegemonialen (Inter-)Diskursen und durch diese sichtbar werden kann. Die Herstellung und Aufrechterhaltung von *„inequality regimes"* (Acker

1989) und die Veränderung von Gender-Praktiken bedeutet immer auch einen Machtverlust für einzelne Gruppen im Unternehmen, die hegemoniale etablierte Eliten sind und sich vor Machtverlust fürchten.

In den Expert_innen-Interviews der Evaluation wurde vor allem die mittlere Führungsebene benannt, die Neuerungen wie der stärkeren Förderung von Frauen oder Migrant_innen kritisch gegenüberstehen und man sieht in den empirischen Ergebnissen, dass sie auch die Umsetzung von gendergerechten Strategien behinderten (s. u.). Machtstrukturen legitimierten Macht und verhinderten mehr Gleichheit der Geschlechter und anderer diskriminierter Gruppen.

Gleichzeitig kann davon ausgegangen werden, dass bei dem Wandel von Organisationen durch die Implementierung der Strategie Gender und Diversity in Form von bestimmten Weiterbildungsmaßnahmen, Machtpositionen ihre Deutungsmacht verlieren und dadurch Widerstände hervorgerufen werden, die gegenläufig wirken können. Schilling und Kluge (2009) konstatieren: „power and politics are regarded as fundamental factors that shape the success of failure of such processes". Insbesondere spielen die Faktoren „power" und „politics" auch dann eine entscheidende Rolle, wenn es um die konkrete Ausstattung des Veränderungsmanagements durch Gender und Diversity mit notwendigen Ressourcen geht. Dies kann in direkten Zusammenhang mit Erfolg oder Misserfolg von Weiterbildungsinterventionen gebracht werden.

Lawrence et al. (2005) verknüpfen die einzelnen sozialpsychologischen Schritte des organisationalen Lernprozesses von Crossan et al. (1999) mit zwei sozialpolitischen Formen von Macht: 1. Die *„episodic power"* fokussiert darauf, welche Akteur_innen in der Organisation am meisten Einfluss auf Entscheidungsprozesse haben und umfasst „discrete, strategic political acts, initiated by self-interested actors" (Lawrence et al. 2005: 182). 2. Die *„systemic power"* hingegen geht nicht von autonomen Akteur_innen aus, sondern wirkt und reproduziert sich durch Routinen und Praktiken: „systemic forms of power are diffused throughout the social systems that constitute organizations" (ebd.: 182).

Die vier Machtaspekte von Lawrence (und ihre Verknüpfung untereinander) sehen folgendermaßen aus: „intuition is linked with discipline, interpretation with influence, integration with force and institutionalization with domination" (ebd.: 180). Die einzelnen sozialpolitischen Prozessschritte stellen Lawrence et al. (2005: 185ff) sowie Schilling und Kluge (2009: 340) zusammengefasst wie folgt dar:

1. *Influence* als Aspekt der episodischen Macht: „Influence, episodic power, involves a wide range of political tactics such as moral suasion, negotiation, ingratiation, persuasion and exchange. By affecting the costs and benefits

that other organizational members associate with a certain idea, the creator or the champion can convince others to adapt to his/her view" (Lawrence et al. 2005: 186). Um als Person effizient Einfluss nehmen zu können, muss mit Opposition oder Widerstand gerechnet werden, da mehrere Akteur_innen ihre neuen Ideen geltend machen wollen und neue Ideen – auch wenn Sie aus dem Erfahrungsschatz der Organisation heraus entstehen – den gültigen Status quo in Frage stellen. Deshalb ist es notwendig, Akteur_innen mit Ressourcen auszustatten: „access to scarce resources, relevant expertise and/or culturally appropriate social skills" (Lawrence et al. 2005: 185). Oftmals hängt die Möglichkeit der Einflussnahme von informellen Netzwerken ab (ebd.). Insofern arbeiten wir im Projekt eng mit Netzwerken wie dem Change Team zusammen.

2. *Force* als Aspekt der episodischen Macht: „Force, episodic power, is characterized by creating circumstances that restrict the options available to organizational members using formal authority to implement the new idea. The institutionalization of new ideas implies embedding them in the structures, routines and strategies of the organization". „The use of force in organizations is tied (...) closely to formal organizational hierarchies...legitimate force in organizations is tied to formal positions that are granted the authority to restrict the action of members" (Lawrence et al. 2005: 185). Dies ist ein notwendiger Top-down-Prozess.

3. *Domination* als Aspekt der systemischen Macht: „Domination is regarded as a particular effective strategy to overcome potenzial resistance to institutionalized changes" (Schilling/Kluge 2009: 340). „By routinely restricting the actions available to organizational members, systems of domination can, in the long term, establish an organizational innovation as taken for granted" (Lawrence et al. 2005: 187). Deshalb arbeiten wir im Projekt eng mit den Geschäftsführungen und Abteilungsleiter_innen zusammen.

4. *Discipline* als Aspekt der systemischen Macht: „Discipline implies altering the costs and benefits associated with the actions available to organizational members. It involves practices such as recruitment, socialization (i.e. enculturation, Nonaka, 1994), compensation (i.e. which behaviors are rewarded or punished), training and team-based work" (Schilling/Kluge 2009: 340). „Discipline supports and shapes the intuitions of organizational members by providing them with an going stream of experience and affecting the ways in which they perceive the experience by shaping their identities" (Lawrence et al. 2005: 187).

Schilling und Kluge (2009) richten ihren Blick über politische Faktoren hinausgehend auf mögliche „aktional-personale" Barrieren (individuelles Denken, Haltungen, Verhalten) und „strukturell-organisationale" Barrieren (Organisationsstrategie, Technologie, Kultur und formelle Regeln) des organisationalen Lernens sowie „constraints on OL". Damit erweitern sie erneut das „4I-Modell" um mögliche Barrieren und Widerstände, die anhand einer umfassenden Literaturübersicht den einzelnen vier Prozessschritten zugewiesen werden. Insbesondere die möglichen Barrieren im organisationalen Lernprozess und deren mögliche Ursachen sind im Projekt Future is Female empirisch zu untersuchen und zu belegen und in das Modell einzuordnen. Außerdem setzen Schilling und Kluge die Organisation in Bezug zu ihrer Umwelt. Dies leisten wir im Projekt Future is Female, indem wir Organisationen immer in Kontext der jeweiligen Gesellschaft und (Wirtschafts-)Kultur und deren jeweiliger relevanter Gender- und Diversity-Diskurse betrachten.

Zusammenfassend kann das Lernmodell im Projekt als Basis für ein eigenes Lernmodell dienen. Es hat folgende Elemente:

1. Das Spannungsverhältnisses zwischen Exploitation und Exploration während der Lernprozesse
2. Der prozesshafte Charakter des Lernens
3. Das Lernen findet auf drei Ebenen statt: Individuum, Gruppe, Organisation
4. Es gibt eine reziproke Verbindung der drei Ebenen beim Lernen
5. Die Berücksichtigung von Macht, Machtdynamiken und politischen Aspekten ist sinnvoll
6. Es treten sowohl strukturelle, interaktionale wie auch individuelle Barrieren des Lernens auf
7. Die Einbettung der Organisation in den Kontext der Gesellschaft.

Das organisationale Lernen bezieht sich vor allem auf Lernprozesse und ihre Bedingungen auf der Meso- und der Makroebene. Um das Lernen auf der Mikroebene der Individuen zu fundieren, werden nun Modelle des Transformativen Lernens rezipiert.

2.4.2 Transformatives Lernen

Die erste Bezugstheorie ist dabei die Theorie des *transformative learning*, die eine gute Basis für organisationales Lernen in Unternehmen darstellt, denn sie zielt auf die Veränderung von Einstellungen bei den Teilnehmer_innen. „Transformative learning is the process of effecting change in a frame of reference. Adults have acquired a coherent body of experiences – associations, concepts, values, feelings, conditioned responses – frames of reference that define their life world" (Mezirow 1997: 5). „We transform our frames of reference through critical reflection on the assumptions upon which our interpretations, beliefs, and habits of mind are based" (a.a.O.: 7). Der zentrale Begriff bei Mezirow sind die „frames of reference", das bedeutet, dass aus den Erfahrungen von Erwachsenen Reaktionen und Einstellungen oder auch mentale Modelle erwachsen, die die Glaubensinhalte, Gewohnheiten, Haltungen und das Handeln beeinflussen. Das Lernkonzept zielt darauf ab, durch kritische Reflexion und Einsicht zu den Annahmen, auf denen unsere mentalen Modelle beruhen, die Bezugsrahmen für Urteile zu erweitern und die *points of view* oder Standpunkte, Sichtweisen durch Lernen auf eine erweiterte Basis zu stellen, die weniger Vorurteile enthält. Damit verbunden ist die weitergehende Annahme, dass „the essential learning required to prepare a productive and responsible worker for the twenty-first century must empower the individual to think as an autonomous agent in a collaborative context rather than to uncritically act on the received ideas and judgements of others" (Mezirow 1997: 8). Es geht also in diesem Lernkonzept zum einen darum, Mitarbeitende zu autonom Handelnden zu machen und auch allgemein um die Veränderung der Einstellungen von Führungskräften hinsichtlich eines Konzepts partizipativer Führung, das mehr Autonomie der Mitarbeitenden zulässt, wie es auch mit der Gender- und Diversity-Strategie zugleich vermittelt wird (Mezirow 2012: 82; Watkins/Marsick/Faller 2012: 375). Die Definition von Lernen lautet:

> „Learning is understood as the process of using a prior interpretation to construe a new or revised interpretation of the meaning of one's experience in order to guide future action" (Mezirow 1996: 162).

Die drei Lernformen Habermas' aus der Theorie der kommunikativen Kompetenz (1981) werden bei den Autoren des *transformative learning* zugrunde gelegt (Mezirow 1996, 2000, 2012; Kitchenham 2008; Taylor/Cranton 2012): Habermas nennt das instrumentelle Lernen, das kommunikative Lernen und das emanzipatorische Lernen. Mit instrumentellem Lernen wird das einfache konditionierte Lernen bezeichnet, mit kommunikativem Lernen wird das komplexere Lernen von Neuem beschrieben und mit dem emanzipatorischen Lernen ein Lernprozess, der gesellschaftliche Normen reflektiert und ggf. erneuert. Den drei Lernformen ist eine Hierarchie implizit, die jeweils höhere ist auch die ethisch anspruchsvollere Lernebene. Mezirow definiert in Anlehnung an Habermas' Theorie des kommunikativen Handelns (1981): „Learning occurs in four ways: By elaborating existing frames of reference, by learning new frames of reference, by transforming points of view, or by transforming habits of mind" (Mezirow 2000: 84). Die *frames of reference* sind von äußeren Werte bestimmt, die durch Lernen zu eigenen *points of view,* das heißt eigenständigen

Sichtweisen und Urteilen und zu *habits of mind,* das heißt zu subjektiv begründeten Einstellungen und Handlungen führen können. Insofern ist das *transformative learning* eine sinnvolle Grundlage für das Lernkonzept des Projekts, es betont, dass es darum geht, nicht nur kognitiv zu lernen, sondern auch unbewusste Einstellungen und ihre Grundlage zu reflektieren und so zu verändern.

Die zweite Bezugstheorie für das Projekt sind die drei Formen des organisationalen Lernens, die Chris Argyris und Donald Schön beschrieben haben (1978), nämlich einen einfachen Lernprozess oder das *„single loop learning",* das Argyris wie folgt definiert: *„Single-loop learning* is the repeated attempt at the same problem, with no variation of method and without ever questioning the goal", also ein reines Lernen durch Versuch und Irrtum. Unter *„double loop learning"* versteht man einen organisationalen Lernprozess, der Werte und Ziele kritisch hinterfragt, falls das wiederholte einfache Lernen zum Misserfolg führt. Wenn die Ziele und Werte nicht mehr geeignet sind, wird ein neuer Bezugsrahmen, der *frame of reference,* (vergleichbar mit Mezirow), geschaffen. Das *double loop learning* setzt bei den Tiefenstrukturen der Unternehmen an, dem „organisatorischen Unbewussten", das sich aus Unternehmenskultur, kognitiven Strukturen und etablierten Individual- und Gruppeninteressen zusammensetzt. Der Begriff des *double loop learning (DLL)* bezeichnet (Argyris/Schön 1978: 6), dass anders als beim *single loop learning* die Ziele und Werte des Handelns mit verändert werden. *„double loop learning* (DLL) is the modification or rejection of a goal in the light of experience. DLL recognizes that the way a problem is defined and solved can be a source of the problem"... *„Double-loop learning* occurs when errors are corrected by changing the governing values and then the actions" (ebd.). Dieses Lernen reflektiert auf einer Metaebene die Berechtigung der einer Handlung zugrundeliegenden Ziele und Werte, stellt sie in Frage und entwickelt sie weiter. Mit dem *deutero learning* wird wiederum die Reflexionsstufe bezeichnet, die ein Bewusstwerden für die beiden Lernformen beim Lernenden beinhaltet (Argyris/Schön 1978, 1996).

Verschiedene Autoren haben auch ein *triple loop learning* thematisiert, das noch konkreter die komplexe Ebene des höchsten Lernprozesses zu erfassen gestattet (vgl. dazu Tosey 2006). Ziel ist zu erklären, wie sich komplexe Wandlungen von essentiellen Prinzipien, die eine Organisation fundieren, erklären lassen. Wenn sie in der Diskussion stehen und neue Prinzipien entwickelt und implementiert werden, die die Organisation in die Zukunft führen können und eine Verbesserung bewirken, spricht man vom *triple loop learning* (Swieringa/Wierdsma 1992: 41f). Es verändert die habitualisierte Tradition des Systems innerhalb der geltenden Werte des Handelns und vor allem die Mission oder

Vision der Organisation (Lassey 1998: 11). Es beeinflusst somit die gesamte Struktur und Grundlage des Managements.

Gregory Bateson (1973, 2014) entwirft ein Modell mit fünf Lernstufen, die von Lernstufe 0 bis IV reichen (1973: 263-264; Tosey 2006: 6) und die nicht hierarchisch gedacht sind, sondern alle für sich Berechtigung aufweisen. Es soll hier eingeführt werden, weil es systemisch und relational beschaffen ist und sich deshalb besonders gut für das Projekt Future is Female eignet, da es Werte und Ziele der Beteiligten im Projekt ändern möchte. Lernen wird von Bateson zunächst als Veränderung und somit als ein Prozess definiert, der in einer bestimmten Zeit abläuft. Es hat für ihn vier Voraussetzungen: 1. Es ist ein systemisches Phänomen, Lernen vollzieht sich immer eingebettet in einen Kontext; 2. Lernen ist inhärent relational, es ist eine Auseinandersetzung mit Anderen, der Umwelt und deren Wissen innerhalb von Beziehungen und von Interaktion mit Menschen oder der Umwelt; 3. Lernen ist emergent, es bringt Neues hervor, zum Beispiel Wissen, Werte, Prinzipien, Philosophie; 4. Lernen ist rekursiv, es involviert viele logische Ebenen.

Bateson widmet sich besonders der Ebene des komplexen Lernvorgangs in Bezug auf die grundlegenden Veränderungen der Prinzipien und Werte durch Lernen. Das lernende Subjekt „becomes a better subject after repeated experiment", „it learns to learn" (Bateson 1973: 262). Dies beginnt auf Lernstufe 0, die "zur Bezeichnung für die unmittelbare Grundlage all jener (einfachen und komplexen) Akte, die nicht der Berichtigung durch Versuch und Irrtum unterworfen sind" dient (Bateson 2014: 371), also charakterisiert ist durch eine spezifische Wirksamkeit der Reaktion, die keiner Korrektur bedarf (a.a.O: 379).

Lernstufe I wird dann als Veränderung im Lernen 0 beschrieben, also wenn ein Subjekt „zum Zeitpunkt 2 eine andere Reaktion zeigt als zum Zeitpunkt 1" (Bateson a.a.O: 371). „Learning I *is change in specificity of response* by correction of errors of choice within a set of alternatives" (Tosey 2006: 18), die Lernstufe I bezeichnet etwa die klassische Konditionierung. Während ein Subjekt in Stufe 0 also tut, was es immer getan hat und keine Veränderungen aufgrund der Erfahrung vornimmt, wird auf Lernstufe I ein Irrtum im Rahmen der Alternativen korrigiert und führt zu einem neuen Handeln, *„einer Veränderung in der spezifischen Wirksamkeit der Reaktion* durch Korrektur von Irrtümern" (Bateson 2014: 379, Herv. d. Verf.). Lernstufe II ist *„Veränderung im Prozess des Lernens I und* bedeutet, dass eine Situation in einem System im Rahmen eines Sets von Alternativen verändert wird: „Learning II …is *change in the process of learning I,* e.g. a corrective change in the set of alternatives from which choice is made, or it is a change in how the sequence of experience is punctuated' (Tosey 2006: 18), auch als „Deutero-Lernen" oder „Lernen Lernen" bezeichnet (Argyris/Schön 1978). Hier werden die Prinzipien des logischen Urteilens relevant und die Möglichkeit, das Lernen des Lernens reflexiv zu erfassen.

Auf jeder Lernstufe ist nach Bateson der Kontext wichtig, in dem gelernt wird. Lernstufe II enthält einen reflexiven Aspekt auf der Metaebene: Wenn man sich zum Beispiel in Weiterbildungsworkshops mit Führungskräften mit den Prinzipien von Gender und Diversity befasste und wissenschaftliche Ergebnisse rezipierte, wurden auch die gegenwärtigen Prinzipien der Unternehmen in Bezug auf Gleichstellung überdacht und damit verglichen. Die Abweichung vom traditionell männlichen Sprachduktus der Leitbilder und –Prinzipien und die einseitig hierarchische und exkludierende Sichtweise der Prinzipien wurden wahrgenommen und in Frage gestellt. Dieser Prozess wurde in den Weiterbildungs-Workshops mit *Awareness und Deconstruction* bezeichnet (s. u.). Die Bildlichkeit der Homepages etwa zeigte vor dem Projekt ausschließlich Führungskräfte in Gestalt von weißen westlichen Männern und der Text rekurrierte ausschließlich auf die Effektivität der Produktion, Effizienz und Erfolg. Teilhabe, Chancen und Würdigung der Mitarbeiter_innen jedoch, von denen die Einlösung der Prinzipien des Unternehmens und die Erfüllung des Erfolgs abhängen, wurden nicht genannt.

Die Lernstufe III von Bateson oder *Learning III* „is a corrective change in the system of the sets of alternatives from which choice is made" (Tosey 2006: 18), oder eine *Veränderung im Prozess des Lernens II" (*a.a.O.: 379*)*. Es entsteht eine Entwicklung im Lernen in Bezug auf kognitive, affektive, unbewusste, spirituelle und willensmäßige Elemente von Wissen, Verhaltensweisen und Handeln. Lernstufe III „is likely to be difficult and even rare in human beings" (Bateson 1973: 272). Mit der Definition von einem Systemwandel sogar in dem Set von Alternativen, die eine Wahl begründen, ist ausgedrückt, das ein Lernender das Feld des Gewohnten verlässt und, anders als auf Stufe II, auf einer Metaebene die Wahl von Alternativen reflektiert werden bzw. mit affektiven, unbewussten, spirituellen und volitiven Dimensionen geprüft und Alternativen in Erwägung gezogen werden, die vorher gar nicht zur Wahl standen. Dies ist ein emergenter Prozess, der neues Denken, Handeln und neue Überzeugungen erschafft, ohne dass es für den Lernenden vorhersehbar gewesen wäre. Dies sei möglich, so Bateson, indem man eine Diskussion um alternative Prinzipien, Prämissen oder Denkmuster führt und die erlebten Gegensätze zur Reflexion nutzt. Es ist ein selbstbestätigender Prozess, der vom Subjekt als eine Verstärkung erlebt wird (a.a.O.: 395). Insbesondere in einer Gruppe von Lernenden wird dadurch ein gemeinsamer Kontext geschaffen, der das Lernen von neuen Prämissen aus Gegensätzen durch Gruppenkohäsion erleichtert (vgl. Macha/Lödermann/Bauhofer. 2010: 108, 112). Die Gruppe bestätigt die

Ergebnisse der Reflexion und bildet so einen Rahmen, in dem anspruchsvolle emergente Lernprozesse möglich sind.

Die Lernstufe IV bei Bateson wird kaum je durch ein Subjekt erreicht und kann deshalb vernachlässigt werden: „Learning IV „…would be *change in Learning III,* but probably does not occur in any adult living organism on this earth" (Bateson 1973: 263f, 1979; Tosey 2006: 6).

Zusammenfassend werden sowohl die Modelle organisationalen Lernens als auch die Modelle des individuellen Lernens zu einem projekteigenen Lernkonzept weiterentwickelt, dem „Transformativen Organisationalen Lernen". Die Lernmodelle werden dazu verwendet, die Weiterbildung im Projekt Future is Female zu fundieren und zu planen und auch die Ziele der Weiterbildung so zu definieren, dass die anspruchsvollsten Lernprozesse der Teilnehmenden möglich werden.

2.4.3 Der Kontext der Unternehmen als zentrale Größe bei der Umsetzung des TOL-Modells

Den Kontext für das Erfassen und Messen von Transformationsprozessen bilden die komplexen Großorganisationen, die Unternehmen. Wir vermuten dabei entsprechend der Theorie des Organisationalen Lernens (Göhlich et al. 2005, 2007; Fahrenwald 2011) bei den Teilnehmenden aus den Unternehmen implizites Wissen oder „tacit knowledge", das sowohl die Ausgangslage, den Ist-Stand vor Projektbeginn zu Gleichstellung und Vielfalt im Unternehmen als auch die Transformation und den Soll-Zustand am Ende unbewusst und bewusst zum Ausdruck bringen kann. Dieses Wissen gilt es auf der individuellen Ebene abzufragen und in den Weiterbildungsformaten des Projekts zu nutzen, um nicht nur mit dem neutralen Blick „von außen" auf den Prozess des organisationalen Lernens zu schauen, sondern auch die Einschätzung der betroffenen Stakeholder „von innen", die damit zu Beteiligten werden, mit aufzunehmen. Denn sie schöpfen die Kenntnis der Veränderungen aus dem Blick „von innen". Dies geschieht durch Partizipation der Stakeholder.

Hinzu kommen Machtstrukturen in den Unternehmen, die den gesellschaftlichen Wertehorizont, gesellschaftliche Normen und die gesellschaftliche Machtverteilung reflektieren und ausdrücken. Hierzu zählt ganz wesentlich der Geschlechterdiskurs der Wirtschaft (vgl. Bührmann/Schneider 2008: 120ff), der zu Praktiken des *doing gender* führt. Geschlechterdifferenzen sind nicht essentiell naturgegeben, sondern durch gesellschaftliche, soziale und kulturelle Praktiken hervorgebracht. Die zweigeschlechtliche Ordnung der Geschlechter bildet sich auch in den Unternehmen ab, insofern als Macht- und Entscheidungspositionen überwiegend männlich besetzt sind und eine geschlechtshierarchische Arbeitsteilung zu Segregation und Exklusion auf dem Arbeitsmarkt und in den Unternehmen führt (s. o., vgl. auch Hagemann-White 1989; Winker/Degele 2009). Im *doing gender* entfalten Gender-Dispositive ihre normierende und exkludierende Macht. Bührmann/Schneider fragen danach, „mit welcher Politik der Wahrheit" Gesellschaften „Handlungssicherheit und Deutungsgewissheiten in Bezug auf Geschlecht und seine Differenzierung" herzustellen versuchen (a.a.O., 124): „Diskurse entfalten ihre Machtwirkungen dabei sowohl ‚in', ‚durch' als auch ‚zwischen' den Individuen" (ebd.). Denn neben den Wissens- und Wahrheitspolitiken bezieht sich das Erleben auch auf institutionell-vergegenständlichte Alltagspraktiken des Umgangs mit Frauen und Männern. Interaktionen steuern das *doing gender* konkret auch im Unternehmen mit den alltäglichen Entscheidungen. Aber geschlechtertypisierende Operationen und Objektivationen ergänzen die Praktiken. Sie sind Vergegenständlichungen diskursiver oder nicht-diskursiver Praktiken, die Bedingungen ebenso wie Effekte von Diskursen darstellen: Die geschlechtergetrennten Räume der Toiletten stellen zum Beispiel eine Geschlechterdifferenzierung dar, die Bildlichkeit der Homepages von Unternehmen, die generell auf den männlichen Mitarbeiter, die männlichen Führungskräfte und Unternehmensleitungen konzentriert sind, drücken eine Vergegenständlichung der herrschenden Diskurse öffentlich aus und reproduzieren diese (vgl. Bührmann/Schneider a.a.O.: 125f). Das *doing difference* entwickelt sich parallel in Bezug auf die mangelnde Wertschätzung und die Exklusion von Vielfalt.

Hierarchische Verhältnisse zwischen Männern und Frauen oder Menschen mit und ohne Migrationshintergrund, Älteren und Jüngeren usw. werden im Unternehmen sprachlich und strukturell hergestellt, in den Interaktionen dargestellt und bilden Umwelten, die mittelbar das Geschlechterverhältnis und/oder andere Ungleichheitsverhältnisse normativ beeinflussen. Die daraus folgenden Hierarchien bemerkt oft nur der/die, der/die mit dem Blick von außen das Szenario betrachtet: Im Projekt sind zum Beispiel die Leiter_innen der Change Teams, die das Vertrauen der Geschäftsführung genießen, meistens männlich. So werden die Hierarchien gewahrt. In Einzelfällen gibt es aber auch weibliche Change Team-Führungen, (oder identisch mit der Geschäftsführung/der Inhaberin des Unternehmens).

2.5 Die Theorie der Transformativen Organisationsforschung

Aus den oben dargestellten theoretischen Bezügen des Forschungsstandes der Gender- und Diversityforschung, der Organisationspädagogik und des Transformativen Lernens wird nun die Theorie der „Transformativen Organisationsforschung" entwickelt, die das Projekt Future is Female fundiert. Sie greift die theoretischen Bezüge auf und verbindet sie, setzt aber auch eigene Akzente in Bezug auf die Organisationsforschung, die individuellen und organisationalen Lernformen und die feministischen Ziele des Gender und Diversity. Die Theorie der Transformativen Organisationsforschung ist somit eine Theorie, die in der Praxis erprobt wird und die in der Praxis auf ihre Wirksamkeit überprüft wird. Korrekturen können aufgrund empirischer Evidenz an der Theorie vorgenommen werden. Wie einleitend angekündigt, vollzieht sich der gesamte Forschungsprozess in einem Dreischritt:

1. Die Theorie der Transformativen Organisationsforschung wird auf der Basis des Forschungsstandes entwickelt

2. Aus der Theorie wird das Modell des „Transformativen Organisationalen Lernens" für den Kontext der Intervention des Projekts Future is Female abgeleitet und dient als methodisch-didaktische Grundlage für die Weiterbildungsformate der Intervention. Das Design der Intervention wird aus der Theorie operationalisiert.

3. Das Design der Evaluation mit den Evaluationsmethoden wird ebenfalls aus der Theorie operationalisiert und bezieht sich auf die einzelnen Weiterbildungsformate der Intervention.

Dies ist das Kernstück der Intervention in den Unternehmen. Im zweiten Schritt wird das Evaluationsdesign aus der Theorie operationalisiert. Der Theorie-Praxis-Bezug ist somit besonders intensiv: Theorie steuert die Praxis und wird von der Praxis weiterentwickelt. Die Transformation von Organisationen wie kleinen und mittelständischen Unternehmen wird so zum organisationalen Forschungsfeld. Damit dient die Transformative Organisationsforschung der theoretischen Fundierung und Kontrolle der Praxis als auch der Konzeptionierung der begleitenden Evaluationsforschung und schließlich auch der Interventionspraxis (Crossan et al. 1999; Weber 2009; Macha et al. 2010, 2011, 2015, Macha 2013, 2014 a, b, 2015, Macha/Brendler 2014). Die These, die der praktischen Veränderung zugrunde liegt ist in Übereinstimmung mit Gherardi (2001), dass die Strukturen von Organisationen nicht direkt veränderbar sind, jedoch lernen Organisationen über die in ihr arbeitenden Individuen und deren

Interaktionen. Davon gehen Veränderungen aus, die sich dann in der gesamten Organisation in Artefakten (Leitbildern, Gesprächsleitfäden, Weiterbildungsprogrammen) auf der Systemebene nachhaltig niederschlagen. Diese verändern schließlich die Unternehmenskultur und auch die Interaktionen dauerhaft.

Mit der organisationspädagogischen Forschungsstrategie der „Transformativen Organisationsforschung" wird somit ein grundlegender Transformationsprozess von Unternehmen bewirkt (Macha 2014 a, b; Macha/Brendler 2014; Macha/Hitzler 2015 a, b). Der Begriff leitet sich einerseits aus der Organisationspädagogik mit ihren Prämissen ab (Göhlich et al. 2014; Weber 2009), andererseits wird auch mit dem Begriff der Transformation ausgedrückt, dass es ein Konzept zur organisationalen Veränderung ist, das jedoch auf Partizipation aller Akteure beruht.

Das didaktisch-methodische Lernkonzept des Transformativen Organisationalen Lernens – kurz TOL – hingegen, das in der Intervention mit Weiterbildung angewandt wird, weist ebenfalls eine diesem Begriff korrespondierende spezifische Charakteristik auf. Sie ergibt sich daraus, dass maximale Partizipation bei der Erstellung von unternehmerischen Zielen mit der Steuerung anhand gleichstellungspolitischer Ziele des Gender & Diversity während der Intervention mit Weiterbildung verbunden wird.

Die Transformativen Organisationsforschung wird auch mit den theoretischen Bezügen begründet, die aus der gemeinsamen Wurzel mit anderen qualitativen Forschungsmethoden wie Aktions- und Handlungsforschung, qualitatives Interview und Kollegiale Beratung stammen. Den theoretischen Hintergrund bildet Lewins Kraftfeldtheorie, wonach sich alle Elemente einer Organisation verändern, wenn man neue Ziele und Handlungsparameter setzt (Lewin 1963: 157ff; Macha 2009: 12–16). Es wird ein Anspruch auf die Gleichzeitigkeit von Veränderungsprozessen in der Praxis und Begleitforschung erhoben, es ist eine die Praxis gestaltende Forschung. Das Verhältnis zwischen der Intervention, die zur Transformation der Organisation führt und der begleitenden Wirksamkeitsforschung wird ebenfalls als partizipatives, auf die Subjekte und Kollektive der Intervention und Forschung bezogenes Verhältnis definiert, wobei die Subjekte und Kollektive den Forschungsprozess mitgestalten und auch die Forschungsergebnisse jeweils zur Kenntnis erhalten und reflektieren und kommentieren (Moser 1978; Cremer/Klehm 1978; Weber 2009: 146). Betroffene werden so zu Agierenden im Forschungsprozess und steuern gemeinsam mit den Forschern den Prozess der Intervention und Forschung. Auf der Seite der Wissenschaftler_innen wird der Prozess durch die verbindlichen Werte des Gender und Diversity und den Input an Wissen gesteuert und Kontrolle ausgeübt durch die regelmäßigen Kontakte in Bezug auf die Fortschritte oder Barrieren in den Unternehmen. Die Stakeholder steuern intern ihren eigenen Prozess durch die selbstgesetzten Ziele und Arbeitsgruppen, vor allem durch die Change Teams, die den Prozess intern leiten (vgl. Macha et al. 2016)..

Der Wandel in den Unternehmen soll im Rahmen des Projekts durch partizipatives Transformatives Organisationales Lernen bewirkt werden, indem durch neues wissenschaftliches Wissen zu Gender und Diversity und angemessene Methoden pädagogische Räume geschaffen werden, die der Ermöglichung von Lernprozessen der Subjekte, der Gruppen und der Organisation dienen (Göhlich/Hopf/Sausele 2005). Das wechselseitige Lernen von Stakeholdern und Projektteam wird angestrebt, indem das Projektteam thematisches Wissen zur Gender- und Diversity-Strategie vermittelt und dabei auf das implizite Wissen der Teilnehmer_innen rekurriert. Wissen wird in Handlung umgesetzt, indem die Teilnehmenden durch den Input der Weiterbildung forschend lernen (Suarez-Herrera et al. 2009) und daraufhin partizipativ selbst neue gerechte Ziele, Werte und Handlungsstrategien für das Unternehmen entwerfen. Ziele für das Unternehmen werden zunächst von den Führungskräften unter Moderation des Projektteams entwickelt mit der Fragestellung: Wo soll sich das Unternehmen in 5–10 Jahren in Bezug auf Gleichstellung und Vielfalt befinden? Der Einbezug der Standpunkte aller Beteiligten ermöglicht einen umfassenden Perspektivenwechsel innerhalb des Veränderungsprozesses und involviert dadurch alle Statusgruppen und Hierarchieebenen im Unternehmen. Projektteam und Unternehmen steuern gemeinsam den Prozess (s. u.).

Das Forschungsdesign bildet folgerichtig entsprechend der Philosophie eine Einheit aus methodischen Elementen der Intervention durch Weiterbildungsformate sowie der begleitenden Wirksamkeitsstudie. Die Einheit von Verändern und Forschen kennzeichnet die Philosophie der Transformativen Organisationsforschung. Sie kann deshalb auch als Koproduktive Organisationsforschung bezeichnet werden, da sie die Beteiligung der Akteure ausdrücklich plant und befürwortet.

Koproduktive Transformative Organisationsforschung im Sinne einer weiterentwickelten Aktionsforschung oder *Design Based Research* (Moser 1978; Reinmann 2005; Weber 2014) begleitet den Prozess des Projekts. Zwischenergebnisse werden gemeinsam mit Unternehmensvertreter_innen diskutiert. In einem Ko-Konstruktionsprozess wird die Struktur des Forschungsdesigns vom Projektteam entwickelt und mit den Beteiligten diskutiert. Die Daten werden nicht isoliert von den Beforschten erhoben, sondern diese werden durch Feedbackschleifen zu den empirischen Ergebnissen in den Forschungsprozess informiert (Weber 2014: 101). Partizipation führt so zur Beteiligung der Stakeholder an der Forschung mit offenen Designs. Dabei werden qualitative und quantitative Forschungsmethoden kombiniert. Der Prozess läuft in folgenden Phasen ab:

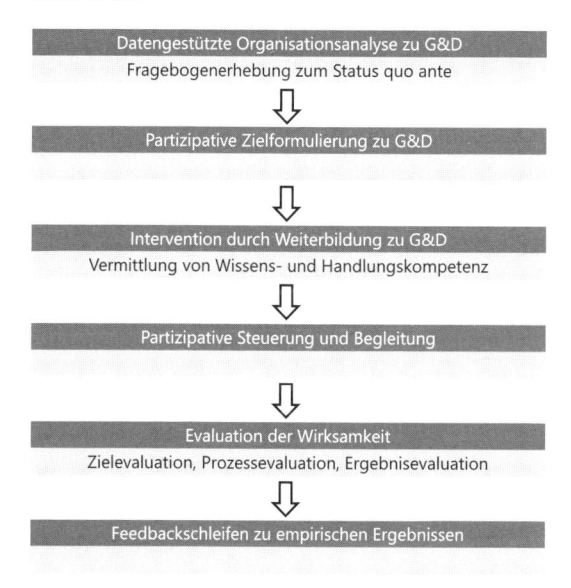

- Datengestützte Organisationsanalyse zu G&D
  Fragebogenerhebung zum Status quo ante
- ⇩
- Partizipative Zielformulierung zu G&D
- ⇩
- Intervention durch Weiterbildung zu G&D
  Vermittlung von Wissens- und Handlungskompetenz
- ⇩
- Partizipative Steuerung und Begleitung
- ⇩
- Evaluation der Wirksamkeit
  Zielevaluation, Prozessevaluation, Ergebnisevaluation
- ⇩
- Feedbackschleifen zu empirischen Ergebnissen

Prozess des TOL im Unternehmen (igene Graphik)

2.5.1 Intervention mit der Methode des Transformativen Organisationalen Lernens

Die Methode des Transformativen Organisationalen Lernens fundiert die Intervention, sie verbindet während der Intervention drei Elemente

1. eine datengestützten Organisationsanalyse unter Gleichstellungsgesichtspunkten in den Unternehmen als Basis für die Zielplanung
2. Change-Prozesse werden während der Intervention im Unternehmen angeregt und gesteuert und
3. die wissenschaftliche Erhebung von Daten zur Wirksamkeit der Intervention in der Evaluation.

Transformative Organisationsforschung bedeutet, dass datenbasierte Forschung und Interventionen verknüpft werden. Zunächst wird in allen beteiligten Unternehmen eine Datenbasis als Gender- und Diversity-Daten-Analyse erstellt. Sie wird durch einen Online Fragebogen zu den Gender- und Diversity-

Maßnahmen und zur Mitarbeiter_innenstruktur vor Beginn des Projekts erhoben, d. h. Zahlen zur Verteilung des Personals in allen Statusgruppen auf die Geschlechter und andere diskriminierte Minderheiten. Auf der Basis der Unternehmensdaten und der Organigramme der Unternehmensbereiche wird dann interaktiv und partizipativ in einer ersten Auftaktkonferenz, dem „Kick-off-Workshop", unter Einbezug der Unternehmensleitungen eine Analyse der Defizite im Gleichstellungsbereich erstellt. Eigene Ziele werden seitens der Unternehmensvertreter_innen definiert und ein Zielraster mit Ober- und Unterzielen erstellt sowie Arbeitsgruppen zur Erarbeitung der Ziele gebildet.

Das Prinzip der Steuerung der Transformationsprozesse in den beteiligten Unternehmen im Rahmen des Projekts ist die Partizipation. Von den Unternehmen und den Unternehmensleitungen wird top down ein verantwortliches „Change Team" mit Mitgliedern aller Statusgruppen der Unternehmen gewählt, das folgende Aufgaben und Kompetenzen innehat: 1. Wissens-Kompetenz zu Gender und Diversity aufbauen, um den Veränderungsprozess, die Transformation im Unternehmen gemeinsam mit der Unternehmensleitung zu leiten. Die Unternehmensleitungen im Change Team zu integrieren ist deshalb wichtig, weil sie die Entscheidungen für G&D-Programme treffen. 2. Commitment mit den Zielsetzungen im gesamten Unternehmen herstellen, 3. Kontrolle und Kommunikation in den Arbeitsgruppen, die die vereinbarten Ziele umsetzen. 4. Die Multiplikatoren-Funktion ausüben, indem die Gruppenleiter_innen ins Boot geholt werden. 5. Die Aufgabenverteilung in den Arbeitsgruppen laufend überprüfen, Verantwortlichkeiten delegieren. 6. Die Ziele, Erfolge und Zwischenstände in das gesamte Unternehmen mit geeigneten Medien kommunizieren: Homepages, Zeitschriften u. ä. 7. Kommunikation mit dem Projektteam.

Durch die Partizipation der Unternehmensvertreter_innen werden neue Arenen der Subjektivierung eröffnet: In der „Mitbestimmungsarena" werden neue Regeln in Kommunikationsprozessen des Aushandelns und der Normierung der Praxis definiert. Damit ist für die Stakeholder die Möglichkeit zur Teilhabe an Macht und Selbstbestimmung gegeben, die unter Umständen in ihren Positionen so nicht möglich ist.

Die wissenschaftliche Herausforderung im Projekt besteht darin, die methodisch-didaktische Umsetzung des Lernmodells und der organisationspädagogischen Ziele der Gestaltung von Lernräumen (s. o.) für den unternehmerischen Kontext zu leisten und zugleich dessen Anwendbarkeit ebenso wie die Wirksamkeit durch empirische Messung der Effekte und Erfolge zu testen. Diese Innovation trägt die Praxis-Intervention im Projekt. Das Lernmodell des Transformativen Organisationalen Lernens ist somit entscheidend für den Erfolg der Intervention und des Projekts insgesamt.

Zusammenfassend sind insbesondere folgende Elemente aus den bisherigen Ausführungen in Kapitel 2 für das Vorgehen während der Intervention zentral:

- Die Stringenz der methodisch-didaktischen Schritte in den Workshops der Intervention
- Die Zielorientierung und das straffe Monitoring zur Zielerreichung
- Die wertschätzende Haltung der Trainer_innen bei der Weiterbildungs-Arbeit
- Das Erreichen der Lernstufen bei den Teilnehmenden vom einfachen Lernen Stufe 0 (Bateson 2014) über das Double-Loop-Lernen (Argyris/Schön 1978), das Triple-Loop-Lernen oder Lernstufe III (Bateson 2014), die Veränderungen der *frames of reference und der points of view* (Mezirow 2012) sowie die zusätzliche Lernschleife durch das Feedback zu den Zwischenergebnissen des Projekts und das interorganisationale Lernen der Unternehmen.

Die höchste Lernform, das *triple loop learning* oder Lernstufe III zu erreichen ist das Ziel, das das Projekt in den Workshops der Intervention anstrebt: Die leitenden Einstellungen und Werte von Unternehmensvertreter_innen sollen in Bezug auf mehr Gender- und Diversity-Gerechtigkeit weiterentwickelt werden und das Handeln auch daran ausgerichtet werden. Damit ist zugleich eine neue partizipative Führungskultur verbunden, denn Gerechtigkeit und Chancengleichheit kann stets nur durch mehr Autonomie, Teilhabe und weniger Kontrolle der Mitarbeitenden, durch flache Hierarchien und eine stärkere Förderung der kreativen Potenziale der Mitarbeitenden erreicht werden. Die neue Führungskultur wird im Projekt auch thematisch verankert. Die Mission oder Vision eines Unternehmens muss sich daran orientieren, etwa im Leitbild, in der Außen- und Innendarstellung und in Bezug auf das alltägliche Handeln.

Den Lernprozess auf Ebene III von Bateson kann man auch mit ‚*Kairos*', dem glücklichen Moment der Erkenntnis im Bildungsprozess bezeichnen, in dem plötzlich Einsicht auf einer hohen Abstraktionsstufe möglich ist, die die kognitiven, affektiven und anderen Dimensionen des Denkens integriert. In der Weiterbildung kann diese Lernform immer nur indirekt vorbereitet werden. Im Workshop entsteht dann eine Stille und Konzentration und eine Übereinkunft der Teilnehmenden im Denken, die zu völlig neuen Erkenntnissen führt und die als „Ko-Konstruktion" bezeichnet wird (Macha u. a. 2010: 112), weil hier die Teilnehmenden gemeinsam neue Prämissen, Ziele und Werte für ihre berufliche Wirklichkeit definieren und formulieren, die später auch im Handeln umgesetzt werden.

Dies war beispielsweise in einem Workshop der Fall, als in einem Unternehmen mit insgesamt 8 Nationalitäten unter den anwesenden Führungskräften plötzlich durch die Diskussion von Diversity-Aspekten evident wurde, dass alle Teilnehmenden sich in Deutschland fremd fühlen und auch als Fremde in ihrer nationalen Identität im Unternehmen und in der Gesellschaft partiell immer wieder abgelehnt und diskriminiert werden, etwa wegen der fremden Sprache, der Hautfarbe oder der Lebensweise und dass sie sich meist nicht gestatten, das im Berufsalltag zu realisieren, um den Schmerz der Ablehnung zu vermeiden. Daraus konnte dann unmittelbar eine Übertragung auf die Situation von diskriminierten Frauen oder Migranten geleistet werden und diese verstanden werden und dies führte zu einer Neuformulierung des Leitprinzips Vielfalt im Unternehmen und zu Integrationsmaßnahmen. Man kann also resümieren, dass die Lernstufe III von Bateson, auch wenn sie selten und unplanbar ist, letztlich das Ziel des Transformativen Organisationalen Lernens im Prozess ist und ihn am besten in seiner komplexen Dimensionalität beschreibt.

Bei der Unternehmensstrategie Gender und Diversity geht das Infragestellen der organisationalen und subjektiven Werte sehr weit, denn die patriarchalen Unternehmensstrukturen sind von Ungleichheit durchdrungen. Doch die wissenschaftlichen Ergebnisse zu G&D und die praktischen Übungen der Workshops in den sechs Schritten des didaktischen Modells TOL unterstützen diesen Lernprozess, so dass es bei den Teilnehmenden zu tiefgreifenden Einstellungsänderungen kommen kann.

Ein weiterer Schritt kennzeichnet das Lernen im Projekt: Im Projektverlauf werden den Stakeholdern die empirischen Ergebnisse zur Wirksamkeit der Projektintervention mitgeteilt, zum Beispiel während der projektinternen Konferenzen mit dem Projektteam und den Verantwortlichen aus den Unternehmen. Sie können so selbst reflektieren, wie sich die kulturelle Veränderung bei den Mitarbeitenden und im Unternehmen durch ihre eigene Mitarbeit als Multiplikator_innen im System auswirkt. Durch die Reflexion und die anschließenden Feedbacks der Stakeholder zu den empirischen Ergebnissen des Projekts wird also noch ein zusätzlicher Lernprozess durchgeführt, der eine dritte Lernschleife implementiert, so dass man auch in dieser Beziehung von einem *„triple loop learning"* (Argyris/Schön 1978) oder besser noch der Lernstufe III (Bateson 1973) sprechen kann. Die Teilnehmenden reflektieren mit den Projektleiterinnen ihre eigenen und die Gruppenlernprozesse und können sich über ihre eigenen Perspektivenwechsel und den Wandel der *frames of reference* sowie die neuen Werte, Normen und Ziele bewusstwerden. Sie erkennen, inwieweit in den Gruppen durch Ko-Konstruktion Erkenntnisse zur Gleichstellung Akzeptanz fanden, die Struktur der Diskriminierung wahrgenommen und verändert wurde und neues chancengerechtes Handeln an seine

Stelle trat, das verstetigt wurde durch die Formulierung der diversitygerechten Leitlinien und Dokumente. Sie erkennen, dass sie selbst aktiv an der Kulturveränderung mitgewirkt haben. Diese höchste Lernstufe wurde sowohl in günstigen Momenten in den Workshops erreicht als auch in den Konferenzen.

Im Projekt finden alle genannten Lernstufen statt, die Lernstufe III von Bateson ist jedoch diejenige, die die höchsten oder anspruchsvollsten Lernvorgänge bei den Teilnehmenden und den Gruppen in Workshops beschreibt, die dann in das Unternehmen hineingetragen werden und eine Kulturveränderung bewirken können.

Als Prinzipien oder *core elements* und als epistemologische Grundlage des TOL kann folgende Definition gelten (Macha/Hitzler 2015; Macha 2015):

Gender und Diversity mit Transformativem Organisationalen Lernen im Unternehmen ist ein partizipatives, genderkritisches, pädagogisches und an ethischen Zielen orientiertes Handeln, das Lernvorgänge der Stakeholder anregt und unterstützt und dadurch neue Handlungsoptionen und -Freiräume eröffnet. Gleichstellung mit transformativem Organisationslernen (TOL mit G&D) wird definiert als Partizipation der Akteur_innen, die durch Commitment eine Organisation hinsichtlich ihrer gleichstellungspolitischen Ziele, Strukturen, Handlungsabläufe und der Organisationskultur verändern (Gherardi 2012; Elkjaer 2004: 421). Wichtige Entscheidungsträger_innen entwickeln Gender und Diversity-Kompetenz und können diese als Multiplikator_innen in die Organisation hineintragen. Durch Aushandlungen und konkrete Maßnahmen entstehen Bewusstsein und neue Handlungspraktiken, die sich in standardisierten Prozessen oder schriftlichen Konzepten (Artefakten) der Organisation manifestieren können.

Um diesen Lernprozess einer Organisation zu erfassen als auch die Intervention und Evaluation im Projekt planen und reflektieren zu können, wird das „4I-Modell" des Organisationalen Lernens (Crossan et al. 1999; Lawrence et al. 2005; Schilling/Kluge 2009) herangezogen (s. o.). Mit der Erweiterung um die pädagogische Komponente der Partizipation wird im Projekt Future is Female praktisch die konkrete Intervention durch Weiterbildung erprobt und die Wirksamkeit empirisch geprüft.

Im Folgenden wird nun zuerst das Prozessmodell des Transformativen Organisationalen Lernens vorgestellt und seine Bedeutung für das Forschungsprojekt Future is Female, also die Ableitung von Interventions- und Evaluationsdesign erläutert. Daran anknüpfend wird dargestellt, wie das Prozessmodell des TOL um das eigene pädagogisch-didaktische Konzept in 6 Schritten erweitert wird sowie einzelne dafür relevante Begriffe geklärt.

Die pädagogische Komponente in der konkreten Intervention mit Weiterbildung wird in folgender Weise im Transformativen Organisationalen Lernprozess mit der Gender- und Diversity-Strategie umgesetzt: zum einen werden die Akteur_innen der Organisation, nämlich zunächst die Geschäftsführungen, die verantwortlichen Change-Teams und die Führungskräfte ermächtigt, Gender- und Diversity-Kompetenz aufzubauen um dann in weiteren Schritten diese neuen Erkenntnisse in die Organisation hinein zu tragen. Zum anderen begleiten die Akteur_innen selbst den Prozess des organisationalen Lernens steuernd. Auf diese Weise wird der Transformationsprozess in den Unternehmen partizipativ gesteuert: Die Projektleiterinnen regen mit ihrer TOL und G&D-Expertise die Schritte der Transformation im Unternehmen gemeinsam mit den Geschäftsführungen und den Change Teams auf der systemisch-strukturellen Ebene an. Die inhaltliche und operative Ermächtigung der verantwortlichen Multiplikator_innen führt dann dazu, dass der Prozess im Unternehmen verankert wird und auch kommuniziert wird.

Der Prozess der Intervention kann in den einzelnen Weiterbildungsworkshops anhand der 6 Schritte des methodisch-didaktischen Modells TOL in folgenden graphischem Modell verdeutlicht werden (Crossan 1999; Schilling/Kluge 2009; Macha et al. 2014): Die Arbeit in den Weiterbildungs-Workshops und anderen Formaten knüpft an den Wissensbeständen und Traditionen des Unternehmens an, dafür steht am linken Rand der Graphik das *„Feedback"*. Mit der Intervention geht das Unternehmen aber weiter und im *„Feed forward"* (oberste Spalte der Graphik) wird mit der partizipativen Intervention ein Change Prozess mit G&D für die Zukunft des Unternehmens in Gang gesetzt. In der ellipsenfömigen Graphik finden sich drei kleine Kreise, die die drei Interventionsebenen bzw. Lernebenen symbolisieren, das Individuum, die Gruppe und die Organisation. Dort setzt jeweils die Weiterbildung im Projekt an, um den Change Prozess mit Wissen zu untermauern und die Information auf den drei Ebenen zu platzieren. Die roten Punkte, die nach außen laufen, bezeichnen die 6 Schritte des didaktischen Vorgehens in der Intervention. Schritt 1 und 2, Awareness und Deconstruction, setzen beim Individuum an (s. o.), Schritt 3, Reframing, setzt in der Gruppe an, Schritt 4, Negotiation, wirkt von der Gruppe ausgehend auf die Organisation, Schritt 5, Implementation, geschieht ebenso wie Schritt 6, *triple loop learning/*Lernstufe III in der gesamten Organisation. Die Graphik kennzeichnet den Transformationsprozess und seine Dynamik durch Machtprozesse, Widerstände und Institutionalisierung von Transformation auf den drei Ebenen Individuum, Gruppe und Organisation und auch die 6 Schritte des didaktischen Modells richten sich auf die drei Ebenen:

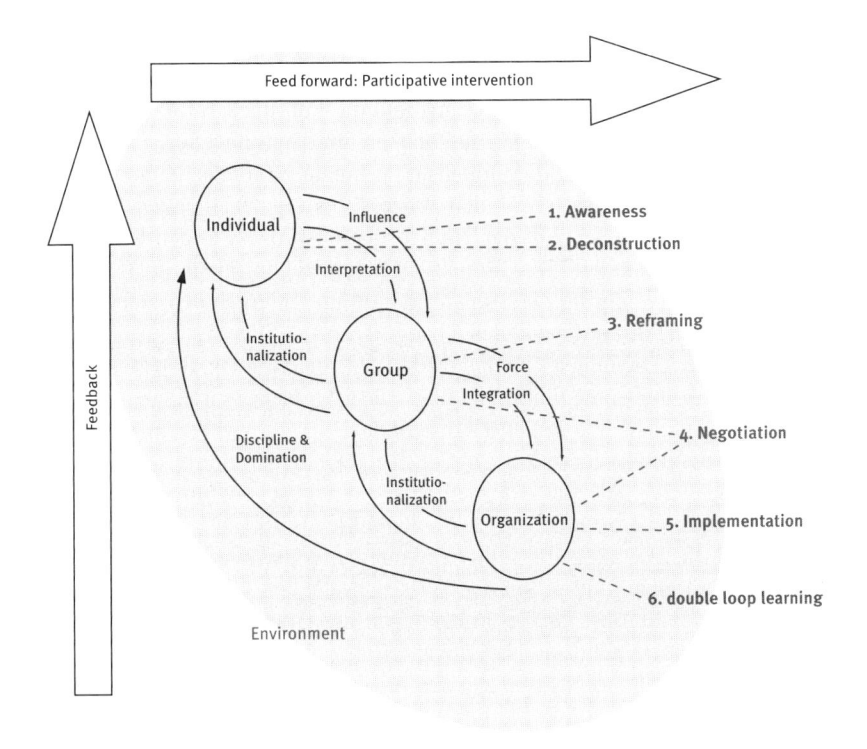

Eigene Graphik nach Schilling/Kluge 2009

Ausgangspunkt des Transformativen Organisationalen Lernprozesses (TOL) ist eine von Einzelnen wahrgenommene problematische Situation. Diese besteht im Projekt darin, dass Wirtschaftsunternehmen auf Grund des Fachkräftemangels darauf angewiesen sind, neue Strategien und Wissen zu generieren, um exzellente Fach- und Führungskräfte zu gewinnen, zu entwickeln und an das Unternehmen zu binden. Ein weiteres Motiv für die Teilnahme ist, eine innovative Führungskonzeption umzusetzen, die von den Mitarbeitenden zunehmend gefordert wird.

Bei der Umsetzung des TOL-Modells im Interventionsdesign wird von 6 Schritten ausgegangen (vgl. oben).

1. **Awareness:** Der erste Schritt setzt auf der individuellen Ebene an und besteht darin, bei den Stakeholdern Bewusstsein für traditionelle Praktiken der Generierung von Ungleichheit der Geschlechter und der anderen diskriminierten Minderheiten zu schaffen: *doing gender* oder *doing difference* (West/Zimmerman 1987). Das geschieht in Weiterbildungs-Workshops, die

die Projektleiterinnen durchführen. In den Interaktionen der Workshops, zum Beispiel in Workshops zur gendersensiblen Kommunikation bzw. Führung, wird zunächst durch grundlegende wissenschaftliche Informationen und dann später auch durch gemeinsame Übungen der Gruppe die Awareness, das heißt die Bewusstwerdung über diskriminierende Praktiken und Exklusion geschärft. „For understanding ourselves we must pay attention to the practices that shape our lives, conversation with our practices becomes especially important as their very ordinariness has the power to shape us in ways we do not always attend to" (Nicolini et al. 2009).

2. **Deconstruction:** Der zweite Schritt besteht darin, auf der individuellen Ebene die diskriminierenden Praxen anhand von Informationen aus der Gendertheorie zu dekonstruieren, das heißt, im hierarchischen Kontext des Unternehmens zu erkennen, wie und warum Exklusion das System perpetuiert und Machtstrukturen stabilisiert. Habitualisierte Praktiken der Ungleichbehandlung und Exklusion und die zugrundeliegenden mentalen Modelle der Führungskräfte werden zum Beispiel im Rollenspiel thematisiert, bewusst gemacht und anhand von Gender- und Diversity-Wissen dekonstruiert. Es wird zum Beispiel im Rollenspiel erfahren, wie im Bewerbungsgespräch durch inkriminierende Fragen aktiv Ungleichheit hergestellt wird. Dadurch erfolgt ein *double loop learning* (s. o), das tradierte Annahmen und Praktiken durch neue ersetzt.

3. **Reframing:** Alternative Praktiken zu gendersensiblen Personal- und Führungsstrategien werden in Workshops vermittelt, sowohl durch wissenschaftliche Information als auch durch praktische Übungen im Schonraum des Workshops. Hierbei werden die Führungskräfte selbst zu bewusst gendergerecht und Vielfalt wertschätzenden Handelnden: „the transition from awareness to authorship" (Gorli u. a. 2010: 12). Authorship bedeutet, dass das neue Wissen selbständig akzeptiert, internalisiert und angewandt wird. Hier, wie auch in den ersten Schritten, werden neue Erfahrungen der Individuen möglich, und da sie in Gruppen gemacht werden, sind auch Perspektivenwechsel und Unterstützung beim Ausprobieren neuer Handlungsoptionen in der Gruppe zu erwarten. Das *double loop learning* und *triple loop learning* findet hier wie folgt statt: Mitarbeitende eines Betriebes reagieren zum Beispiel auf internen und externen Wandel insoweit, dass sie ihre Handlungsstrategien ändern, wenn diese nicht mehr zu den erwarteten Ergebnissen führen, im Sinne eines Anpassungslernens (Becker 2002). Hier erfolgt durch neues Handlungswissen ein *double loop learning* (s. u.).

4. **Negotiation:** Es wird auf der Ebene der Gruppe Commitment der Führungskräfte und Mitarbeiter_innen der Unternehmen für die partizipative

Erarbeitung neuer Regeln der Interaktion erzielt. Das ist der Schritt, in dem auch die Integration der Gruppen-Ebene ins Unternehmen hinein erfolgt. Die Führungskräfte können in der Organisation ihr neu erworbenes Wissen anwenden und so die Funktion des Multiplikators erwerben. Macht und Ressourcenverteilung, Netzwerke und Nepotismus können dekonstruiert werden und neue gendergerechte Strategien finden Verbreitung. Spätestens an dieser Stelle ist das Commitment top down der Geschäftsführung erforderlich. Sie muss in die Kommunikationspolitik eingebunden werden und der Umgang mit Barrieren muss top down geplant werden.

Im Projekt Future is Female wird davon ausgegangen, dass die Führungskräfte über dieses implizite Wissen, das *tacit knowledge* als handlungsleitendes Wissen verfügen und in Organisationen in allen Interaktionen traditionell dadurch Ungleichheit als soziale und organisationale Praktik hergestellt und reproduziert wird und zu Exklusionen führt. Indem in den Workshops neue individuelle Erfahrungen gemacht werden können, kann dieses Wissen erweitert werden und der Prozess des *Inutiting* wird sprachlich gefasst und dadurch bewusst gemacht. Die Prozesse des *doing gender* können benannt und beschrieben werden. Die Führungskräfte bekommen Wissen und Erfahrungswissen über diese Exklusions-Mechanismen. Traditionelle Handlungsmuster werden reflexiv erfasst, und „*entrepreneur intuition*" oder „*expert intuition*" als neue Basis für das Handeln in der Zukunft möglich, weil sie in das Erfahrungswissen aufgenommen werden. Die Interventionen richten sich immer daran aus, Gender- und Diversity-Kompetenzen der Fachkräfte zu entwickeln und auszubauen. Der optimale TOL-Prozess verlangt hohe Gender- und Diversity-Kompetenzen der Multiplikator_innen. Das Gender-Wissen muss in ein Wollen des gendersensiblen Handelns überführt werden, das schließlich zum Können wird. Das Wissen über die Bedeutung von Vielfalt im Unternehmen wird zum Wollen und schließlich zum Können der Wertschätzung von Vielfalt. Das Umsetzen des Wissens, Könnens und Wollens hängt davon ab, ob Vorgesetzte auch das Dürfen der Umsetzung des Neuen am Arbeitsplatz ermöglichen, hier sind Aspekte von Macht, Unternehmenspolitik, von Machtdispositiven und Ressourcen beteiligt.

5. **Implementation:** Die Nachhaltigkeit und Verbindlichkeit der geschlechtersensiblen und Vielfalt ermöglichenden Regeln im Unternehmen werden durch Artefakte gewährleistet, das sind z. B. Unternehmens-Leitbilder, Gesprächsleitfäden für Mitarbeiter_innen, Führungsleitfäden, usw. Der Transfer in den Alltag der Führungskräfte wird dadurch auf Dauer verbindlich gemacht. Die Artefakte verändern langfristig und nachhaltig die Struktur und Kultur der Unternehmen in Richtung Gleichstellung und Vielfalt für

alle Mitarbeiter_innen. Dieser dritte Lernschritt in der Organisation selbst kann als *deutero loop learning* oder Lernstufe III bezeichnet werden, weil eine Reflexion und Analyse der beiden vorherigen Lernschritte erfolgt und zu nachhaltigen und verstetigten Veränderungen der Unternehmens-kultur führt.

6. **Double loop learning, deutero loop learning und triple loop learning vs. Lernstufe III:** Sowohl durch das direkte Lernen in den Workshops wie auch durch die Rückmeldeschleifen mit Hilfe der an die Stakeholder rückgespiegelten Daten der Evaluation, die die festgestellten Änderungen im Handeln der Akteure datengestützt erfassen, erfolgt ein Wertewandel im Unternehmen in Richtung Gleichstellung und Vielfalt und der Erkenntnisprozess bei den Stakeholdern wird gefestigt. Das *triple loop learning* und Lernstufe III sind Lernformen, bei denen das „*mismatch*" zwischen realen und erwarteten Konsequenzen zu einer Entwicklung der Zielvorstellungen und Werte führt. Gerade in sich verändernden Welten sind die Fähigkeit zur Infragestellung des Gewohnten und ein Lernen hin zu einem adäquateren Ziel stärker gefragt. Gleichzeitig kann so die Voraussetzung für ein effizientes *single loop learning* einzelner Mitarbeiter_innen geschaffen werden. Mit *deutero loop learning* und Lernstufe III sind schließlich die Fähigkeiten von Betrieben angesprochen, ihre Lernfähigkeit selbst zu verbessern. Die Reflexion der Lernprozesse in einem weiteren Sinne hinsichtlich fördernder und hindernder Determinanten sowie ineffizienter Phasen kann zu diesem organisationalen Lernen führen. Zudem entsteht auch zwischen den Unternehmen, also im interorganisationalen kollektiven Lernprozess, ebenfalls das *deutero loop learning* als ko-konstruktives Entwerfen neuer Werte, Regeln und ihrer konkreten Umsetzung wie in Lernstufe III (Argyris/Schön 1996; Becker 2002; Bateson 2014).

In Kapitel 2 konnte gezeigt werden, dass einzelne Lernprozesse auch die Stufe des „*triple loop learning*" bzw. „*Lernen III*" nach Batesons Lernmodell erreichen, wo es um die Diskussion von alternativen Zielen, Werten und Prämissen geht und wo Lernende im geschützten Umfeld des Kurses ihre Werte auf den Prüfstand stellen können und gemeinsam in Ko-Konstruktion neue Überzeugungen formulieren können sowie auch Handlungsalternativen erproben dürfen. Dieser hohe Anspruch wird in den Workshops eingelöst und führt letztlich in den Unternehmen zu den messbaren Veränderungen sowohl auf der Ebene der Subjekte, der Gruppen als auch der Unternehmen als Systeme.

Zusammenfassend wurde in diesem Kapitel aus den theoretischen Grundlagen der Gender-, Diversity- und Gleichstellungsforschung sowie der Organisationspädagogik und dem Organisationalen Lernen die Theorie der Transformationsforschung sowie die Methode des Transformativen Organisationalen Lernens in ihrer Anwendung auf die Praxis und die Evaluation entwickelt. Im dritten Kapitel wird die Praxis der Intervention dargestellt.

3. Entwicklung des Interventionsdesigns der Studie Future is Female

In Kapitel 2. wurde die Theorie der Transformativen Organisationsforschung entwickelt und als Operationalisierung aus der Theorie für die Praxis der Intervention das methodisch-didaktische Modell des Transformativen Lernens – TOL abgeleitet. Nun folgt die Entwicklung des Interventionsdesigns. Unter Intervention versteht man 1. Das Konzept, 2. Den Ablaufplan und 3. Alle Weiterbildungsformate bzw. -maßnahmen des Gender und Diversity in den Unternehmen.

Die Projektstrategie setzt sich aus zwei Teilen zusammen:

1. Die Projektstrategie beinhaltet das Konzept der Intervention mit klar definierten Zielen und einem strukturierten Ablaufplan. Die Projektstrategie bezeichnet dabei auch die grundsätzliche Ausrichtung des Projektes hinsichtlich seiner beabsichtigten Wirkung auf die teilnehmenden Unternehmen (Pfetzing/Rohde 2009: 30).

2. Die didaktisch und methodisch ausgearbeiteten Weiterbildungsformate für den Aufbau von konkreten Wissens- und Handlungskompetenzen zum Thema Gender und Diversity der betrieblichen Akteur_innen stellen die Operationalisierung des Lernmodells TOL dar.

Durch die Intervention im Projekt Future is Female werden Entscheidungsträger_innen zu Multiplikator_innen für neue gleichstellungsgerechte Praktiken ermächtigt, indem sie Gender- und Diversity-Kompetenzen entwickeln, neue gleichstellungsorientierte Bilder der Organisation entwerfen, diese in die Organisation hineintragen und neue Repräsentationen, Artefakte und handlungsleitende Theorien schaffen. Damit wirken sie auf die Herstellung der handlungsleitenden Theorien anderer Akteur_innen in der Organisation ein, indem diesen neue Erfahrungsräume eröffnet werden, sie neue Angebote für Identitätskonstruktionen erhalten (Lawrence et al. 2005) und neue Prozesse des organisationalen Lernens durch *„Intuiting"* (Weick 1996: 25) angestoßen werden. Exklusions- und Diskriminierungspraktiken werden nachhaltig verändert, indem über individuelle und gruppenbezogene Lernprozesse ein organisationaler Lernprozess angestoßen wird. Ansatzpunkt ist deshalb primär die betriebliche Weiterbildung mit Gender und Diversity von Entscheidungsträgern als integraler Bestandteil von Personalentwicklung.

Die Interventionen erfolgen anhand vielfältiger Methoden der Weiterbildung und Evaluation. Das partizipative Lernmodell TOL ist hier grundlegend für die Ziele und Ansprüche an Lernkonzepte und Lernstufen. Dadurch werden die Unternehmen bei der Entwicklung und Implementation von Gender und Diversity begleitet. In der Startphase nimmt jedes Unternehmen teil an Auftaktkonferenzen, Kick-off-Workshops und Analysen der Organisationsstruktur sowie auch an einer systematischen Ziel- und Bedarfsanalyse von Gender- und Diversity-Maßnahmen. Daraus abgeleitet, werden pro Unternehmen Ziel- und Maßnahmenpläne für Gender und Diversity anhand der Bedarfe erstellt und verantwortliche Change Teams als Multiplikator_innen etabliert. Im Anschluss daran werden für jedes Unternehmen, abgestimmt auf die Bedarfe, Weiterbildungsmaßnahmen zu Gender- und Diversity-Themen für zentrale Entscheidungsträger_innen und Mitarbeiter_innen, zum Beispiel die Change-Team-Mitglieder, geplant und angeboten. Dies sind unterschiedliche Weiterbildungsformate wie zum Beispiel Gender- und Diversity-Trainings und Workshops zu gendersensibler Führung, Programmworkshops zu Wiedereinstiegsprogrammen für Eltern nach der Elternzeit, Kollegiale Beratung zur Umsetzung von Gender und Diversity im Unternehmen und die Lösung von Widerständen, Feedbackveranstaltungen zu den Projektabläufen durch die Mitarbeitenden oder auch Potenzialanalysen von Frauen für Führungspositionen.

Im Folgenden werden diese beiden Bestandteile des Interventionsdesigns ausgeführt.

3.1 Die Projektstrategie

Das Ziel ist es, Unternehmenskulturen, Strukturen, Interaktionen und individuelle Haltungen der Akteur_innen dahingehend zu verändern, dass horizontale und vertikale (geschlechtsspezifische) Segregationen am Arbeitsmarkt abgebaut werden können. Langfristig soll dadurch erreicht werden, dass mehr Frauen in Führungspositionen gelangen können und diskriminierte Gruppen mehr Chancen erhalten. Erreicht werden diese übergeordneten Grobziele zum einen, indem Frauen im Erwerbsleben direkt gefördert werden, zum anderen, indem die notwendigen organisationalen, gleichstellungspolitischen Rahmenbedingungen für die Erreichung der Grobziele in den Unternehmen geschaffen werden. Entsprechend ergeben sich die folgenden Feinziele:

1. Direkte Förderung von (älteren) Frauen und Migrant_innen im Erwerbsleben,
    – indem diese in der Projektarbeit – als Fach- und Führungskräfte gewonnen bzw. identifiziert,

- auf ihrem Karriereweg begleitet und gefördert
- und durch Weiterbildung zu Führungskräften entwickelt bzw. ermutigt werden.

2. Indirekte Förderung von (älteren) Frauen und Migrant_innen im Erwerbsleben, indem
3. Führungskräfte in den Unternehmen bezüglich gleichstellungs- und diversitypolitischer Themen sensibilisiert und qualifiziert werden und die Struktur und Kultur der Unternehmen sowie die Rahmenbedingungen für Gleichstellung und Diversity in den Unternehmen verändert und optimiert werden.

Eckdaten zum Projekt Future is Female im Überblick:

Projektträger:
- Gender Zentrum der Universität Augsburg (GZA)

Projektleitung:
- Wissenschaftliche Leitung: Prof. Dr. Hildegard Macha
- Operative Leitung: Staatsex./B.A. Catarina Wurmsee, Dipl. Päd. Julia Boepple
- Strategische Leitung: Dipl. Päd. Hildrun Brendler

Gefördert durch:

Europäischer Sozialfonds (ESF) und Universität Augsburg

Laufzeit:

September 2011–September 2013

Teilnehmende:

20 klein- und mittelständische Unternehmen (KMU) aus Bayern

Um einen effektiven Wandel durch organisationales Lernen zu erreichen, wird für die Projektkonzeption und Planung des Projektablaufs auf das Know-how des Change Managements zurückgegriffen. Das bedeutet, dass essentielle Erfolgsfaktoren für die Umsetzung organisationaler Lernprozesse nach TOL vorab definiert wurden. Anhand dieser Faktoren richtete sich das planmäßige Vorgehen im Projekt Future is Female in drei Phasen aus.

3.1.1 Phase I:

- Akquise und Auswahl der teilnehmenden kleinen und mittelständischen Unternehmen
- Gewinnung und Definition von Aufgaben der beteiligten Akteur_innen (Gender Zentrum Augsburg (GZA), Change-Teams, Geschäftsführungen)
- Auftaktkonferenz zum Projektstart
- Empirische Erhebungen des Status quo ante der Gleichstellung in den teilnehmenden Unternehmen durch zwei Online-Fragebögen (siehe Kapitel 4)

3.1.2 Phase II:

- Kick-off-Workshops in allen 20 Unternehmen: Erhebung der Ziele und Bedarfe zu Gender und Diversity durch die Stakeholder; Analyse der Organisationsstruktur der Unternehmen
- Planung und Durchführung der Intervention zu Gender und Diversity in Form von unterschiedlichen Weiterbildungsformaten in den 20 Unternehmen
- Mid-Time-Conference mit allen beteiligten Akteur_innen
- Partizipative Evaluation der Wirksamkeit der Projektstrategie in den Unternehmen: Instrumente, Erhebungsmethoden, Auswertungsmethoden (siehe Kapitel 4, 5)

3.1.3 Phase III:

- Abschlusskonferenz und Netzwerkgründung mit allen Akteur_innen der Unternehmen
- Projekt-Berichte für alle 20 Unternehmen
- Wissenschaftliche Veröffentlichung der Projektergebnisse und der Wirksamkeitsanalyse (vgl. Kap. 5)

Die folgende Graphik verzeichnet die eingesetzten Weiterbildungsformate und -Maßnahmen (linke Spalte), in denen die Lernformen von Mezirow (2000), Argyris (1978) und Bateson (2014) sowie die Modelle des organisationalen Lernens entwickelt und angewendet wurden (Crossan (1999), Lawrence (2005), Schilling/Kluge (2009). Zugleich werden die Ziele und Maßnahmen mit Evaluationsinstrumenten evaluiert, um die Wirksamkeit der Intervention messbar zu machen (rechte Spalte):

Phase I: Start up

- Auftaktkonferenz mit 20 Unternehmen & 30 Kooperationspartnern
- Gender-Daten-Analyse zum Status quo von Gender & Diversity in den Unternehmen
- Kick-off-Workshop in jedem der Unternehmen
- Gründung der Change-Teams in jedem Unternehmen; Delegation von Verantwortung: Multiplikatoren
- Gemeinsame Ausarbeitung von Maßnahmeplänen für jedes Unternehmen

- Sensibilisierung und Anstoß eines Dialogs
- Fragebogen I & II, Dokumentenanalyse, Schaffung einer Datenbasis in den Unternehmen
- Analyse der Organisationsstruktur und der G&D-Bedarfe, Zielformulierung, Benchmarking
- Prozessdokumentation
- Dokumentation und Validierung durch Stakeholder

Phase II: Umsetzung

- Workshops: Bewusstmachen d. Praxes des Doing Gender, partizipative Etablierung neuer Regeln, Programme & Leitbilder
- Potenzialanalysen: individuelle Förderung
- Choaching: z.B. Führen von gendersensiblen Mitarbeitergesprächen
- Konferenzen: Spiegelung von Zwischenergebnissen, kollegialer Austausch zwischen Unternehmen

- Dokumentation der Workshopergebnisse, Feedbackbogen I & II, Reflexionsbogen für Trainerinnen
- Spiegelung der Ergebnisse, Dokumentation des Förderprozesses, Expert_innen-Interviews
- Tonbandaufzeichnungen von Mitarbeiter_innen Gesprächen, Auswertung und Spiegelung
- Tonbandaufzeichnungen der Kollegialen Beratung, Dokumentation von Großgruppenarbeit, Feedbackrunden

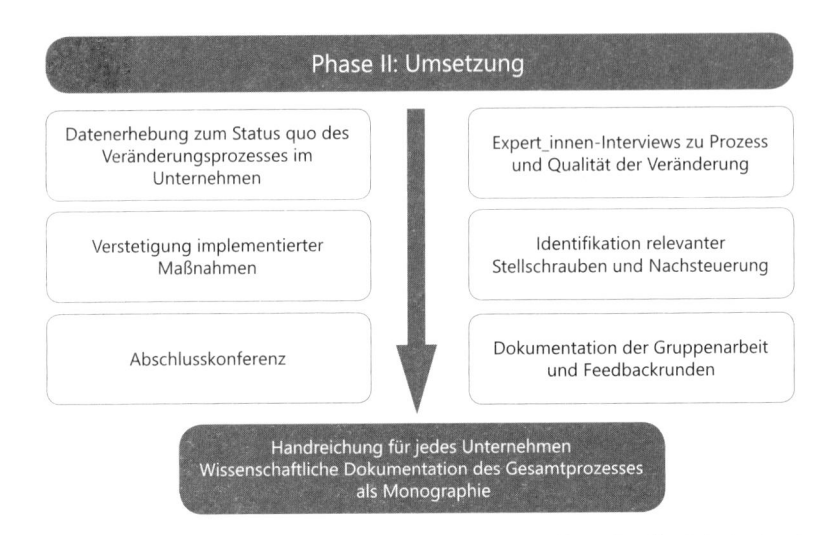

Phase II: Umsetzung

- Datenerhebung zum Status quo des Veränderungsprozesses im Unternehmen
- Verstetigung implementierter Maßnahmen
- Abschlusskonferenz

- Expert_innen-Interviews zu Prozess und Qualität der Veränderung
- Identifikation relevanter Stellschrauben und Nachsteuerung
- Dokumentation der Gruppenarbeit und Feedbackrunden

Handreichung für jedes Unternehmen
Wissenschaftliche Dokumentation des Gesamtprozesses als Monographie

Zusammenfassend wurde in der Graphik dargestellt, wie die Methode des Transformativen Organisationalen Lernens in der Praxis strukturiert wurde und wie die Evaluation parallel dazu entwickelt wurde. Zu beachten ist, dass die einzelnen Phasen nicht in rein chronologischer Reihenfolge durchgeführt wurden, sondern sich teilweise überschneiden, über einen längeren Zeitraum stattfanden oder auch zu unterschiedlichen Zeiten im Projekt mehrmals durchgeführt wurden.

3.1.4 Die teilnehmenden Unternehmen

Die Projektstrategie beginnt mit der Akquise und Auswahl der teilnehmenden Unternehmen anhand bestimmter Kriterien des Projektförderers Europäischer Sozialfonds: kleine und mittelständische Unternehmen der MINT-Branchen (Mathematik, Informatik, Natur- und Technikwissenschaft) und der Gesundheitsbranche mit ausgewiesenem Bedarf an Fach- und Führungskräften.

Alle 20 teilnehmenden Unternehmen entsprechen – in unterschiedlichem Ausmaß – in ihrer Struktur und ihren Prozessen den oben genannten Kriterien klassischer mittelständischer Betriebe und Familienunternehmen. Die Unternehmen haben ihren Firmenhauptsitz zudem im Freistaat Bayern, 13 davon sind im Regierungsbezirk Schwaben, sieben im Regierungsbezirk Oberbayern angesiedelt (Struthmann 2013: 47).

In Hinblick auf die Branchenzugehörigkeit sind elf der 20 Unternehmen dem verarbeitenden Gewerbe, drei Unternehmen dem Baugewerbe, zwei Unternehmen der Informations- und Kommunikationsbranche, ein Unternehmen dem Bereich der sonstigen wirtschaftlichen Dienstleistungen, ein Unternehmen der Verkehrs- und Lagereibranche, ein Unternehmen dem Handelswesen und ein Unternehmen dem Gesundheits- und Sozialwesen zuzuordnen. Die hier verwendeten Branchenbezeichnungen entsprechen der Klassifikation der Wirtschaftszweige (WZ 2008) des Statistischen Bundesamtes, auf der alle amtlichen Statistiken Deutschlands beruhen (Struthmann 2013: 155).

3.1.5 Am Projekt beteiligte Akteur_innen

Das Gender Zentrum der Universität Augsburg

Das Gender Zentrum Augsburg – GZA – übernimmt die Rolle eines externen Projektmanagers und Prozessbegleiters in den Unternehmen und unterstützt die Unternehmen in enger Zusammenarbeit mit den Change Teams (Definition s. u.) bei der Durchführung der gleichstellungspolitischen Change Management-Prozesse bzw. bei der Umsetzung des Transformativen Organisationalen Lernprozesses mit Gender und Diversity. Die Projektleiterinnen tragen dabei im Sinne der zugrundeliegenden Theorie bei den Weiterbildungs-Interventionen eine kontextgestaltende Rolle für Lernprozesse der Stakeholder. Diese ist gekennzeichnet durch:

– Partizipative Definition der unternehmerischen Ziele und Weiterbildungs-Bedarfe im Rahmen von TOL mit Gender und Diversity zusammen mit den Stakeholdern (Weber 2009; Macha et al. 2011, Macha 2014 a, b, Macha/Brendler 2014, Macha et al. 2016 a, b)
– Anleitung und Stabilisierung individueller, kollektiver sowie organisationaler Lernprozesse durch Gender und Diversity (Göhlich 2007: 226; Göhlich et al. 2014).
– Herstellung von interaktiven Lernumgebungen (Suarez-Herrera 2009: 325ff).
– Förderung der Kommunikation zwischen Wissensträgern im Sinne der Förderung von Dialogen und der Aktivierung von Gesprächen (Weber 2009: 148ff).

Zugleich kommt dem Projektteam neben der Leitung der Intervention aber auch die Rolle der Forschenden zu. Im Sinne des Transformativen Organisationalen Lernens sowie der partizipativen Evaluation sind sie Steuernde im Prozess, Koordinator_innen, Katalysator_innen und Vermittler_innen für die Herstellung von interaktiven Lernumgebungen im Dialog und durch Kooperation (Suarez-Herrera et al. 2009). Gleichzeitig ist ihre Aufgabe das Formulieren lösungs-, visions- und ressourcenorientierter Forschungsfragen (Weber 2009) sowie die Entwicklung, Verbesserung und Validierung der

Theorie durch die Praxis auf eine methodologische Weise (Eikeland/Nikolini 2011). Die Evaluation der Wirksamkeit zeigt die Möglichkeiten und Barrieren der Intervention.

Somit wirkt das GZA als „Scharnier" zwischen Wissenschaft und Praxis, indem es forschungsbasierte und praxiserprobte Empfehlungen an die Unternehmen zur Entwicklung von Gender- und Diversity-Maßnahmen gibt und die Unternehmen dabei unterstützt, Geschlechtergerechtigkeit und Vielfalt in unternehmensrelevanten Strukturen und Prozessen zu verankern sowie Systeme und Strategien zu entwickeln, um Veränderungsprozesse und Prozesse des Transformativen Organisationalen Lernens mit Gender und Diversity in den Unternehmen in Gang zu bringen. Entsprechend übernimmt das GZA folgende Aufgaben im Projekt:

- Erhebung der gleichstellungspolitischen Ziele und Weiterbildungs-Bedarfe gemeinsam mit den Verantwortlichen aus den teilnehmenden Unternehmen – die Zielraster für jedes Unternehmen
- Planung und Umsetzung bedarfsorientierter Weiterbildungsformate und gender- und diversityorientierter Maßnahmenkataloge gemeinsam mit den Verantwortlichen der Unternehmen – die Weiterbildungskonzeption des Projekts
- Monitoring, Unterstützung und Begleitung bei der nachhaltigen Umsetzung und Verankerung von Maßnahmen des Gender und Diversity in den Unternehmen – in Jour fixe im Unternehmen
- Prozessbegleitende Steuerung, Dokumentation und wissenschaftliche Evaluation prozessualer und struktureller Veränderungen und Wirkungen der Transformativen Organisationaler Lernprozesse in Richtung Gleichstellung
- Erstellung unternehmensspezifischer Projektberichte, welche den gleichstellungspolitischen Status quo ante und post als Effekte der Intervention sowie darauf basierende Handlungsempfehlungen dokumentieren
- Erstellung von wissenschaftlichen Veröffentlichungen zum Thema „Gender und Diversity im Unternehmen durch Transformatives Organisationales Lernen" für die wissenschaftliche und mediale Öffentlichkeit.

Der Rolle des GZA als Wissensvermittlerin und Begleiterin im gleichstellungspolitischen Veränderungsprozess ist jedoch bedingt durch den Projektcharakter auch gewisse Grenzen gesetzt. Durch das GZA werden zwar wichtige Impulse gegeben und Schwerpunktsetzungen der einzelnen Unternehmen im Change-Prozess unterstützt, jedoch nur im Rahmen der verfügbaren Ressourcen an Personal und Zeit. Zudem werden die für die konkrete Umsetzung und Fortführung der einzelnen Schritte und Maßnahmen Verantwortlichen in den

Unternehmen zu Multiplikator_innen für den Change-Prozess mit Gender und Diversity ausgebildet. Dies geschieht durch die Vermittlung des hierfür benötigten Fach-, Prozess- und Methodenwissens sowie durch die Sensibilisierung relevanter Akteur_innen in Hinblick auf Geschlechter- und Diversitygerechtigkeit. Ein Teil der Verantwortung wird dann auch durch die Multiplikator_innen getragen.

Die Change Teams in den Unternehmen

Bereits vor Projektbeginn wird in jedem Unternehmen ein sogenanntes „Change Team", bestehend aus Vertreter_innen der einzelnen Unternehmensbereiche und Abteilungen gegründet, das gemeinsam mit dem Projektteam des Gender Zentrum Augsburg verantwortlich ist für die Koordination und Umsetzung der Projektziele und Gender- und Diversity-Maßnahmen im Unternehmen sowie für den Kontakt zwischen dem Projektteam und den Unternehmensleitungen. Dem Change Team kommt im Rahmen des zweijährigen Gender- und Diversity-Change-Prozesses im Unternehmen die Aufgabe einer Koordinierungsgruppe zu, die aus nicht mehr als 4 bis 7 Mitgliedern bestehen soll. Um die nötige Durchsetzungskraft, Entscheidungsbefugnis, Expertise sowie Akzeptanz des Change Teams im Unternehmen und gegenüber der Unternehmensleitung zu gewährleisten, soll es mit mindestens je einem/r Vertreter_in der beiden obersten Führungsebenen und der Geschäftsleitung selbst, der Mitarbeiter_innenschaft, der Personalabteilung sowie weiteren relevanten Unternehmensbereichen besetzt sein. Das Change Team benötigt zudem eine/n Sprecher_in bzw. Hauptansprechpartner_in für das Projektteam des GZA, dies sollte einer Führungskraft übertragen werden (Schiersmann/Thiel 2009: 35ff).

Das Change Team spielt gemeinsam mit der Unternehmensleitung eine tragende Rolle im gesamten Projektverlauf bzw. im Change-Prozess: Seine Aufgaben sind so definiert, dass es durch seine abteilungs- und hierarchieübergreifende Zusammensetzung die Rolle eines Expert_innen- bzw. Multiplikator_innen-Teams übernimmt. Das Change Team kann den spezifischen gleichstellungspolitischen Bedarf in den einzelnen Abteilungen des Unternehmens realitätsnah beschreiben, geeignete Maßnahmen gemeinsam mit der Unternehmensleitung top down anleiten und deren nachhaltige Umsetzung und Verankerung im gesamten Unternehmen sicherstellen. Zudem ist das Change Team aufgrund seines stets aktuellen Prozesswissens die Kommunikations-Schnittstelle bzw. der Vermittler nach innen zur Unternehmensleitung, den Mitarbeiter_innen sowie nach außen zum Projektteam des Gender Zentrum Augsburg und den Kunden und es übernimmt dabei zudem die Aufgabe, ausreichend Reflexions- und Feedbackschleifen in den Change-Prozess im Unternehmen einzubauen. Nicht zuletzt ist es auch die Aufgabe des Change

Teams, das Projekt bzw. den Change-Prozess und entsprechende Maßnahmen und Wirkungen sowohl nach innen wie auch nach außen öffentlichkeitswirksam zu „vermarkten". Zusammengefasst kommen dem Change Team somit schwerpunktmäßig die folgenden Funktionen zu (vgl. auch oben S. 48; Schiersmann/Thiel 2009: 35):

- Koordinationsfunktion gegenüber dem Unternehmen und der Projektleitung
- Katalysatorfunktion gegenüber Barrieren
- Vermittlungsfunktion zwischen unterschiedlichen Parteien im Unternehmen
- Controllingfunktion in Bezug auf die Planungen
- Reflexionsfunktion des gesamten Gender- und Diversity-Prozesses
- Interne und externe Marketingfunktion.

Dieses partizipative Vorgehen in Form einer engen Zusammenarbeit mit relevanten Unternehmensvertreter_innen im Change Team stellt ein zentrales, theoretisch begründetes Prinzip des Transformativen Organisationalen Lernens im Projekt dar: Der Grundsatz der „forschenden Praxis" (Suarez-Herrera et al. 2009) oder der „partizipativen Evaluation" (Weber 2007, 2009) ist, die Beteiligten – in diesem Fall das Change Team – in den Forschungsprozess und den Transformationsprozess der Organisation mit einzubeziehen. Die Stakeholder sind partizipativ in die Planung der gleichstellungspolitischen Interventionen involviert und werden während des Projekts durch Feedbackschleifen zu den Ergebnissen der evaluativen Erhebungen ermächtigt, Feedback zu Zwischenergebnissen und zur Steuerung der Prozesse des organisationalen Lernens an das Projektteam zu geben (Macha et al. 2010: 68, 8; Macha et al. 2011: 75–86, Macha et al. 2016b).

Nur durch die intensive Einbeziehung der betroffenen Organisationsmitglieder von Beginn an und über den gesamten Prozessverlauf hinweg – hier mittels Repräsentant_innen der einzelnen Unternehmensbereiche in den Change Teams – sowie durch die Nutzung von deren implizitem und explizitem Wissen und Erfahrungen als Expert_innen für die eigene Organisation können nachhaltige und langfristige organisationale Veränderungen bzw. Lernprozesse stattfinden, die von allen Betroffenen akzeptiert, getragen und gelebt werden. „This learning through communicative thinking and acting, which comes from the sustained engagement of stakeholders in the organizational context of the evaluative process, could be considered a precursor of a desired change process" (Suarez-Herrera 2009: 325).

Damit wird in der Intervention in den Firmen der Focus auf die Akteur_innen in den Organisationen gelegt und sie werden als „Motoren" oder „Katalysatoren" des TOL-Prozesses definiert, getreu nach Lawrence:

> „The key factor in this process is the political will and skill of those attempting to make this transformation. Similarly, the establishment of new institutions is a political process. The institutionalization of new ideas and practices does not simply happen; it depends on the actions of interested actors who work to embed them in the routines, structures and cultures of organizations ... The success of these ‚institutional entrepreneurs' will be affected significantly by their access to the right resources and their skills in leveraging those resources" (Lawrence et al. 2005: 182).

Geschlechtsspezifische Zusammensetzung der Change Teams

In den Kick-off-Workshops zu Beginn des Projekts wurden auch die Change Teams akkreditiert, die vom Unternehmen vorgeschlagenen Mitglieder vorgestellt und die Aufgaben im Rahmen des Projekts skizziert. Die Zusammensetzung der Change Teams im Vergleich aller 20 Unternehmen ergab folgendes Bild: Es gab insgesamt 81 Mitglieder in den Change Teams, davon waren 43 Männer und 38 Frauen. Darunter befanden sich 18 Personalverantwortliche (Personalleiter_in, Leiter_in Personalentwicklung, Personalreferent_in, Personalsachbearbeiter_in, Leitung Change Management, Leitung Recruiting, Assistenz Personalmanagement, Leitung Personalmarketing, Koordination Weiterbildungen), davon wiederum 10 Frauen und 8 Männern. Zwei Change Teams waren in Bezug auf das Geschlecht paritätisch besetzt, drei Change Teams wiesen einen höheren Männeranteil, 10 einen höheren Frauenanteil auf. Drei Change Teams setzten sich ausschließlich aus Männern, zwei ausschließlich aus Frauen zusammen:

Frauen waren demnach in den Change Teams der Unternehmen in höherem Maße vertreten als in den KMU selbst: Die Repräsentanz von Frauen in 16 der 20 Change-Teams war höher als in der jeweiligen Unternehmensbelegschaft. Die höchsten Positionen innerhalb der Change-Teams waren jedoch dreimal so häufig von Männern wie von Frauen besetzt. Es gab 8 männliche und 12 weibliche Sprecher_innen in den Change Teams – somit ein Drittel mehr Frauen als Verantwortliche (Struthmann 2013).

Zur Evaluation der Effektivität der Arbeit der Change Teams wurden zwei Feedbackfragebogen eingesetzt, um die Wirksamkeit der Intervention mit Weiterbildung bei den Teilnehmenden aus den Change Teams zu messen. Entsprechend wurde der Frauenanteil in den Change Teams geprüft: Von den 13 Männern übten 40% (5 Männer) gleichzeitig die Funktion des operativen Hauptverantwortlichen für das Projekt Future is Female aus, 8 Männer haben diese Aufgaben an weibliche Change Team-Mitgliedern delegiert; 80% der Frauen mit der höchsten Position innerhalb des Change Teams waren auch die Hauptverantwortlichen für das Projekt. „Die Implementierung gleichstellungspolitischer Aktivitäten zur Gewinnung, Qualifizierung und Bindung weiblicher Fachkräfte sowie deren Flankierung in Führungsposition wird in den Unternehmen damit in erfolgsversprechender Weise über die unternehmenspolitische' Administration eingeleitet, um dann mit Unterstützung des GZA in konkrete Programme und Maßnahmen auf sämtliche Unternehmensebenen ‚übersetzt' zu werden" (Struthmann 2013, S. 218f).

Frauen in den Change Teams waren in der unternehmerischen Hierarchie mehrheitlich weniger hoch als Männer angesiedelt und übernahmen meist die Ausführung operativer Aufgaben. Zwar ist die operative Präsenz der Frauen in Führungs- und Entscheidungsgremien wie den Change Teams erwünscht, aber die Entscheidungskompetenz wird vorwiegend den männlichen Führungskräften überlassen. Bei den männlichen Führungskräften herrschten Vorbehalte gegen Frauen in Führungspositionen: „(…) Männer (z.T. unbewusst) als Hüter der ‚gläsernen Decke' agieren" aufgrund „(…) meist vorbewusst – zementierten Mentalitätsmuster in den Köpfen und Herzen der Männer (…)" (Struthmann 2013: 219).

Personalverantwortliche waren sich ihrer Bedeutung für die Rekrutierung, (Weiter-)Qualifizierung und Bindung von weiblichen Fach- und Führungskräften bewusst: 55 Bedarfe zur gender- und diversityorientierten Strategie- und Strukturentwicklung der Unternehmen sowie zur Vereinbarkeit von Familie und Interpretation der aus der Dokumentenanalyse gewonnen Daten wurden identifiziert.

Für 8 Unternehmen war die Vereinbarkeit von Beruf und Familie ein wichtiges Thema. Dem Themenkomplex „Personalmanagement" kommt ein zentraler Stellenwert im Projekt Future is Female seitens der Unternehmensleitungen und Change Team-Mitglieder zu; strategisches Personalmanagement wurde somit zum Ausgangspunkt für Maßnahmen des Gender- und Diversity-Management und war ein Bindeglied zwischen organisationalen Zielen und Potenzialen der Mitarbeiter_innen. Die Bedarfe und Verwertungspläne entstanden ohne eine im Vorfeld erlangte Gender- und Diversity-Kompetenz der Change Team-Mitglieder. Bereits zu Projektbeginn war einerseits organisationales Wissen seitens der Change Team-Mitglieder im Hinblick auf unternehmensinterne wie -externe Optimierungspotenziale vorhanden, andererseits wurde die erfolgreiche Methode der Kick-off-Workshops durch Bündelung und Verstärkung des Wissens der Change Team-Mitglieder in Form eines Gremiums betont. Der Erfahrungsaustausch und der Dialog innerhalb des Change Teams verdeutlichte das Wissen um die gleichstellungspolitischen

Optimierungsbedarfe in den KMU. Familienfreundliche Maßnahmen stellten ein erstes zentrales gleichstellungspolitisches Erfolgsmoment der Arbeit mit der Gender- und Diversity-Strategie im Unternehmen mit starker Innen- und Außenwirkung dar, man kann sie auch als „Türöffner" bezeichnen.

3.2 Die didaktisch-methodische Planung der Intervention

Zur Umsetzung des Lernmodells des Transformativen Organisationalen Lernens in die Praxis der Intervention werden nun im Folgenden die einzelnen Weiterbildungsformate geplant und erläutert, die im Projekt Future is Female angewendet wurden. Die Umsetzung der Theorie der Transformativen Organisationsforschung durch TOL ist das Herzstück der Intervention und hat den größten Einfluss auf die Erreichung der Zielsetzungen.

Im Projekt wurden während der Projektlaufzeit von 2 Jahren insgesamt 113 Weiterbildungsformate – zum großen Teil Workshops – durchgeführt. Sie wurden entsprechend dem Lernmodell TOL inhaltlich geplant und methodisch-didaktisch strukturiert. Die Annahme von Gherardi und anderen fließt hier mit ein, dass die transformative Praxis nicht an Strukturen ansetzen kann, sondern konkrete Interaktionen verändern muss, um indirekt Strukturen nachhaltig zu beeinflussen (Gherardi 2001, 2012). Insofern arbeiteten wir in den Weiterbildungsformaten vor allem an der Wahrnehmung von Diskriminierung im *doing gender und doing difference* der Interaktionen und an der Veränderung der individuellen Perspektiven auf Geschlecht und Vielfalt bei den Teilnehmern_innen der Weiterbildung. Erst im zweiten Schritt wurde die Implementierung des Gender- und Diversitywissens der Akteure in die Unternehmen angezielt.

Interventionsdesign: Weiterbildungsformate im Überblick

1. Kick-off-Workshops
2. Weiterbildungsworkshops
3. Konferenzen
4. Coaching
5. Kollegiale Beratung
6. Fördermaßnahmen für Frauen

Konkret war die Herangehensweise dreiteilig:

1. Wurden Führungskräfte in Interventionen für die Praxen der Segregation des Geschlechts in Interdependenz mit anderen Diskriminierungsfaktoren wie Sozialschicht, Alter oder Ethnie sensibilisiert und alternative gender- und diversitygerechte Strategien der Kommunikation, der Interaktion, des Personalmanagements und der Führung eingeübt – *Awareness*.

2. Wurden gemeinsam Programme und Maßnahmen des Gender und Diversity ausgearbeitet auf der Basis von Erhebungen der Ziele und Bedarfe der Unternehmen und in einem zweiten Schritt in die Unternehmenspraxis implementiert. Hier wurden neue Regeln in einem Aushandlungsprozess festgelegt und in Form gemeinsamer Programme, Leitfäden oder Leitbilder konkret in den Unternehmensalltag integriert – *Deconstruction*.

3. Wurden Frauen ermutigt, Führungspositionen anzustreben und dabei durch Qualifizierung unterstützt – *Reframing*.

3.2.1 Kick-off-Workshops

Der Kick-off-Workshop – übersetzt „Anstoß" – ist ein Weiterbildungsformat, das als der offizielle Startschuss des Projektes verstanden wird, bei dem es in die konkrete Konzeptentwicklung, die Zielsetzung, Bildungsbedarfsanalyse und die Aufgaben sowie die Festlegung von Rollen bei allen Beteiligten geht (Schiersmann/Thiel 2009: 93f). Im Rahmen des Kick-off-Workshops wurden gemeinsam mit der Unternehmensleitung und ausgewählten Entscheidungsträger_innen Ziele und Bedarfe für den gender- und diversityorientierten Veränderungsprozess in den relevanten Unternehmensbereichen (Geschäftsführung, Personalmanagement, Entwicklung, Vertrieb, Marketing, Kommunikation, Mitarbeiter_innen-Vertretung, etc.) eruiert und konkrete Ziele festgelegt. Inhalte des Workshops waren:

- Die spezifische Organisationsstruktur des Unternehmens wurde anhand vorher erhobener Unternehmensdaten der Online-Erhebung graphisch dargestellt,
- konkrete gleichstellungspolitische Defizite wurden auf dieser Basis deutlich gemacht,
- partizipativ wurden die gender- und diversityspezifischen Ziele für das Unternehmen formuliert

Ziel dieser Vorgehensweise war auch hier wieder, relevante Akteur_innen von Beginn an partizipativ in die Planung der gleichstellungspolitischen Interventionen einzubeziehen, um so deren Commitment zur Veränderung der Organisation hinsichtlich gleichstellungspolitischer Ziele, Strukturen, Handlungsabläufe und der Organisationskultur (Elkjaer 2004: 421; Gherardi 2012) zu erzielen. Zudem wurden die Beteiligten auf diese Weise von Beginn an ermächtigt, durch Feedbackschleifen bei der Steuerung der Prozesse des Transformativen Organisationalen Lernens selbst mitzuwirken (Macha et al. 2010: 68, 8; Macha et al. 2011: 75–86).

Anders als bei der Initiierung von Change-Prozessen normalerweise üblich, wurde im Kick-off-Workshop jedoch noch keine endgültige Vision für den Change-Prozess entwickelt. Dies ist dadurch begründet, dass zuvor durch gezielte gleichstellungspolitische Weiterbildungsmaßnahmen ein erster Zugang zur Gender- und Diversity-Thematik und damit ein Verständnis für gleichstellungspolitische Stellschrauben und Ansatzpunkte im Unternehmen geschaffen werden müssen. Darauf aufbauend kann anschließend im Laufe des Projektes eine übergeordnete Vision bzw. ein Leitbild für eine gender- und diversityorientierte Unternehmenskultur entwickelt und langfristig umgesetzt werden.

> Weiterbildungs-Workshops im Überblick
> – Themenspezifische Weiterbildungsworkshops mit dem Ziel der Wissensvermittlung von Diversity-Themen
> – Programm-Workshops mit dem Ziel der Entwicklung von gleichstellungspolitischen Programmen, Leitfäden oder Leitlinien

3.2.2 Vorbereitung der Workshops

Hinsichtlich des subjektiven Vorwissens der Teilnehmer_innen muss vertieft auf die Zusammensetzung der Teilnehmenden, ihr Vorwissen und ihre Motivation geachtet werden (Smykalla 2010: 180). Besonders in unternehmensübergreifenden Weiterbildungsworkshops sollten die Teilnehmenden voneinander profitieren und sich im Austausch anhand eigener und fremder Erfahrungen bereichern.

In der Bildungsbedarfsanalyse mit den einzelnen Unternehmen müssen die Ziele eines Workshops in Abhängigkeit von den Organisationszielen klar definiert und gesetzt werden. Maßgeblich für den entsprechenden Workshop ist also die Klärung der unternehmerischen Programme, des personalen Wissensbestandes und -Managements und des organisatorischen Status quo. In den Workshops wird großer Wert auf die Handlungsorientierung für das spezifische Berufsfeld gelegt. Es soll für alle Teilnehmenden nachvollziehbar sein, wie sich die Themen von Gleichstellung und Vielfalt in den beruflichen Alltag integrieren lassen und wie sie ihr erworbenes Wissen und die Ergebnisse aus den Workshops in der beruflichen Praxis umsetzen können (Faulstich/Zeuner 2010: 64ff).

3.2.3 Aufbau der Workshops unter Anwendung des Lernmodells TOL

Ansatzpunkt der Interventionen im Projekt mit dem Lernmodell TOL ist die interaktive Ebene, die Ebene der aktiven Herstellung von *inequality regimes* und des *doing gender*. Gemäß der Metapher des *„seven headed dragon"* (van den Brink/Benschop 2011) wird von der These ausgegangen, dass Strukturen und identitätsgenerierende Erfahrungen nur über die Veränderung von Interaktionsmustern, sprich Praktiken, nachhaltig und effektiv erreicht werden können (s. o.).

Es werden inhaltliche Lernsequenzen festgelegt, d. h. das jeweilige Thema wird unter Berücksichtigung der zur Verfügung stehenden Zeit und der Zielsetzung in einzelne Teile und Elemente aufgeteilt. Die Festlegung der einzelnen Sequenzen ist stark an den Teilnehmenden und deren Intentionen orientiert und gestaltet sich aus Sequenzen der Wissensvermittlung und Sequenzen handlungsorientierten Lernens. Durch eine bewusst gesetzte Methodenvielfalt werden Lernformen unterschiedlicher Art aktiviert, so dass ein umfassender Lehr-Lernprozess im Rahmen der Veranstaltung ermöglicht werden kann (Faulstich/Zeuner 2010: 82f, 108; Crossan u. a. 1999; Lawrence u. a. 2005; Schilling/Kluge 2009).

Im Folgenden werden die bedarfsspezifischen Weiterbildungs-Workshops entsprechend der Unterscheidung nach ihrem Format, dem Inhalt, den Phasen und Methoden aufgelistet und beschrieben. Grundsätzlich unterscheiden sich die Weiterbildungs- und Programmmaßnahmen im Projekt Future is Female folgendermaßen:

– Themenspezifische Weiterbildungsworkshops fanden statt zu Themen wie gendersensibler Kommunikation, Führung, Teamführung, Führen von gender- und diversityspezifischer Kommunikation am Arbeitsplatz, Konflikte in und zwischen Teams, Recruiting und Stellenausschreibungen, Unternehmensleitbilder und –Leitlinien, die die Praktiken der Segregation des Geschlechts, das *doing gender* und *doing difference,* und das Einüben alternativer gender- und diversitygerechter Strategien der Kommunikation, Interaktion, des Personalmanagements und der Führung thematisieren
– Workshops zur gemeinsamen Erarbeitung und Implementierung von Programmen und Maßnahmen des Gender und Diversity im Unternehmen:

Entwicklung von gleichstellungspolitischen Programmen der betrieblichen Frauenförderung (Frauenförderungs-Programm, Kontakt- und Wiedereinstiegsprogramm nach der Elternzeit für Eltern, Vereinbarkeitsprogramme, Kinderbetreuungsprogramme, Arbeitszeit- und Arbeitsortmodelle, Ein- und Austrittsmanagement, Nachwuchs- und Traineeprogramme, Hochqualifizierten-Programme)
- Workshops zur Entwicklung von gendergerechten Leitfäden (Mitarbeiter_innen-Gesprächsleitfäden, Managementleitfäden, Zielgesprächs-Leitfäden, Bewerbungsleitfäden)
- Workshops zur Entwicklung von gendersensiblen Unternehmensleitbildern und -leitlinien (Unternehmensleitbild, Homepages, Gender- und Diversity-Leitlinien)

Diese Workshops wurden unternehmensübergreifend veranstaltet. Das heißt, Fach- und Führungskräfte aus verschiedenen Unternehmen wurden angeregt, in Gruppen das jeweilige Programm für das eigene Unternehmen zu gestalten und dieses anschließend im Plenum vorzustellen und zu diskutieren.

3.2.4 Didaktisch-methodische Planung der Workshops – Umsetzung des Lernmodells TOL in der Weiterbildungspraxis

Themenspezifische Weiterbildungsworkshops

Die themenspezifischen Workshops fanden zum Großteil vor Ort in einzelnen Unternehmen statt und orientierten sich inhaltlich stark an deren zuvor geäußerten Zielen und Bedarfen. Hinsichtlich der Phasen und der methodischen Elemente waren die themenspezifischen Workshops im Allgemeinen nach folgendem logischen Aufbau gegliedert:

I. Einstiegsphase

Zur Stärkung der Zielgruppen-Orientierung wurden die Workshops damit eröffnet, dass nach einer kurzen thematischen Einführung alle Teilnehmenden per Metaplan-Kartenabfrage ihre bisherigen Erfahrungen mit dem Thema und ihre Ziele für den Workshop niederschrieben und sich dann mit ihrer Position im Unternehmen vorstellten. Diese Einstiegsphase förderte das Interesse und die Motivation der Teilnehmenden und machte ihnen bewusst, dass sie auch hier wieder zur Partizipation aufgerufen waren und inhaltlich mitgestalten sollten. Damit wurde die Basis für eine positive Lernatmosphäre geschaffen (Faulstich/Zeuner 2010: 107). Am Ende wurde die anfängliche Zielsetzung der einzelnen Teilnehmer_innen überprüft und gefragt, ob sie ihre Ziele erreichen konnten.

II. Informationsphase

Die nächste Phase diente der Informationsvermittlung durch Impulse des Projektteams mit wissenschaftlich fundierten Themen und Inhalten aus der internationalen Gender- und Diversityforschung, die praxisorientiert dargestellt wurden (Knoll 2012: 144).

III. Transferübung

Neben der reinen Wissensvermittlung wurde die Erarbeitung gleichstellungsorientierter Problemlösungen zum Ziel. Dazu dienten praktische Übungen, die das Gelernte in Bezug auf Interaktionsrituale und die Wahrnehmung des *doing gender* und *doing difference* auf den Berufsalltag zu übertragen gestatteten. Die Teilnehmenden wurden z. B. vor der Darstellung einer Studie zur Fragestellung „Was Frauen und Männern bei einer Stellenausschreibung wichtig ist" aufgefordert, dies auf Basis eigener Erfahrungen einzuschätzen und zu bewerten. Die wissenschaftlich belegten Fakten wurden anschließend dargelegt und in Vergleich gesetzt. So konnte *Awareness und Dekonstruktion* von tradiertem Handeln geleistet werden.

Eine sehr wirkungsvolle Praxisübung für diesen Prozess war das Rollenspiel. Kern dieser Methode ist, sich mit einer Rolle zu identifizieren und in gleichstellungspolitischen Szenarien eigene Erfahrungen hinsichtlich Ungleichheit verstehen zu können und eigene Handlungsweisen zu erweitern (Knoll 2012: 212). Ein mögliches Thema eines Rollenspiels war z. B. die gesellschaftliche Arbeitsteilung und ihre Auswirkung auf die Lebenslagen oder auf die Vereinbarkeit von Beruf und Familie bei Männern und Frauen. Entsprechend der ersten Stufe des didaktischen Modells TOL, *Awareness,* wurden die Teilnehmenden sich ihrer eigenen Geschlechterrolle und der Einstellungen zu Vielfalt bewusst. Durch Reflexion geschah in der Gruppe ein Perspektivenwechsel, denn es wurden unterschiedliche weibliche und männliche Perspektiven wahrgenommen (Blickhäuser/von Bargen 2001: 131f; Macha et al. 2009). In einer anschließenden Reflexion wurden die Handlungen durch alle Beteiligten, d. h. sowohl durch die Spieler_innen als auch durch die Zuschauer_innen ins Gedächtnis gerufen und diskutiert. Die zugrundeliegenden mentalen Modelle wurden aufgedeckt, indem die Teilnehmer_innen sich mit ihrem Selbst- und Fremdbild auseinandersetzten, wodurch ein Erkenntnisprozess angeregt wurde. Er hatte zur Folge, dass wertvolle Einflüsse für Veränderungen entstanden, durch die bisherige Verhaltensweisen und Denkmuster zu Gender und Diversity durch neue Regeln ersetzt wurden (Brinkmann 2008: 6f).

IV. Feedbackphase

In der abschließenden Phase eines Workshops wurde auf Basis der anfänglich definierten Ziele und Erwartungen und der tatsächlich erarbeiteten Inhalte mit allen Teilnehmenden eine Feedbackrunde im Plenum durchgeführt.

Die Schritte des methodisch-didaktischen Modells TOL in der Anwendung

Die in Kapitel 2 theoretisch begründeten methodisch-didaktischen Schritte des TOL werden nun anhand der Anwendung in den Workshops reflektiert. Parallel zur didaktisch-methodischen Planung lief bei den Teilnehmenden ein internaler Bildungsprozess ab. In den Workshops wurden die ersten drei Schritte des Transformativen Organisationalen Lernens, nämlich *Awareness, Deconstruktion und Reframing* durch die entsprechende Methodik umgesetzt, die einen Raum für individuelle Lernprozesse gewährten.

Schritt 1: *Awareness*

Der Prozess der *Awareness* begann während der wissenschaftlichen Informationen zum Thema, zum Beispiel zur gendersensiblen Führung. Es wurde demonstriert, wie der Genderaspekt jede Interaktion durchzieht, indem die Theorie der „mentalen Modelle" eingeführt wurde und die Bedeutung von geschlechterbezogenen Vorurteilen für die betriebliche Kommunikation diskutiert wurde. Die Teilnehmer_innen wurden ermächtigt, als Expert_innen für Gender und Diversity zu denken und anders zu handeln. Die Alternative, das gender- und diversitygerechte und -sensible Handeln, konnte erst durch Einsicht bei den Einzelnen beginnen, wenn Wissen und Praxis sicher implementiert waren. Übungen zur personen- und fachbezogenen Sensibilisierung für gleichstellungspolitische Themen wurden integriert, indem stereotype Vorstellungen über Frauen und Männer und die Förderung von Vielfalt behindernde Strukturen, Verhaltensweisen und Kommunikationsmuster sichtbar gemacht wurden (Gherardi 2001; Smykalla 2010: 218ff;).

In dieser ersten Sensibilisierungsphase trat oft ein starker Widerstand gegen die Gender- und Diversity-Thematiken auf. Häufig wurde geleugnet, dass Geschlechterunterschiede in der Firma bestehen oder dass in Interaktionen Frauen ausgegrenzt oder überhaupt anders behandelt werden als Männer. Auch die Diskriminierung von Migrant_innen oder Älteren wurde bestritten und die Notwendigkeit der Arbeit an diesen Themen nicht eingesehen. Erst wenn die Thematik von Vorurteilen als allgemein menschlich und bei jedem Menschen vorhanden und *gender status beliefs* (Ridgeway 2001) auch bei den Trainerinnen vorkommend beleuchtet wurden, konnten die Führungskräfte ihre Vorurteile erkennen.

Schritt 2: *Deconstruction*

Im zweiten Schritt wurde das habitualisierte Handeln der einzelnen Teilnehmer_innen aufgrund des in Schritt 1 neu erworbenen Wissens reflektiert. Die Merkmale und Facetten des *doing gender* und *doing difference* wurden erkannt und die Folgen für die Betroffenen selbst wurden in Übungen erfahrbar. Zum Beispiel lernten Männer im Rollenspiel in der Rolle einer Bewerberin oder Migrantin auf eine Stelle, wie sie intensiv und abwertend von Frauen in der Rolle der Personalverantwortlichen befragt wurden, zum Beispiel zu ihren häuslichen Verhältnissen, ihrem Kinderwunsch oder zur Vereinbarkeit von Familie und Beruf. Sie erlebten die emotionale Belastung in dieser Interaktion und konnten den anderen Teilnehmer_innen glaubhaft mitteilen, worin die Diskriminierung der Frauen lag und an welcher Stelle sie begann.

In dieser Phase der Weiterbildungsarbeit war es im Allgemeinen möglich, die traditionellen Einstellungen gegenüber Geschlechtern und Migranten zu hinterfragen. Insbesondere die Geschäftsführungen und die oberste Führungsschicht waren sehr motiviert, das neue Gender- und Diversitywissen aufzunehmen und die ethischen Forderungen nach Geschlechtergerechtigkeit und Wertschätzung von Vielfalt umzusetzen. Das Neue faszinierte sie, die immer auf der Seite der Innovation stehen und ihr Unternehmen so in die Zukunft transponieren wollen. Aber die größten Widerstände gingen auch in dieser Phase von der mittleren Führungsschicht aus. Es waren die mittleren Manager, die um ihre sicheren Aufstiegschancen besorgt waren, wenn mehr Frauen zum Aufstieg ermutigt wurden. Sie waren sehr mühsam zu motivieren, sich auf das gender- und diversitysensible Handeln einzulassen. Schließlich akzeptierten sie aber meist, dass sie die Entwicklung im Unternehmen nicht aufhalten können und schlossen sich gegen inneren Widerstand der Mehrheit an.

Schritt 3: *Reframing*

Der dritte Schritt war entscheidend für anspruchsvolle Lernprozesse. Er bezog die Gruppe mit ein. Es ging darum, neue Regeln und Rahmenbedingungen für Geschlechtergerechtigkeit und Vielfalt in allen alltäglichen Interaktions- und Kommunikationsprozessen herzustellen, also in Bewerbungsgesprächen, Mitarbeiter_innengesprächen, in der Selektion von Stellenanwärtern auf Beförderungen, bei Zielvereinbarungsgesprächen usw. Die in Schritt 2 erarbeiteten gendersensiblen Interaktionsrituale wurden nun in unternehmerische Regeln gegossen. Die Gruppe wirkte wie ein Brennglas, indem durch Übungen geschlechter- und diversitygerechtes Handelns praktisch das Neue bei den einzelnen Teilnehmenden verstanden und internalisiert werden konnte und im Feedback wurde der Lernprozess gespiegelt, Im geschützten Rahmen der Gruppe konnten frühere Diskriminierungsstrategien bei den Teilnehmenden aufgedeckt und verstanden werden und eine Weiterentwicklung wurde möglich.

Beispielsweise wurde ein Rollenspiel mit verteilten, vorher festgelegten Rollen durchgeführt. Das Setting bestand darin, dass Personalverantwortliche eine Bewerberin und einen Bewerber für eine Führungsposition auswählen sollten. Es war vorgegeben, dass die weibliche Bewerberin für ein Jahr in Teilzeit führen wollte, weil sie ein kleines Kind hat, die anderen Bewerber waren ein Mann mit Migrationshintergrund und ein älterer Mann von 50 Jahren. Die Rollen der Mitspieler waren durch Anweisungen darauf festgelegt, jeweils einen der Bewerber_innen verteidigen zu müssen und sich zu einigen. Es musste auf diese Weise durchdacht werden, welche Argumente für die Bewerberin oder den Mann mit Migrationshintergrund angeführt werden können und wie man die Teilzeit in der Abteilung absichern kann, evtl. mit Incentives wie zum Beispiel ein höheres Gehalt, neue Aufgabenverteilung usw. Anschließend wurde im Plenum darüber diskutiert, was es bedeutet, wenn Führung in Teilzeit praktiziert wird und abgewogen, unter welchen Bedingungen im Unternehmen Teilzeit in Führung eingeführt werden könnte.

Die nächsten Schritte des TOL (3-6) werden exemplarisch anhand der Programmworkshops dargestellt.

3.2.5 Programmworkshops

Das Weiterbildungsformat Programmworkshop definierte sich dadurch, dass die Maßnahmen methodisch sehr praxisorientiert aufbereitet waren und die Teilnehmenden selbst Konzepte und Programme für die Verstetigung von Gender und Diversity in ihren eigenen Unternehmen konkret entwickelten und anschließend schriftliche Konzepte zur Genehmigung der Geschäftsführung vorlegten. Die Teilnehmer_innen aus verschiedenen Unternehmen trafen sich in „gebundelten Workshops", um Programme u. a. zur Frauenförderung, zum Wiedereinstieg und zur Nachwuchssicherung zu entwickeln. Das unternehmensspezifische Programm, wie z. B. das Wiedereinstiegsprogramm für Frauen oder Eltern nach der Erziehungsphase, wurde mit Hilfe eines umfassenden Informationsinputs der Trainer_innen und einer Instruktion im Rahmen des Workshops durch die Teilnehmenden in Kleingruppen unternehmensspezifisch entwickelt. Ähnlich verhielt es sich mit den Workshops zur Entwicklung von Leitfäden (Gesprächsleitfäden, Managementleitfäden) und den Workshops zur Entwicklung von Leitbildern und Leitlinien (Unternehmensleitbild, G&D-Leitlinien).

Die Programmworkshops ermöglichten zum einen den intensiven Praxisbezug durch die Entwicklung konkreter Programme, Leitlinien und Leitfäden für Unternehmen und zum anderen den Austausch zwischen den Teilnehmenden, die aus verschiedenen Unternehmen in derartigen Programmworkshops zusammenkamen und von unternehmensübergreifenden Erfahrungen profitierten. Darüber hinaus bot dieses Weiterbildungsformat trotz festgelegter Inhalte die Möglichkeit, dass die Teilnehmenden nach dem Prinzip der Partizipation in der Praxisarbeit den Freiraum gewährleistet bekamen, ihre zu entwickelnden Programme, Leitbilder und Leitfäden stark an der Strategie des eigenen Unternehmens und an den Anforderungen des Umfeldes auszurichten. Durch die Trainings sollten die Führungskräfte und Mitarbeiter_innen in der Entwicklung von Konzepten und Programmen unterstützt und begleitet werden, die als handlungsleitende Organisationsprinzipien in den Unternehmen umgesetzt werden sollten.

Die Konzepte wurden soweit in eine schriftliche Form gebracht, dass sie unter Berücksichtigung aller anstehenden Rahmenbedingungen im Unternehmen direkt der Unternehmensleitung vorgestellt werden konnten.

I. Einstiegs- und Informationsphase

Identisch zu den themenspezifischen Workshops begannen die Programmworkshops mit einer Einstiegsphase und der Wissensvermittlung, die den notwendigen Rahmen für die Entwicklung von Programmen, Leitbildern und Leitlinien schaffte.

II. Erarbeitungsphase

Für die Entwicklung von Programmen, Leitfäden und Leitbildern teilten sich die Teilnehmenden in unternehmensspezifische Gruppen auf oder schlossen sich der Kleingruppe eines anderen Unternehmens an. Passend zum jeweiligen Thema bekamen die Kleingruppen die wissenschaftliche Instruktion und Best-Practice-Beispiele, um ein Programm, ein Unternehmens-Leitbild, einen Leitfaden zu entwickeln, wobei die Rahmenbedingungen und Strukturen im eigenen Unternehmen beachtet wurden. Z. B. wurden die Teilnehmenden in der Instruktion für die Entwicklung eines Wiedereinstiegs-Programms aufgefordert

– sich mit Hilfe der verfügbaren Informationen, Materialien und Best-Practice-Beispiele über mögliche Maßnahmen im Rahmen der unternehmenseigenen Wiedereinstiegs-Phasen zu informieren,
– mit Hilfe der Materialien ein auf den unternehmerischen Bedarf sowie die unternehmensspezifischen Voraussetzungen zugeschnittenes Konzept für ein Wiedereinstiegs-Programm zu erstellen, das die einzelnen Phasen des Wiedereinstiegs berücksichtigt,

– im Anschluss das entwickelte Wiedereinstiegs-Programm im Plenum (Materialien: Flipchart, Moderationskoffer) zu präsentieren und aufgrund von Feedback sowie ggf. Korrekturen vorzunehmen.

Dieser Übung wurde umfassend Zeit zugebilligt, da hier wichtige Grundlagen und Regeln zur langfristigen Veränderung von gleichstellungsorientieren Interaktionen und Strukturen im Unternehmen geschaffen wurden. D. h. es wurden Produkte, Konzepte, Programme von einflussreichen Führungskräften/ Mitarbeiter_innen im Rahmen der Workshop durch die Begleitung und Unterstützung der Trainer_innen und der anderen Teilnehmenden entwickelt, die wiederum langfristig auf struktureller Ebene platziert werden können.

Durch diese gleichstellungspolitischen Programmworkshops wurde allen beteiligten Akteur_innen praxisrelevantes Know-how zur Umsetzung gleichstellungspolitischer Maßnahmen in den Unternehmen vermittelt. Gleichzeitig wurde bei den Teilnehmenden durch den unternehmensübergreifenden Austausch in Kleingruppen und im Plenum zu den im Rahmen des Workshops erarbeiteten Diversitythemen ein Prozess des eigenen Hinterfragens und der Reflexion angeregt und somit ein Bewusstsein in der Interaktion hinsichtlich der Muster von *doing gender* und *doing difference* in Interaktionen geschaffen. Durch die aktive Entwicklung von Konzepten wurden auf Basis der Sensibilisierung und Bewusstmachung neue Handlungsmuster aufgegriffen und in das Konzept integriert.

Dies stellte einen neuen Zugang zur Veränderung von Praxen in Organisationen hinsichtlich Geschlechtergerechtigkeit und Vielfalt dar. Symbolische Repräsentationen und Artefakte, die gleichstellungsorientierte Normen und Ideologien zum Ausdruck bringen, sind folglich ein notweniger Bestandteil für nachhaltige Change-Prozesse im Unternehmen. Sie veränderten auf Dauer und verbindlich die Kultur des Unternehmens. Unter Artefakten und Repräsentationen verstehen wir zum Beispiel Leitbilder auf Homepages, das Firmenlogo, Leitfäden für Mitarbeiter_innengespräche und Ähnliches, in denen sowohl die Philosophie der Unternehmen als auch Normen materialisiert zum Ausdruck kommen und die Praxen der Akteure präformiert werden. Wenn sie sich im Laufe des Projekts in Richtung auf Ziele der Strategie Gender und Diversity verändern, ist ein wesentliches Ziel erreicht.

Nach Abschluss der aktiven Entwicklungsarbeit und der Ergebnispräsentation im Plenum bekamen die Teilnehmenden in Form eines Impulsvortrages wertvolle Tipps zum Implementierungsprozess. Welche Schritte sind bei der Umsetzung der Programme im Unternehmen zu berücksichtigen? Wie setze ich die einzelnen Schritte um?

III. Feedbackphase

Der Programmworkshop wurde ebenfalls durch eine abschließende Feedbackrunde beendet. Die Ergebnisse wurden in Feedbackschleifen an die Teilnehmenden zurückgespiegelt und von ihnen reflektiert, so konnten u. a. die erarbeiteten Ergebnisse durch Korrekturen ergänzt werden. Auch für die Trainer_innen ist ein Feedback unabdingbar, da Interventionsmethoden entsprechend der Rückmeldungen umgestaltet und angepasst werden konnten.

Schritt 4: *Negotiation*

Der vierte Schritt des TOL bezog sich auf das Handeln der Workshop-Teilnehmer_innen im Unternehmen, welches in den Programmworkshops vorbereitet wurde und anhand konkreter Programme, Leitfäden oder Leitbilder neu gerahmt wurde. Im Workshop wurde bereits die Umsetzung und Anwendung des Gelernten sowohl auf der organisationalen Ebene des Unternehmens als auch der Gruppenebene thematisiert und antizipiert. Mit dem neuen Wissen und den Handlungsstrategien für Geschlechtergerechtigkeit lernten die Teilnehmer_innen, als Multiplikator_innen optimal einen Change-Prozess im Unternehmen einzuleiten und zu steuern. Zum Beispiel wirkten die Change Team-Mitglieder in Gremiensitzungen darauf hin, dass Diskriminierung bewusstgemacht und Alternativen des Handelns angeboten wurden. Sie berichteten im Interview, dass sie die Rolle von Expert_innen einnahmen und auch zugebilligt bekamen, und dass sie in dieser Rolle – oft gegen den Widerstand der männlichen Führungskräfte – Anregungen und neue Regeln aus den Workshops vorstellten und erläuterten. Diese Rolle war nicht leicht auszuüben, wurde aber gleichwohl offensiv vertreten. Sie führte auch zu einer Erweiterung der selbstbewussten Vertretung von Interessen der Change Team-Mitglieder.

Das Change Team wurde in der Arbeit als Multiplikator unterstützt, indem es im dauernden Kontakt zum Projektteam stand. Gleichwohl hatte es das neue gendersensible Denken nicht leicht, sich im Unternehmen zu implementieren. Andererseits fanden sich „Inseln" des Gender und Diversity, wo ganz selbstverständlich die neue Praxis gelebt und umgesetzt wurde: In einzelnen Abteilungen, auf Ebene der Geschäftsführungen oder in der inneren Kommunikation. Diese Inseln des Diversity-Bewusstseins strahlten dann ins gesamte Unternehmen aus.

Schritt 5: *Implementation*

Die Nachhaltigkeit und Verbindlichkeit der neuen geschlechtergerechten Regeln in Interaktionen und auf der Ebene der Organisation wurde durch Artefakte gewährleistet. Dies geschah in den Programmworkshops, wo Teilnehmer_innen, wie oben ausgeführt, unternehmensspezifische Programme entwarfen, die dann der Geschäftsführung vorgelegt und für alle Mitarbeitenden verbindlich gemacht wurden. Der Weg war komplex und langwierig: Zunächst wurden die Programmentwürfe ausgearbeitet, der Unternehmensleitung eingereicht und wieder korrigiert. Schließlich sollte das Artefakt, zum Beispiel gendergerechte Bewerbungsleitfäden in dem gesamten Unternehmen Geltung erlangen. Es lagen zum Ende des Projekts vielfältige Artefakte vor, die auch Nachhaltigkeit und Verbindlichkeit erlangt haben, leider konnten wir im Projekt durch die langen Bearbeitungswege und die Dauer der Prozesse nicht mehr empirisch erfassen, inwiefern die Verbindlichkeit auch kontrolliert wird.

Schritt 6: Double loop learning, triple loop learning und Lernstufe III

Sowohl durch das individuelle Lernen der einzelnen Teilnehmer_innen als auch das Gruppenlernen wurde jeweils eine getrennte Lernschleife durchlaufen, die schließlich im Change-Prozess auch die Organisationsstruktur der Unternehmen ergriff und veränderte. Denn die einzelnen Teilnehmer der Workshops und die Change Team-Mitglieder wirkten als Multiplikator_innen während des Projektes verändernd auf die Struktur und Kultur der Unternehmen ein. Das so durchgeführte unternehmerische Lernen veränderte langfristig die Unternehmenskultur in Bezug auf die Projektziele. Es kann deshalb mit Argyris als *„double loop learning"* bezeichnet werden. Darunter versteht man einen organisationalen Lernprozess, der Werte und Ziele kritisch hinterfragt. Falls diese nicht mehr geeignet sind, wird ein neuer Bezugsrahmen geschaffen. Das Double-Loop-Lernen setzt bei den Tiefenstrukturen an, dem „organisatorischen Unbewussten", das sich aus Unternehmenskultur, kognitiven Strukturen und etablierten Individual- und Gruppeninteressen zusammensetzt und verändert die Ziele und Werte des Handelns (Argyris/Schön 1978: 6). Dieses Lernen reflektiert auf einer Metaebene die Berechtigung der einer Handlung zugrundeliegenden Ziele und Werte. Gender und Diversity stellt die organisationalen Werte in Frage, denn die patriarchalen Unternehmensstrukturen sind von Ungleichheit durchdrungen. Doch die wissenschaftlichen Ergebnisse zu G&D und die praktischen Übungen der Workshops in den sechs Schritten des didaktischen Modells TOL unterstützten diesen Lernprozess, so dass es bei den Teilnehmenden zu tiefgreifenden Einstellungsänderungen kommen konnte.

Mit den empirischen Daten zur Wirksamkeit der Projektintervention könnte noch während des Projektverlaufs den Stakeholdern gezeigt werden, wie sich die kulturelle Veränderung im Unternehmen auswirkte. Durch die Reflexion und die Feedbacks der Stakeholder zu den empirischen Ergebnissen des Projekts während der Konferenzen wurde aber noch ein zusätzlicher Lernprozess durchgeführt, der eine dritte Lernschleife implementierte, so dass man hier von einem *„triple loop learning"* sprechen kann. Die von uns im Projekt angestrebte – und erreichte – Stufe des organisationalen Lernens ist aber treffender mit Bezug zu Gregory Batesons vier Lernstufen zu beschreiben (vgl. Kap. 1). Die Lernstufe III erlaubte emergente Sprünge im Lernen der Teilnehmenden, die sich plötzlich und unter dem positiven energetischen Einfluss der Gruppe ereigneten. Dabei reflektierten die Teilnehmenden ihre eigenen und die Gruppenlernprozesse und entwickelten in Ko-Konstruktion neue Werte und Ziele. So wirkten sie an der Kulturveränderung mit.

3.2.6 Konferenzen

Auftaktkonferenz

Als offizieller Start des Projektes Future is Female fand eine Auftaktkonferenz für alle am Projekt beteiligten Personen- und Interessengruppen aus Wirtschaft, Politik, Wissenschaft, Weiterbildung und Verbänden statt. Im Mittelpunkt dieses Weiterbildungsformats standen neben der Präsentation der Projektstrategie sowie der Ziele des Projektes Future is Female die Vorstellung der 20 am Projekt teilnehmenden kleinen und mittelständischen Unternehmen der Regionen Schwaben und Bayern durch deren Vertreter_innen sowie aller 30 beteiligten Kooperationspartner_innen.

Die Auftaktkonferenz bot als Eröffnungsveranstaltung den Rahmen für ein erstes Zusammenkommen und Kennenlernen aller in das Projekt involvierten Unternehmen, Kooperationspartner_innen und des Projektteams. Die Veranstaltung war didaktisch so geplant, dass ein persönlicher Kontakt zwischen allen Vertreter_innen der 20 an dem Projekt teilnehmenden Unternehmen hergestellt wurde. Es wurde über die Relevanz des Projektthemas für die Unternehmen, die einzelnen Arbeitsphasen und Interventionen im Projekt sowie über die Projektziele und daraus resultierenden Vorteile informiert.

In diesem methodischen Rahmen konnten die Teilnehmenden selbstorganisiert und selbstständig über genderspezifische Themen diskutieren und Lösungen bzw. Ergebnisse erarbeiten (Drescher 1998: 25ff). Diese Methode schaffte die erste wertvolle Grundlage für eine partizipative, aktive und konstruktive Zusammenarbeit aller Beteiligten zum Thema Gender und Diversity. Das Prinzip der Partizipation wurde hiermit schon verankert.

Mid Time Conference

Zur Halbzeit des Projektes fand die Mid Time Conference für alle teilnehmenden Unternehmen statt. Alle betrieblichen Akteur_innen waren geladen. Ziel der Veranstaltung war, eine Zwischenbilanz im Projekt zu ziehen, indem den Teilnehmenden

- erste Einblicke in die Ergebnisse der Datenerhebung der Evaluation zur Wirksamkeit der Intervention und ihrer Effekte und Erfolge in den 20 Unternehmen gegeben wurden
- ein Überblick über den bisherigen Projektverlauf, zentrale Entwicklungen, Ziele, durchgeführte Weiterbildungsformate sowie das weitere Vorgehen im Projekt geboten wurde
- die partizipative Möglichkeit eines umfassenden Feedbacks zum bisherigen Projektverlauf durch die Stakeholder und gegebenenfalls der Korrektur und Steuerung in Hinblick auf weitere bedarfsgerechte Schritte und Maßnahmen für die zweite Projekthalbzeit angeregt wurde
- und darüber hinaus der Erfahrungsaustausch zwischen den Unternehmen über ausgewählte, im Projekt relevante Themen – gendersensible Personalrekrutierung, Personalentwicklung und Vereinbarkeit von Familie und Beruf ermöglicht wurde.

Auch hier zeigte sich wieder der partizipative, auf Transformatives Organisationales Lernen bezogene Ansatz des Projektes, die beteiligten Stakeholder partizipativ in die Intervention und Evaluation mit einzubeziehen, indem diese stets über wissenschaftliche Zwischenergebnisse unterrichtet wurden und durch Informationen selbst „ermächtigt" wurden, kritisches Feedback zu geben, ihre eigene Perspektive einzubringen und so die wissenschaftliche Evaluation partizipativ zu beeinflussen. Die Projektleitung erfuhr so selbst wichtige Informationen zum Projektverlauf, zu Meilensteinen und Stolpersteinen, die sie in der Steuerung berücksichtigen konnte.

Abschlusskonferenz

Nach zwei Jahren Projektlaufzeit fand auf einer Abschlusskonferenz mit allen in das Projekt involvierten Akteur_innen der Austausch über Meilensteine und Projekterfolge, die Erreichung der Projektziele in den einzelnen Unternehmen sowie Grenzen, Barrieren und Herausforderungen für die Zukunft statt. Auch hier wurde noch einmal dem Prinzip der partizipativen Einbeziehung der Stakeholder Rechnung getragen.

Ziel der Abschlusskonferenz war die Würdigung der im Projekt erzielten Ergebnisse in den einzelnen Unternehmen sowie die Motivierung der Unternehmen zur Fortführung und Verstetigung der im Projekt angestoßenen Prozesse und Maßnahmen zu Gender und Diversity.

Darüber hinaus erfolgte die Gründung bzw. Verstetigung eines Netzwerkes zwischen den teilnehmenden Unternehmen und den Kooperationspartnern. Ein solches innovatives Netzwerk diente zum einen dem gegenseitigen Austausch über neueste Entwicklungen, Erfolge und Bedarfe über die Projektlaufzeit hinaus. Zum anderen sollten bereits bestehende Kontakte zu Ansprechpartner_innen in den Unternehmen und Kooperations-Organisationen im konkreten Bedarfsfall langfristig erhalten bleiben bzw. neue Kontakte aufgebaut werden.

In der Abschlussveranstaltung wurden die theoretischen Grundlagen vorgetragen, auf denen alle Interventionen aufbauten. Des Weiteren wurden alle im Rahmen des Projektes durchgeführten Maßnahmen aufgelistet und erzielte Ergebnisse gewürdigt, aber auch Barrieren und Grenzen einer Verstetigung von Veränderungen in den einzelnen Firmen dargestellt. Durch lebendige Methoden wurden die Teilnehmenden zu einer offenen Aktion aufgefordert, in welcher zum einen mit allen beteiligten Unternehmen des Projekts eine Netzwerkgründung vorgenommen wurde mit dem Ziel, weiterhin zusammen zu arbeiten und sich auszutauschen. Zum anderen wurde ein umfassendes Feedback der Unternehmen an das Projekt Future is Female zusammentragen.

3.2.7 Coaching

Als weiteres *bedarfsspezifisches Weiterbildungsformat* ist das *Coaching* zu nennen, das im Rahmen des Forschungsprojektes in Form eines Teamcoachings und eines Führungscoaching angeboten wurde. Dieses Format setzte stärker auf der individuellen und zwischenmenschlichen Ebene an, z. B. bei Herausforderungen des Rollenverständnisses oder Problemlösungen auf der Interaktionsebene. Das Coaching beruhte auf einer ausgeprägten Teilnehmerorientierung und einer intensiven individuellen Fragestellung und Arbeit bei Problemen der Zusammenarbeit bzw. bei Einzelpersonen zum Einsatz kam (Regina 2009: 9f).

3.2.8 Fördermaßnahmen für Frauen

Neben den Weiterbildungsworkshops, den Programmworkshops und den Coachings wurden als *viertes bedarfsspezifische Interventionsformat die Fördermaßnahmen*, wie z. B. die Potenzialanalyse und die Beratung den Mitarbeiter_innen aus den 20 im Projekt involvierten Unternehmen angeboten.

1. Durch die Beratung erhielten die Unternehmen Rückmeldung zu unterschiedlichen Themen im Bereich Gender und Diversity, z. B. zur Außenwirkung des Unternehmens nach Gender- und Diversity-Aspekten oder zu Kinderbetreuungsmöglichkeiten.
2. Die Potenzialanalyse hatte zum Ziel, Talente und Potenzialträger im einzelnen Unternehmen zu identifizieren. Dazu brauchte es ein bestimmtes Instrument, das interessante Potenziale identifiziert und benennt (Rohrschneider/

Friedrichs/Lorenz 2010: 15). Im Forschungsprojekt führten Teilnehmende aus Abteilungen mehrerer Unternehmen die Potenzialanalysen anhand eines digitalen Fragebogens durch. Nach Überarbeitung und Darstellung der Ergebnisse durch das Projektteam folgte ein Feedbackgespräch mit den Vorgesetzten der teilnehmenden Mitarbeiter_innen zu einem Entwicklungsplan.

3.2.9 Kollegiale Beratung zum Gender- und Diversity-Change-Prozess

Ein zentrales Weiterbildungsformat in der zweiten Projekthälfte war die Durchführung eines Treffens von Unternehmensleitungen und Change Team-Mitgliedern zum Erfahrungsaustausch über Meilensteine, Erfolge und Barrieren im Change-Prozess. Mit der Methode der Kollegialen Beratung fand eine gemeinsame Suche nach Lösungsstrategien anhand von Best-Practice-Beispielen wie die nachhaltige Umsetzung und Verankerung von gleichstellungspolitischen Maßnahmen im Unternehmen statt (vgl. dazu Macha/Lödermann/Bauhofer 2010).

Die Methode der Kollegialen Beratung bot sich an, um Herausforderungen und Lösungsansätze gemeinsam zu entwerfen (Macha et al. 2010: 49f). Sie basiert auf einem stark strukturierten Setting und war besonders gut geeignet, um die sechs Schritte des heuristischen Modells und die Regeln gendersensiblen Handelns gemeinsam zu durchdenken und nachhaltig umzusetzen.

Zudem förderte die Methode der Kollegialen Beratung auf ideale Weise sowohl individuelle als auch kollektive Lernprozesse durch Perspektivenwechsel: Die Kollegiale Beratung setzte kollektive Lernprozesse und Sinnfindungsprozesse in Gang, denn das Entwickeln und Finden von tragbaren Lösungsstrategien geschah im intensiven Austausch der Gruppe und führte zu geteilten Erfahrungen und Ideen in einem ko-konstruktiven Lernprozess. Das theoretisch-strategische Wissen wurde so in praxistaugliche, konkrete Lösungsansätze für das berufliche Handeln und damit operatives Wissen überführt. Auf diese Weise durch die Gruppe gestärkt, wurden die Teilnehmenden zu Multiplikator_innen in ihrem Unternehmen und konnten das erworbene Wissen verbreiten und somit organisationale Lernprozesse anstoßen.

Im Sinne der partizipativen Evaluation wurden auch hier die Ergebnisse den Teilnehmenden unmittelbar zurück gespiegelt, so dass diese ihren Lernprozess reflektieren und kommentieren konnten. Damit wurde *triple loop learning* ermöglicht, indem sowohl implizites Wissen der Stakeholder bewusstgemacht wurde und zugleich kollektive Reflexion zu neuem Wissen führte (Polacek 2014).

Beispielsweise wurde in der Gruppendiskussion der „Kollegialen Beratung" mit Vertreter_innen aus 10 Unternehmen anhand konkreter Fälle beraten, welche Ansätze, Lösungen, eigene Haltungen, Unternehmenskulturen aber auch Barrieren im Rahmen von Gender und Diversity in Organisationen wirken und welche Lösungen gefunden wurden (Auswertung s. u.).

Zusammenfassend durchliefen die Akteur_innen der Unternehmen im Veränderungsprozess durch ausgewählte und unternehmensspezifische Interventionen anhand der Ziele der betrieblichen Personalentwicklung und der Diskriminierungsfreiheit individuelle und kollektive Veränderungsstufen. Durch die Weiterbildung wurde die individuelle Ebene der einzelnen Teilnehmenden ebenso wie die kollektive Ebene der Gruppen erreicht. Der angestoßene Lernprozess wurde durch die beteiligten Entscheidungsträger_innen in die Unternehmen hineingetragen und weitervermittelt.

4. Design und Ergebnisse der Partizipativen Evaluation

In diesem und den folgenden Kapiteln werden das Design und die Ergebnisse der Evaluation im Projekt Future is Female dargestellt. Es wird damit eine Wirksamkeitsprüfung der Intervention mit Weiterbildung im Projekt durchgeführt. Die Datenbasis, die mit unterschiedlichen Evaluationsinstrumenten erhoben wurde, wird nun aggregiert und exemplarisch dargestellt. Mit den empirischen Ergebnissen des Projekts Future is Female wird auch empirisch messbar, inwiefern die Projektziele erreicht werden konnten und ob die Theorie des Transformativen Organisationsforschung durch das Modell des Transformativen Organisationalen Lernens in sinnvolle und wirksame Lernmethoden der Intervention überführt werden konnte und zu einer Organisationsentwicklung führte. Es geht dabei um nicht weniger als Veränderungen in Wissen, Einstellungen und Handlungsoptionen der lernenden Individuen, der Kollektive und der Unternehmen selbst. Dieser hohe Anspruch auf Veränderung der unternehmerischen Praxis wird nun anhand der aggregierten Datenbasis exemplarisch an den Ergebnissen der Untersuchung belegt. Damit wird auch eine Aussage möglich, ob und inwieweit die zu Beginn des Projekts von den Unternehmen selbst gesetzten Ziele der Unternehmen erfüllt werden konnten.

4.1 Ziele der Evaluation und Forschungsfragen

In diesem Kapitel wird im zweiten Schritt der Operationalisierung aus der eingangs entwickelten Theorie das Evaluationsdesign abgeleitet. Zunächst werden die evaluationstheoretischen Grundlagen vorgestellt und dann anhand der Forschungsfragen die Operationalisierung aus der Theorie vollzogen. Schließlich werden die Instrumente der Evaluation, die Erhebungs- und Auswertungsmethoden und die Ergebnisse dargestellt (vgl. Kap. 5).
 Im Projekt Future is Female wurden in der Weiterbildung mit der Methode des Transformativen Organisationalen Lernens auf normative Ziele der Gleichstellung ausgerichtete Lernprozesse in Unternehmen initiiert. Diese Lernprozesse in einem Interventionsprojekt in Unternehmen zu evaluieren heißt, die Wirksamkeit von einzelnen Weiterbildungsmaßnahmen sowie des gesamten Interventionsprogramms und -vorgehens zu überprüfen. Die beiden Säulen des hier entwickelten Evaluationsdesigns sind *„organizational effectiveness"* *(training effectiveness)* und *„improving programs"* *(effective training)* (Kirk-

patrick/Kirkpatrick 2006: 17; Kuper 2004). In den Blick genommen wird die Wirksamkeit in Bezug auf beide Säulen: in Bezug auf die gesamte Organisation des Interventionsprogramms sowie auf einzelne Weiterbildungs-Trainings, indem in beiden Fällen das Verhältnis von Input zu Output und Outcome überprüft wird (vgl. dazu auch Kap. 5 und 6.; Kromrey 2000; Keiner 2001; Hager/ Patry 2004; Merkens 2004; Kuper 2004; Kirkpatrick/Kirkpatrick 2006; Bortz/ Döring 2009).

Evaluation wird verstanden als eine „anwendungsorientierte Pädagogik, die Erkenntnisse unter Kontrolle durch wissenschaftliche Methoden hervorbringt und unmittelbar auf Informationsbedürfnisse in der Praxis abstellt" (Kuper 2004). Ziel ist das Gelingen zielorientierten Handelns in der Praxis der Weiterbildung.

Die Instrumente und Methoden der Evaluation im Projekt Future is Female, die ebenso der eingangs entwickelten Theorie des Transformativen Organisationalen Lernens wie auch dem Vorgehen in der Intervention des Projekts entsprechen, werden unter dem Begriff der „Partizipativen Evaluation" (Macha et al. 2010: 78ff; Macha et al. 2010: 60; Ulrich/Wenzel 2003; Suarez-Herrera et al. 2009) reflektiert. Die Evaluation wurde kontrolliert und mit wissenschaftlichen Methoden durchgeführt, aber vor allem wurden auch die Stakeholder partizipativ beteiligt. Die „Partizipative Evaluation" (Weber 2007, 2009) oder „forschende Praxis" (Suarez-Herrera et al. 2009) bedeutet, die Beteiligten im Projekt – Unternehmensleitungen, Führungskräfte oder Change-Teams – in den Forschungsprozess und den Transformationsprozess der Organisation mit einzubeziehen. Es bestand dadurch eine Einheit sowie eine Gleichzeitigkeit von Verändern durch Transformatives Organisationales Lernen und Organisationsforschung (vgl. dazu auch Kap. 2.; Macha et al. 2010: 68, 8; Macha et al. 2011: 75–86; Macha/Brendler 2014, Macha 2014, Macha 2016, Macha et al. 2016 a, b). Dadurch wurden auch sie selbst in einem Ko-Konstruktionsprozess aktiv beteiligt, Räume für die Veränderung organisationaler Routinen im Unternehmen zu schaffen (vgl. Macha et al. 2008). Der Ko-Konstruktionsprozess bestand darin, dass Unternehmensleitung, Change-Team-Mitglieder und Führungskräfte sowie Mitarbeiter_innen zunächst die Ziele des Change-Prozesses auf der Grundlage der Datenbasis selbst festlegten und dann neue gender- und diversitysensible Regeln und Artefakte entwarfen, die nachhaltig im Unternehmensalltag verankert wurden.

Im Evaluationsdesign wurde somit eine Verschränkung von Theorie, Intervention und wissenschaftlicher Evaluation vorgenommen. Die traditionelle Trennung von Intervention mit Gleichstellung und wissenschaftlicher Evaluation wurde zugunsten einer Integration aufgehoben (Suarez-Herrera et al. 2009). Anhand einer partizipativ entwickelten Vision von Gleichstellung und

Geschlechtergerechtigkeit wurde durch diesen Ansatz die Veränderung der Struktur und Kultur der Unternehmen, d. h. eine Transformation der Organisation angezielt (Macha et al. 2010: 81ff, 90–94; Schein 1985, 2003; Senge et al. 1996; Senge 1999; Geißler 2000; Göhlich et al. 2005, 2007; Argyris/Schön 2008; Weber et al. 2012; Macha 2007). Wir berufen uns damit auf die Tradition des organisationalen Lernens und entwickelten diese für den Kontext der Unternehmen und für das Thema Gleichstellung weiter. Es wurde also kein Experiment unter kontrollierten Bedingungen durchgeführt, sondern ein Lernprozess angestrebt. Damit wurde ein Organisationsentwicklungsprozess in Gang gebracht, der die gesamten Unternehmen auf den drei Ebenen der einzelnen Führungskräfte, der Gruppen und des Systems erfasste.

Bei dieser Verknüpfung von Theorie und Praxis werden „researcher … relevant for practitioners producing „actionable knowledge" (Agyris 1996). Gleichzeitig entwickeln, verbessern und validieren die Forscher ihre Theorie auf eine „methodologische" Weise weiter (Eikeland/Nikolini 2011).

Ausgehend von der Forschungsfrage werden nun die Ziele der Evaluation abgeleitet und Indikatoren zur Zielerreichung entwickelt, die dann für die Evaluation operationalisiert werden können.

Die Forschungsfrage lautet:

Die Wirksamkeit der Intervention mit Transformativem Organisationslernen mit der Gender- und Diversity-Strategie im Unternehmen soll empirisch überprüft werden.

Die Ziele des Projekts, die die Evaluation überprüfen soll, lauten:

1. Das Wissen und die Kompetenz in Bezug auf die Inhalte des Gender und Diversity zu verbessern,

2. die Sensibilisierung der Führungskräfte in Unternehmen für Gender und Diversity zu leisten

3. die Handlungsoptionen zur Herstellung von mehr Gleichstellung zu erweitern und

4. Kulturveränderungen in den Unternehmen in Richtung Gleichstellung zu erreichen (Acker 1990, 1998; Gherardi 2001; Macha et al. 2010, 2011; Struthmann 2013).

Die Wirksamkeit der Intervention wurde wie folgt definiert: Resultate und Effekte der Maßnahmen der Intervention im Rahmen des Projekts Future is Female, die nicht im fiskalischen Bereich liegen, sondern sich auf Wissens- und Kompetenzerwerb, Einstellungsänderungen, Perspektivenwandel sowie erweiterte Handlungsoptionen und entstandene Kulturveränderungen bezüglich der Gender- und Diversity-Thematik beziehen. Die Effekte können auf den drei Ebenen Person, Gruppe oder Organisation erzielt werden (Kirkpatrick/Kirkpatrick 2006: 26). Die speziellen Kontextbedingungen des Projekts erlaubten jedoch keine Anlage der Evaluation mit Kontrollgruppen, die keine Intervention erlebten. Außerdem war wegen der kleinen Fallzahl der 20 Unternehmen die Verallgemeinerbarkeit der Aussagen ohnehin eingeschränkt. Sie entsprach vielmehr dem oben ausführlich dargestellten Vorgehen der Organisationspädagogik mit ihrem Ansatz, Räume für die Herstellung von Lernprozessen mit einem hohen Anspruch an die Tiefe der Lernergebnisse bereitzustellen (Göhlich et al. 2014). Die erlernten Kompetenzen waren nur bedingt quantitativ messbar, da sie normative Ziele der Gleichstellung umsetzten und Wissen, Einstellungen und das Handlungsrepertoire hinsichtlich Gender und Diversity vergrößern wollten.

Daraus lassen sich die übergeordneten Forschungsziele ableiten, die sich auf die drei Ebenen der Intervention Person, Gruppe und Organisation beziehen:

1. Durch das theoriegeleitete planmäßige Vorgehen und die Methodik des TOL mit Gender und Diversity in der Intervention soll die angestrebte Wirkung bei den Teilnehmenden, den Gruppen und den Unternehmen selbst erzielt werden.

2. Die Lernprozesse auf allen Stufen des Lernens bei den Teilnehmenden und bei den Gruppen sollen weitreichend und tiefgreifend sein.

3. Es soll eine Wirksamkeit des TOL mit Gender und Diversity in Bezug auf die Kulturveränderungen in den Unternehmen im Hinblick auf die Zielsetzung des Projekts erreicht werden.

Die 6 methodisch-didaktischen Schritte der Intervention im Unternehmen werden so zu Soll-Normen, die bei den Teilnehmenden erreicht werden sollen (siehe ausführlich im Kap. 2 und 3).

1. *Awareness* für Diskriminierung der Geschlechter und von Vielfalt in Interaktionssituationen schaffen, Reflexion der traditionell angewandten exkludierenden Praktiken der Interaktion

2. *Deconstruction* der gewohnten Praktiken der Ungleichheit durch neues Wissen

3. *Reframing:* Alternative gender- und diversitysensible Muster/Praktiken im Rollenspiel erproben

4. *Negotiation:* Neue gender- und differenzsensible Regeln und Praktiken im Commitment vereinbaren
5. *Implementation:* Neue gender- und differenzsensible Handlungsmuster werden verpflichtend implementiert
6. *Triple loop learning*/Lernstufe III: Mit Artefakten – Leitbildern, Gesprächsleitfäden, Frauenförderprogrammen usw. werden neue Gender- und Diversity-Ziele und -Praktiken verstetigt

Das bedeutet in der Konsequenz, dass die Wirksamkeit der durch Weiterbildung mit Inhalten des Gender und Diversity ermöglichten Lernprozesse auf drei Ebenen der Intervention kontrolliert und überprüft werden muss:

1. Der individuelle Lernprozess der an den Weiterbildungs-Workshops Teilnehmenden führt zu Einstellungswandel und alternativen Handlungsoptionen.
2. Der kollektive Lernprozess in und durch die Gruppe (Peergroup oder Change Team) drückt sich in gegenseitigem Austausch, gegenseitiger wertschätzender Unterstützung und der Ko-Konstruktion von Werten und Praktiken des Gender und Diversity aus.
3. Der organisationale Lernprozess des einzelnen Unternehmens führt zum Kulturwandel, welcher u. a. in Artefakten sichtbar wird (vgl. Kap. 1 und 2).

Um die Ergebnisse der Evaluation schließlich analysieren zu können (vgl. Kapitel 4, 5 und 6), wird zusätzlich das Verhältnis von Input, Output und Outcome in den Blick genommen.

1. Das Verhältnis zwischen Input und Output:
Der Input wird definiert als die Menge der aufgewandten Ressourcen von Projektmitarbeiter_innen, Trainer_innen sowie Teilnehmenden, zum anderen jedoch auch als die zeitlichen Ressourcen für die Planung der Interventionen, das konkrete Vorgehen bei der Steuerung des Lernprozesses und der eingesetzten Methodik und Didaktik. Hierbei sind außerdem der Kontext und die jeweiligen Start- und Ausgangsbedingungen der einzelnen Personen und Unternehmenskulturen zu berücksichtigen. Der Output meint hingegen die Effekte in Bezug auf die Steigerung der Wissens- und Handlungskompetenzen der Teilnehmer_innen in Bezug auf Gender- und Diversity-Wissen und die Steigerung der Motivation zum Transfer des Gelernten in das Unternehmen. Das Verhältnis von Input zu Output lässt auch eine Aussage zur Programmeffizienz zu.

2. Das Verhältnis zwischen Input und Outcome:
Der Outcome wird definiert als die Veränderungen, die als Konsequenz des Input und Output auf Dauer die Strukturen, die Prozesse und Kultur in den Unternehmen in Richtung auf die Ziele von mehr Chancengleichheit und der Anerkennung der Potenziale von Vielfalt verändern. Relevant ist dabei der organisationale sowie gesellschaftliche Kontext mit seinen machtvollen Kontextbedingungen aus hinderlichen und förderlichen Einflussfaktoren.

3. Das Verhältnis zwischen Input, Output und Outcome:
Abschließend werden alle Bezugsgrößen miteinander ins Verhältnis gesetzt. Der Input an eingesetzten Ressourcen und Interventionsmaßnahmen, die erzielten Wirkungen der Lernprozesse auf Personen- und Gruppenebene sowie nicht zuletzt die bewirkten Ergebnisse hinsichtlich der Kulturveränderung in den Unternehmen. Kontextualisiert werden sämtliche Interventions- und Evaluationsergebnisse gemäß den erhobenen Ausgangsbedingungen sowie förderlicher und hinderlicher Bedingungen.

Zur weiteren theoretischen Fundierung der Operationalisierung des Evaluationsdesigns wird zusätzlich zu den bereits dargestellten Bausteinen das von Kirkpatrick konzipierte 4-Ebenen-Modell zur Evaluation von Weiterbildungsmaßnahmen herangezogen (Kirkpatrick/Kirkpatrick 2006). Zusammen mit dem Konzept des TOL mit Gender und Diversity dient es dazu, nachgeordnete Indikatoren zur Überprüfung der Wirksamkeit zu definieren. Die vier Ebenen sind anschlussfähig an die bereits dargestellten drei Ebenen der Intervention und Evaluation (Person, Gruppe und Organisation) sowie an die sechs Schritte des didaktischen Modells des TOL mit Gender und Diversity. Das Modell von Kirkpatrick erweitert den Fokus zur Überprüfung der Wirksamkeit von unterschiedlichen Weiterbildungsformaten um weitere zentrale Punkte, die den Lernprozess hin zu Verhaltens- und Einstellungsänderungen kontrollieren. Damit können die lerntheoretischen Implikationen von Mezirow, Bateson sowie Argyris (vgl. Kapitel 2 und 3) in diesem Forschungsprojekt operationalisiert werden. Die 4 Ebenen, die es im Rahmen der Evaluation einer Trainingsmaßnahme nach Kirkpatrick zu untersuchen gilt, sind (Kirkpatrick/Kirkpatrick 2006: 21ff):

1. *Reaktion:* Diese Ebene untersucht die Reaktion bzw. das Ausmaß der Zufriedenheit der Teilnehmenden mit der Weiterbildungsmaßnahme

2. *Lernen:* Diese Ebene untersucht das Ausmaß des Lernerfolgs der Teilnehmenden in Hinblick auf vorher definierte Ziele. Lernerfolg bezieht sich dabei auf mindestens einen der folgenden Aspekte:

- Veränderung von Einstellungen
- Erweiterung von Wissen und Kenntnissen
- Verbesserung bzw. Erweiterung von Fähigkeiten und Fertigkeiten

3. *Verhalten:* Diese Ebene untersucht. das Ausmaß des Lerntransfers bzw. der Verhaltensänderung am Arbeitsplatz der Teilnehmenden, wobei vier Bedingungen erfüllt sein müssen, damit Verhaltensänderungen stattfinden können:
   - Der Wunsch des Teilnehmenden nach Veränderung
   - Das Wissen des Teilnehmenden, was und wie es zu tun ist
   - Ein geeignetes Arbeitsklima, das Veränderung zulässt bzw. unterstützt
   - Die Belohnung der Teilnehmenden für Veränderung, die extrinsisch (z. B. Bonuszahlungen), intrinsisch (z. B. Stolz) oder beides sein kann.

Dabei ist eine erfolgreiche Verhaltensänderung in erster Linie abhängig vom Arbeitsklima und erst in zweiter Linie von den übrigen Faktoren: Beim Arbeitsklima lassen sich fünf verschiedene Formen unterscheiden, die sich auf die Unterstützung des/der Vorgesetzten beziehen. Diese reichen von verhindernd über entmutigend bis neutral bzw. gleichgültig zu ermutigend bzw. unterstützend und fordernd (in Hinblick auf den Transfer des Gelernten im Beruf). Im Falle eines verhindernden oder entmutigenden Vorgesetztenverhaltens werden sich kaum Verhaltensänderungen erzielen lassen. Im Falle eines neutralen Arbeitsklimas sind Verhaltensänderungen abhängig von den übrigen oben genannten Bedingungen und im Falle eines ermutigenden oder fordernden Vorgesetztenverhaltens von dem Wunsch des Teilnehmenden nach Veränderung und dem Wissen, was und wie etwas verändert werden kann.

4.1.1 Ergebnisse für Unternehmen in Hinblick auf vorher definierte Ziele

Im Rahmen des Evaluationsdesigns wird nicht ausschließlich der Kulturwandel der Organisation hin zu mehr Chancengerechtigkeit und Gleichstellung als einziges Endergebnis im Sinne Kirkpatricks verstanden. Vielmehr wurden ebenso Teilergebnisse bei den Teilnehmenden und Gruppen im Rahmen des Prozesses der Weiterbildung mit Gender und Diversity als Ergebnis, d. h. als erzielte Wirkung gewertet.

Um diesen Lernprozess im Unternehmen empirisch abzubilden, wurden die Daten in drei Erhebungsphasen eruiert:

1. Die Erfassung des Status quo ante der Gleichstellung in den Unternehmen vor Projektbeginn

2. Die Dokumentation der Transformationsprozesse während der Intervention mit Weiterbildung auf den drei Ebenen Individuum, Gruppe und Organisation
3. Die Dokumentation des Status quo post nach Abschluss des Projekts.

Die dargestellten evaluationstheoretischen Grundlagen ergeben eine Matrix, aus der sich zusammengefasst die Indikatoren zur Zielerreichung und die Evaluationsinstrumente ableiten lassen. Folgende Graphik gibt eine Übersicht über einzelne Bausteine und Analyseebenen.

Evaluationstheoretische Matrix (eigene Abbildung)

Forschungsfrage: Die Wirksamkeit des Transformativen Organisationslernens mit der Gender- und Diversity-Strategie im Unternehmen empirisch überprüfen.			
Forschungsziele: 1. Durch das planmäßige Vorgehen und die Methodik des TOL mit Gender und Diversity in der Intervention soll die angestrebte Wirkung bei den Teilnehmenden, den Gruppen und den Unternehmen selbst erzielt werden 2. Die Lernprozesse auf allen Stufen des Lernens bei den Teilnehmenden und bei den Gruppen sollen weitreichend und tiefgreifend sein 3. Es soll eine Wirksamkeit des TOL mit Gender und Diversity in Bezug auf die Kulturveränderungen in den Unternehmen im Hinblick auf die Zielsetzung des Projekts erreicht werden			
Ebenen der Intervention	6 methodisch-didaktische Schritte des TOL	Lernstufen (Kirkpatrick)	Interpretation der Daten
Person	1 Awareness 2 Deconstruction 3 Reframing	1 Reaktion 2 Lernen	Ausgangsbedingungen Kontext Input Output
Gruppe	4 Negotiation	3 Verhalten	
Organisation	5 Implementation 6 triple loop learning/ Lernstufe III	4 Ergebnisse	Ausgangsbedingungen Kontext Input Outcome
Erhebungsphasen: Status quo ante, Prozess, Status quo post			
Gesamtauswertung aller Ergebnisse Die Wirksamkeit der Weiterbildung mit der Methode des TOL mit Gender und Diversity im Unternehmen.			

4.1.2 Bestimmung von Indikatoren zur Überprüfung der Wirksamkeit des TOL mit Gender und Diversity

Anhand dieser oben dargestellten theoretischen Prämissen der Intervention und Evaluation werden nun aus den bereits aufgeführten Forschungsfragen und zentralen Bausteinen Indikatoren der Zielerreichung abgeleitet, die als Operationalisierung der 6 methodisch-didaktischen Schritte und der Lernstufen von Kirkpatrick dienen.

I. Personale Ebene: Ziele Awareness, Deconstruction

1. Reaktion der Teilnehmenden auf die Weiterbildungsformate
   - hinsichtlich der persönlichen Entwicklung
   - der Anwendbarkeit des Gelernten am Arbeitsplatz
   - der Nützlichkeit für die Umsetzung eigener Gender- und Diversity-Maßnahmen

2. Die Erweiterung des Wissens über Gender und Diversity der an Interventionsmaßnahmen Teilnehmenden: Awareness für Diskriminierung, Dekonstruktion traditioneller Vorurteile

3. Die indirekte Erweiterung des Wissens über Gender und Diversity durch Multiplikator_innen bei den anderen Mitarbeiter_innen im Unternehmen

4. Die Bereitschaft, die Einstellungen bezüglich der Thematik Gender und Diversity zu verändern bei den an Interventionsmaßnahmen Teilnehmenden

5. Die Bereitschaft, durch Angebote der Multiplikator_innen Einstellungen bezüglich der Thematik Gender und Diversity zu verändern bei den anderen Mitarbeiter_innen im Unternehmen

6. Das Erkennen der Bedeutung und des Nutzens von Gender und Diversity für Personen, Organisationen und Gesellschaften bei den an Interventionsmaßnahmen Teilnehmenden

II Ebene der Gruppe: Ziele Reframing, Negotiation

7. Das Erkennen der Bedeutung und des Nutzens von Gender und Diversity für Personen, Organisationen und Gesellschaften durch Multiplikator_innen bei den anderen Mitarbeiter_innen im Unternehmen

8. Die Motivation (Wunsch und Bereitschaft), Gender und Diversity im Alltag im Unternehmen im täglichen Handeln umzusetzen

9. Die tatsächliche Anwendung und Umsetzung neuer Praktiken des Gender und Diversity im täglichen beruflichen Handeln

10. Die Zusammenarbeit und die Arbeitsorganisation im Change Team mit dem Ziel der Gestaltung von Gender und Diversity im Unternehmen

11. Das Erlernen und die Implementation neuer Handlungsoptionen und gender- und diversitysensibler Verhaltensweisen

12. Der Umfang sowie die Art und Weise, wie die Teilnehmenden als Multiplikator_innen für die Umsetzung von Gender und Diverstiy im Unternehmen fungieren und mit welchen Erfolgen Gender und Diversity in das Unternehmen hineingetragen wird

III. Ebene der Organisation: Ziele Implementation, triple loop learning/ Lernstufe III

13. Erhebung von empirischen Daten zum unternehmerischen Wissen über Gender und Diversity vor der Intervention

14. Erhebung von empirischen Daten zum Grad der Institutionalisierung von Gender- und Diversity-Maßnahmen in der Organisation vor der Intervention

15. Erhebung von empirischen Daten zum Grad der kulturellen Entwicklung des Unternehmens hinsichtlich Gender und Diversity vor der Intervention

16. Der Umfang der Ressourcen, die von den Unternehmen in die Interventionsmaßnahmen sowie die Umsetzung von Gender und Diversity investiert werden

17. Die förderlichen oder hinderlichen Kontextbedingungen, die die Einstellungs- und Verhaltensveränderungen, die Motivation sowie die Implementierung von Konzepten, Programmen und Dokumenten beeinflussen

18. Der Umfang entwickelter Konzepte, Programme und Dokumente in den Unternehmen hinsichtlich Gender und Diversity

19. Der Grad der Implementierung von neu entwickelten Programmen, Konzepten und Dokumenten (z. B. verbindlich, optional, anerkannt, oberflächlich, durchgreifend etc.)

4.1.3 Phasen der Evaluation und Instrumente der Erhebung

Die Operationalisierung der Indikatoren für die empirische Überprüfung der Wirksamkeit des TOL mit Gender und Diversity im Unternehmen erfolgt durch die Entwicklung quantitativer und qualitativer Forschungsinstrumente (Suarez-Herrera et al. 2009). Die Instrumente, das Sampling und die Korpusbildung entsprechen dem theoretischen Framework. Die Auswertungsstrategien bestehen bei den qualitativen Daten aus der Inhaltanalyse und der Artefaktanalyse, bei den quantitativen Daten aus uni-, bi- und multivariaten Verfahren.

Die Instrumente der Partizipativen Evaluation werden geordnet nach den drei Phasen der Erhebung, nämlich 1. Erhebung des Status quo ante, 2. Erhebung der Wirksamkeit der Intervention sowie 3. Erhebung des Status quo post und entsprechend der Forschungsfrage *die Wirksamkeit und die Akzeptanz des Transformativen Organisationslernens mit der Gender- und Diversity-Strategie im Unternehmen empirisch zu überprüfen:*

4.1.4 Phase 1. Erhebung des Ist- und Sollstandes der Gleichstellung in den Unternehmen vor Projektbeginn.

Hier wurden drei Erhebungsinstrumente eingesetzt, nämlich

— Zwei **Online-Fragebögen** zur Personalstruktur und zur Analyse der Gender- und Diversity-Maßnahmen in den Unternehmen. Alle 20 Unternehmen erhalten vor Beginn des Projekts zwei Fragebögen. Fragebogen 1 erhebt Daten zur Mitarbeiter_innenstruktur in den 20 Unternehmen. Fragebogen 2 erhebt Daten zu den Konzepten und Maßnahmen der Gender- und Diversity-Strategie im Unternehmen vor Projektbeginn. So wird ein Vergleichsmaß für den Stand der Gender- und Diversity-Maßnahmen und -Konzepte gewonnen, das am Ende des Projekts mit dem dann erreichten Stand verglichen werden kann (vgl. Kapitel 6).

— Eine **Dokumentenanalyse** aus online verfügbaren Dokumenten zu Aussagen und Begriffen der Unternehmen im Zusammenhang mit der Gender- und Diversity-Strategie vor Projektbeginn

— Aufbauend auf Analysen der **Organisationsstruktur** der Unternehmen vor Projektbeginn wurden in den Kick-off-Workshops die **Ziele und Weiterbildungs-Bedarfe** der Unternehmen zu Gender und Diversity dokumentiert.

4.1.5 Phase 2: Untersuchung der Wirksamkeit der Interventionsmaßnahmen

— **Feedback-Fragebögen** werden zu zwei Zeitpunkten in den Weiterbildungs-Workshops erhoben, um die Wirksamkeit und Akzeptanz der Weiterbildung bei den Teilnehmenden zu evaluieren sowie die Anwendbarkeit und das Commitment der Vorgesetzten

- **Expert_innen-Interviews** erfassen die Gesamtwirkung der Gender- und Diversity-Weiterbildung auf das Unternehmen.
- Auch die quantitativen Analysen mit uni-, bi- und multivariaten Verfahren werden abschließend im Zusammenhang mit den übrigen Daten interpretiert. In der folgenden Graphik werden einige zentrale Erhebungs- und Auswertungsverfahren und Ergebnisse dargestellt.

4.1.6 Phase 3: Die Erhebung des Status quo post zum Stand der Gender- und Diversity-Maßnahmen in den Unternehmen nach der Intervention wird mit zwei qualitativen Instrumenten durchgeführt:

- Eine **Gruppendiskussion** stellt die Strategien der Unternehmen dar, mehr Vielfalt und Geschlechtergerechtigkeit im Alltag zu verankern
- **Artefaktanalysen** belegen die tatsächlichen Veränderungen der Kultur der Unternehmen in Bezug auf gender- und diversityrelevante Dokumente.

4.2 Ergebnisse der Evaluation

4.2.1 Gender-Daten-Analyse zum Ist- und Sollstand des Status quo ante

Wenn verschiedene Forschungsmethoden auf dasselbe Phänomen angewendet werden oder verschiedene Daten bezüglich desselben Phänomens herangezogen werden, erfassen sie nicht automatisch ‚dasselbe'. Deshalb wird in der Sozialforschung häufig auf verschiedene Methoden, aber auch Theorien oder Datenquellen, zurückgegriffen, um die Breite und Tiefe der Erkenntnisse zu erhöhen. Man spricht in der qualitativen Forschung von Triangulation, wenn eine Kombination verschiedener Methoden (Methodentriangulation), oder verschiedener unterschiedliche Theorien (Theorientriangulation) auf den denselben Untersuchungsgegenstand angewandt werden (vgl. Bortz/ Döring 2006: 365). Die Online-Fragebogen und Dokumentenanalysen vor Projektbeginn versuchten, ein mehrperspektivisches Bild über den jeweiligen Ist-Zustand oder Status quo ante der 20 Unternehmen hinsichtlich bereits bestehender gender- und diversityrelevanter Maßnahmen und Programme, aber auch der Defizite zu bekommen. Dabei hatte die Dokumentenanalyse die Aufgabe, die offiziellen digitalen sowie die internen schriftlichen Verlautbarungen der Unternehmen zu sichten und zu interpretieren. Diese Dokumente stellten den offiziellen und öffentlich sichtbaren Stand der Entwicklung der Ideen der Gleichstellung in Bezug auf die Geschlechter und die Vielfalt im Unternehmen dar.

Mittels einer qualitativen Inhaltsanalyse verschiedener Unternehmensdokumente wurden die in den Schriftstücken und auf den Websites artikulierten gleichstellungspolitischen Zielsetzungen und Maßnahmen der KMU vor Projektbeginn erfasst (Gläser/Laudel 2010). Diese Erkenntnisse wurden um eine quantitative Fragebogenerhebung über die Fakten zur Personalstruktur sowie über bislang erfolgte konkrete Maßnahmen zu Gleichstellungspolitik, Fachkräftegewinnung und -sicherung ergänzt. In einem letzten Schritt wurden die Veränderungsbedarfe aus Sicht der Change Team-Mitglieder des jeweiligen Unternehmens in einem Kick-off-Workshop unmittelbar zu Projektbeginn erfasst, um diese von Anfang an entsprechend dem partizipativen Anspruch an den gleichstellungspolitischen Interventionen zu beteiligen (Macha 2013a).

Damit können die Ziele der Evaluation und die folgenden Indikatoren zur Zielerreichung überprüft werden (vgl. S. 96):

13. Erhebung von empirischen Daten zum unternehmerischen Wissen über Gender und Diversity vor der Intervention

14. Erhebung von empirischen Daten zum Grad der Institutionalisierung von Gender- und Diversity-Maßnahmen in der Organisation vor der Intervention

15. Erhebung von empirischen Daten zum Grad der kulturellen Entwicklung des Unternehmens hinsichtlich Gender und Diversity vor der Intervention

16. Der Umfang der Ressourcen, die von den Unternehmen in die Interventionsmaßnahmen sowie die Umsetzung von Gender und Diversity investiert werden.

4.2.2 Ergebnisse der Online-Fragebogen I und II zum Ist-Stand der Unternehmen

Mit einem Online-Fragebogen zur Personalstruktur und zu den Gender- und Diversity-Maßnahmen in den Unternehmen wurde der Status quo ante der Gleichstellung in den Unternehmen im Sinne einer Gender-Daten-Analyse empirisch erfasst. Die Frage konnte so beantwortet werden, was wir an gleichstellungspolitischen Maßnahmen schon vorfanden und welche Personalstruktur die am Projekt beteiligten Unternehmen aufwiesen. Damit war eine empirische Datenbasis gegeben, um die Personalstruktur hinsichtlich von Gender- und Diversity-Merkmalen zu klassifizieren und Defizite anzumerken.

Die Auswertungsergebnisse der Online-Fragebogenerhebung 1 und 2 werden im Folgenden knapp wiedergegeben (vgl. dazu die ausführliche Analyse von Struthmann 2013). Als Datenmaterial dienten die Ergebnisse einer in 2012 gestarteten, standardisierten Online-Befragung, bestehend aus zwei Teilen zu den Themen ‚Personalstand', ‚gleichstellungspolitische Maßnahmen vor Projektbeginn' und ‚Organisationskultur'. Erfasst wurden folgende inhaltliche Kategorien der Gender-Daten-Analyse:

- Größe der KMU, Anzahl, Geschlecht, Qualifikation und Altersstruktur der Mitarbeiter_innen mit und ohne Kinder,
- Standortfaktoren, Managementstrategien, Organisationsstrukturen
- Gleichstellungspolitische Maßnahmen (Gender-Trainings und Fortbildungen, Weiterbildung für Führungskräfte, Arbeitszeit- und -Ortmodelle, ökonomische Anreizsysteme zur Förderung von Frauen und diskriminierten Minderheiten)
- Führungskräfteentwicklung, Fort- und Weiterbildung, Recruiting
- Migrationshintergrund der Mitarbeiter_innen (Arbeitszeitvolumen, Geschlecht und Position)

Erhebungsmethodik

Bis zum 02. April 2012 wurde der auf dem Web-Server der Universität Augsburg hinterlegte Online-Fragebogen von 18 der 20 Unternehmen vollständig beantwortet. Hauptverantwortliche zur Beantwortung der Fragen waren die Ansprechpartner_innen aus den Change Teams. Nach persönlicher Registrierung konnten die Fragen per HTML-Formular beantwortet werden. (Zwei der 20 Unternehmen konnten den Fragebogen wegen nicht vorhandener unternehmensinterner Statistiken nicht oder nur unzureichend beantworten).

Auswertung des Online-Fragebogen I zur Personalstruktur und zur Qualifikationsstruktur der Unternehmen

Insgesamt waren in den 20 Unternehmen 5337 Mitarbeiter_innen beschäftigt, davon waren 59,75% männlich (3189 Personen) und 40,25% weiblich (2148 Personen). Vollzeitbeschäftigt waren 94,20% der Männer (3004 Personen) und 65,13% der Frauen (1399 Personen), teilzeitbeschäftigt entsprechend 5,83% der Männer (186 Personen) und 34,87% der Frauen (749 Personen). Von den 3189 männlichen Mitarbeitern waren 695 in Fachkraftpositionen und 240 in Führungspositionen tätig. Das Verhältnis zwischen männlichen Fach- und Führungskräften betrug damit rund 5:1. 524 der 2148 weiblichen Mitarbeiterinnen waren als Fachkräfte beschäftigt, 37 als Führungskräfte. Damit war das

Verhältnis zwischen weiblichen Fach- und Führungskräften 14:1 (vgl. auch die ausführliche deskriptive Analyse der Daten: Struthmann 2013: 214–240).

Die Vorstandspositionen in den KMU waren zu 100 Prozent männlich besetzt, in der Geschäftsführung befanden sich fünfmal so viele Männer wie Frauen, in der Geschäftsleitung dreimal so viele. Die oberste Führungsebene innerhalb der Unternehmen war damit mit rund 94 Prozent männlich dominiert. In der mittleren Führungsebene waren weibliche Führungskräfte mit 2,68 Prozent vertreten, nämlich 23 Frauen, der Großteil war in Vollzeit beschäftigt und ohne Migrationshintergrund, das sind 18 Frauen. Knapp zwei Prozent der Frauen, nämlich 15 Frauen, waren in der unteren Führungsebene tätig, zwei Drittel davon als Vollzeitkräfte ohne Migrationshintergrund, zwei Frauen als Vollzeitkräfte mit Migrationshintergrund. Drei Frauen ohne Migrationshintergrund waren hier in Teilzeitäquivalenten tätig.

Wie die Ergebnisse zeigen, waren rund 60 Prozent der Mitarbeiter in den analysierten Unternehmen männlich, rund 40 Prozent weiblich. Die Datenauswertung ergab, dass Frauen in jedem der Qualifikationscluster unterrepräsentiert waren. Das bestätigt die Annahme, dass Mädchen und Frauen zwar im Bildungssystem erfolgreicher als Jungen und Männer sind, ihre erreichten Bildungsabschlüsse aber weniger erfolgreich auf den Arbeitsmarkt transferieren können (vgl. auch Struthmann 2013: 219f).

Die Ergebnisse verdeutlichten außerdem, dass rund 85% der in Teilzeit angestellten weiblichen Mitarbeiterinnen eines oder mehrere Kinder haben und ein überdurchschnittlicher Anteil der erwerbstätigen Mütter in Teilzeit angestellt ist – im Vergleich zu einem verschwindend geringen Anteil der Männer. Die Mitarbeiter_innen, die Elternzeit in Anspruch genommen haben, waren zu rund zwei Dritteln in Vollzeit und zu rund einem Drittel in Teilzeit beschäftigt. Unter den Männern waren rund 98 Prozent in Vollzeit und rund zwei Prozent in Teilzeit beschäftigt, während über 60 Prozent der Frauen Vollzeit- und rund 40 Prozent Teilzeittätigkeiten nachgingen. Die Ergebnisse zeigen demzufolge, dass in Vollzeit beschäftigte Mitarbeiter_innen generell häufiger Elternzeit in Anspruch nahmen als solche, die in Teilzeit angestellt waren.

Position und Migrationshintergrund

Einen Migrationshintergrund hatten 5,5% (292 Personen), davon waren 3% (60 Personen) weiblich. Es waren 3% weibliche Vollzeitkräfte und 6% männliche Vollzeitkräfte, 1,5% weibliche Teilzeitkräfte. Männliche Teilzeitkräfte gab es in dieser Gruppe nicht. Keine deutsche Staatsangehörigkeit hatten 8% (430 Personen) aller Beschäftigten. Davon waren 4% (91 Personen) weibliche Vollzeitkräfte, ca. 7% (231 Personen) männliche Vollzeitkräfte, über 2% (50

Personen) waren weibliche Teilzeitkräfte und nur knapp 1% männliche Teilzeitkräfte.

Unter den Frauen im Top-Management war keine Migrantin. In der mittleren Führungsebene hatten nur 2 der 23 Frauen Migrationshintergrund, in der unteren Führungsebene arbeiteten ebenfalls 2 Migrantinnen. Von den Männern mit Führungspositionen hatten lediglich 2 in der oberen Führungsebene und 8 in der unteren Führungsebene einen Migrationshintergrund. Insgesamt ist die Zahl oft junger, hoch qualifizierter ausländischer MINT-Fachkräfte in Deutschland in den letzten zehn Jahren stark gestiegen – in Baden-Württemberg zum Beispiel hat sich die Anzahl fast verdoppelt (vgl. Artikel Bildungsklick 2015). Dies spiegelt den großen Bedarf an gut ausgebildeten Fachkräften gerade in den MINT-Berufen deutlich wider.

Der allgemein diagnostizierte Mangel an gut ausgebildeten Führungskräften in den MINT-Branchen in Deutschland scheint die untersuchten Unternehmen (noch) nicht in dem Ausmaß betroffen zu haben, dass bereits auf hoch qualifizierte ausländische Arbeitskräfte zurückgegriffen wurde. Dementgegen waren erstaunlich wenige Führungspositionen mit Migranten besetzt. Mögliche Ursache könnte hier auch die Tatsache sein, dass es sich bei den untersuchten Unternehmen oft um alteingesessene Familienbetriebe handelte, die eher selten extern Führungskräfte rekrutierten, wodurch die Chancen für Migrant_innen eher gering waren.

Unter den Arbeitskräften ohne Personalverantwortung befand sich der Großteil der Migrantinnen (70) und der Migranten (173), was nahelegt, dass es sich bei diesen Mitarbeiter_innen nicht um gut ausgebildete Fach- und Führungskräfte handelte.

Insgesamt kann festgehalten werden, dass das Potenzial von Arbeitskräften mit Migrationshintergrund in den untersuchten Unternehmen noch in relativ geringem Umfang genutzt wird. Angesichts des Arbeitskräftemangels in den MINT-Branchen kann auf das Arbeitskräfteangebot qualifizierter Fach- und Führungskräfte mit Migrationshintergrund in Zukunft nicht mehr verzichtet werden. Gerade auch junge Migrantinnen sind auf dem Vormarsch, sie sind heute schon öfter als junge deutsche Frauen unter den Studentinnen in vielen MINT-Fächern vertreten. Auch die Anerkennung von im Ausland erworbenen Bildungs- und Berufsabschlüssen spielt hier eine große Rolle, um die Migrant_innen entsprechend ihrer formalen Qualifikation einsetzen zu können (vgl. Kapitel 2.). Um die Wettbewerbs- und Innovationsfähigkeit der Unternehmen in Zeiten des demographischen Wandels sicherzustellen, wird es gewinnbringend sein, zeitnah Maßnahmen zu etablieren, um das Potenzial der Zielgruppe Migrant_innen gezielt zu fördern und zu nutzen.

Zusammenfassung

Die empirische Erhebung der Gender-Daten-Analyse zum Status quo ante der Gender- und Diversity-Strategie in den Unternehmen, die am Projekt mitwirkten, belegt auf allen Hierarchieebenen eine Dominanz von Männern, insbesondere in Bezug auf Führungspositionen, aber auch in Bezug auf Ressourcen, Ausbildung und Status. Halbtagstätigkeiten übten zumeist Frauen mit Kindern aus, so dass erwartbar die Verantwortung für Kinderbetreuung an die Frauen delegiert wurde mit den oben genannten Risiken.

Online-Fragebogen II: Fragebogenerhebung zum Ist-Stand der gleichstellungs- und diversitypolitischen Maßnahmen in den Unternehmen vor Projektbeginn

Um den Status quo ante vor Projektbeginn zu den schon bestehenden Angeboten in den Unternehmen zu dokumentieren, die im weiteren Sinne der Thematik Gender und Diversity zuzuordnen sind, wurden folgende Kategorien im Online-Fragebogen II erhoben:

1. Arbeitszeit- und Ortmodelle

2. Vereinbarkeit von Familie und Beruf

3. Relation der Anzahl der Kinder von Eltern im Unternehmen zur Anzahl der Maßnahmen zur Vereinbarkeit

4. Angebote zu Gesundheit und Regeneration

5. Weiterbildung zu Gender & Diversity und zu Softskills, Coaching

6. Maßnahmen des Recruitings von Nachwuchs und Mitarbeiter_innen.

Insgesamt haben 16 von 20 Unternehmen den Online-Fragebogen II ausgefüllt zurückgesandt, die Antworten gingen im Zeitraum vom 02.04.2012–11.06.2012 ein (Quelle: Sammeldokument Fragebogen).

Arbeitszeit- und Ortmodelle

Es wurden im Online-Fragebogen II vorgegebene Arbeitszeit- und -Ortmodelle abgefragt. In der folgenden Graphik wird zu den einzelnen Modellen die absolute Anzahl der Unternehmen zugeordnet, die die unten verzeichneten Modelle durchführen: 8 Unternehmen arbeiten mit Jobsharing, 10 Unternehmen mit Heimarbeitsplätzen zur Telearbeit, 14 Unternehmen haben zahlreiche Formen flexibler Arbeitszeit, Sonderurlaub für private Belange gewähren 10 Unternehmen, flexible Urlaubszeiten 11 Unternehmen, Freistellung für Weiterbildung 11 Unternehmen.

Arbeitszeitmodelle	Anzahl positiv
Jobsharing	8
Heimarbeit/Telearbeit	10
Flexible Arbeitszeitmodelle	14
Auszeiten/Sabbaticals	0
Sonderurlaub	10
Flexible Urlaubszeiten/Urlaubsmodelle	11
Freistellung (bspw. für Weiterbildungen)	11
Flexible Zeiten für Konferenzen/Teamsitzungen	9
Anpassung der Arbeitszeiten	4
Sonstiges	8

Die Übersicht zeigt anonymisiert die Anzahl der Arbeitszeit- und Ortmodelle pro Unternehmen. Das Spektrum variiert sehr stark zwischen einer geringen Anzahl und Flexibilität der Maßnahmen und einer sehr großen Anzahl. Die Bereitstellung von flexiblen Arbeitsort- und Zeitmodellen ist erst bei der Hälfte der Unternehmen, die am Projekt beteiligt sind, schon implementiert. Diese Maßnahmen sind für die Vereinbarkeit von Familie und Beruf für Eltern sehr wichtig. Es muss im Rahmen des Projekts versucht werden, eine weitere Flexibilität zu erreichen. Auch Jobsharing ist erst bei 8 Unternehmen gebräuchlich, eine Maßnahme, die Eltern sehr stark nachfragen.

Korrelation zwischen verschiedenen Arbeitszeitmodellen in einem
Unternehmen und dem Verhältnis von Frauen und Männern

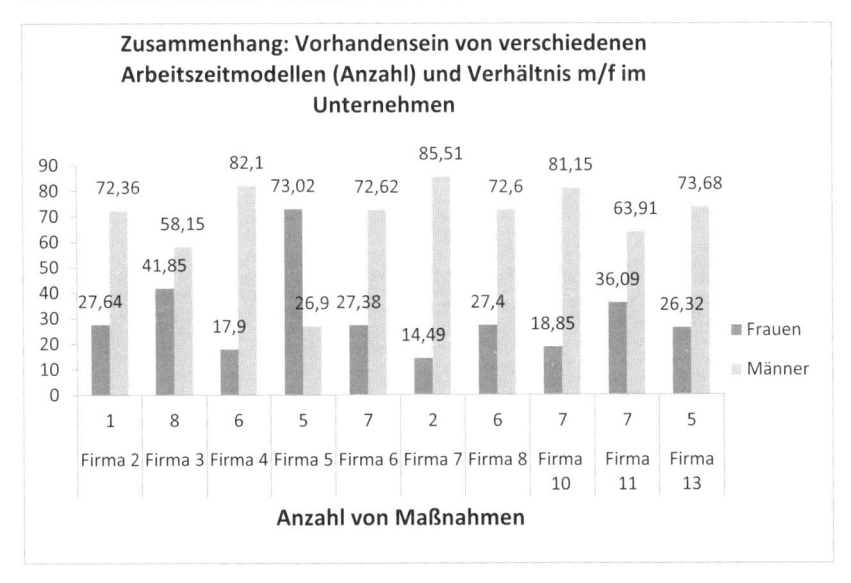

Zusammenhang: Vorhandensein von verschiedenen Arbeitszeitmodellen (Anzahl) und Verhältnis m/f im Unternehmen

Anzahl von Maßnahmen	Frauen	Männer
1 – Firma 2	27,64	72,36
8 – Firma 3	41,85	58,15
6 – Firma 4	17,9	82,1
5 – Firma 5	26,9	73,02
7 – Firma 6	27,38	72,62
2 – Firma 7	14,49	85,51
6 – Firma 8	27,4	72,6
7 – Firma 10	18,85	81,15
7 – Firma 11	36,09	63,91
5 – Firma 13	26,32	73,68

Eigene Graphik

Hier wurde die These untersucht, ob ein Unternehmen attraktiver für Frauen wird, je mehr verschiedene Arbeitszeitmodelle ein Unternehmen anbietet. Damit würde sich das Verhältnis zwischen Mitarbeiterinnen und Mitarbeitern in Richtung einer Mehrheit der Frauen verschieben. Es gibt eine leichte Tendenz in dieser Richtung, wobei eine Firma branchenspezifisch sehr viel mehr Frauen als alle anderen aufweist und deshalb dieser Zusammenhang keine Aussagekraft hat. Jedoch ist aus den Daten erkennbar, dass bei den beiden Firmen, bei denen die Frauenquote noch am ehesten die 40% erreicht, es die meisten Arbeitszeitmodelle (8 bzw. 7) gibt. Jedoch bleibt offen, ob erst die Arbeitszeitmodelle da waren und die Frauen anzog oder ob aufgrund der vielen Frauen im Unternehmen viele verschiedene Arbeitszeitmodelle eingerichtet wurden.

Vereinbarkeit von Familie und Beruf

Zum Thema Vereinbarkeit von Beruf und Familie wurden im Online-Fragebogen 9 mögliche Maßnahmen abgefragt. In der Graphik wird die absolute Zahl der Maßnahmen und Fälle ausgewertet:

Maßnahmen zur Vereinbarkeit von Familie und Beruf	Anzahl positiv
Möglichkeit zur staatlichen Elternzeit	16
Wiedereinstiegshilfe nach der Elternzeit	7
Systematisches Kontakthalten während der Elternzeit über ein Unternehmensprogramm	5
Weiterbildung während der Elternzeit	2
Teilzeitarbeit während der Elternzeit (bis zu 30 Stunden pro Woche)	12
Kinderbetreuungshilfe	4
Einrichtungen für Kinder	1
Vertrauensansprechpartner_in für persönliche Belange sowie für Vereinbarkeit von Beruf und Familie	3
Versetzungsmöglichkeiten zur besseren Vereinbarkeit (bspw. Standortwechsel oder Abteilungswechsel)	4

Eigene Graphik

Man erkennt deutlich die Zurückhaltung der Unternehmen bei der Unterstützung der Eltern bei der Familienaufgabe: Selbstverständlich wird die staatlich garantierte Elternzeit gewährt, jedoch fehlt es bei über der Hälfte der Unternehmen noch an Kontakt- und Wiedereinstiegsprogrammen während der Elternzeit, um Eltern beim Karriereaufbau und der Vereinbarkeit bei der Geburt von Kindern zu unterstützen. Auch Weiterbildungsprogramme während der Elternzeit wären eine gute Möglichkeit, Eltern weiter zu motivieren, die nicht genutzt wird.

Angebote zur Regeneration der Mitarbeiter_innen

Eine an den Lebensphasen der Mitarbeitenden orientierte Führung im Unternehmen berücksichtigt Angebote zur Gesundheit und Regeneration der Mitarbeiter_innen und Führungskräfte, denn es ist ein zentrales Anliegen der Unternehmen, krankheitsbedingte Arbeitsausfälle zu vermindern. Ebenso kann es ein Anliegen der Mitarbeitenden sein, wenn sich die Angebote gut in den Arbeitstag integrieren lassen.

Die Antworten auf die Frage, wie viele der 16 teilnehmenden Unternehmen die folgenden Angebote zur Regeneration und Gesunderhaltung anboten, zeigen die folgenden beiden Graphiken. Sie sind eng mit Gleichstellung und der Sorge für die Mitarbeiter verbunden, denn sie haben Auswirkungen auf das Betriebsklima und die Corporate Identity:

Maßnahmen zur Regeneration der Mitarbeiter_innen	Anzahl positiv
Unternehmenssport (bspw. Betriebsfußballmannschaft, Pause-Yoga-Gruppe oder wöchentlicher Badminton-Termin)	8
Betriebsausflüge, Firmenfest etc.	16
Pausen-/Ruhe-/Rückzugs-/Bet-Räume	9
Betriebsfitnessstudio (auch in Kooperation)	4
Betriebskantine, Betriebsküche und/oder Catering-Service (auch in Kooperation)	10
Kulturelle Aktivitäten (bspw. Firmenchor, Betriebsband oder Theaterabonnement)	2

Eigene Graphik

Weiterbildungsangebote

Es wurde untersucht, wie viele der 16 teilnehmenden Unternehmen für ihre Mitarbeiter_innen Weiterbildung zu den unterschiedlichen Themen „Softskills", „Gender und Diversity" sowie „Coaching/Supervision" anbieten. Ziel war es zu belegen, ob und in welchem Maße die Mitarbeiter_innen Unterstützung erfahren und inwiefern das Thema „Gender und Diversity" schon implementiert ist. Die Daten belegen, dass zwar in allen Unternehmen Weiterbildung durchgeführt wurde, aber das Thema G&D noch kaum bekannt war oder Eingang in den Unternehmensalltag fand.

Maßnahmen zur Weiterbildung	Anzahl positiv
Weiterbildung im Bereich Softskills	14
Weiterbildung zu Gender- und Diversity-Management	1
Coaching/Supervision	9
Sonstiges	29

Altersstruktur der Mitarbeiter_innen im Verhältnis zu angebotenen Weiterbildungsmaßnahmen

In diesem Zusammenhang wurde auch untersucht, ob das Alter der Führungskräfte und Mitarbeiter_innen Auswirkungen hat auf die angebotene Weiterbildung.

Altersstruktur der MA_innen im Verhältnis zu angebotenen Weiterbildungsmaßnahmen

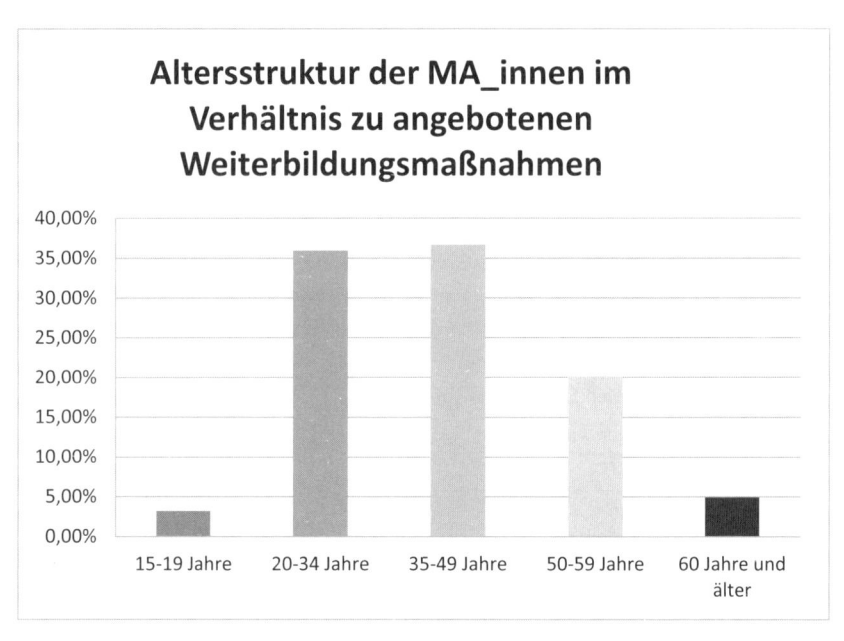

15-19 Jahre	~3%
20-34 Jahre	~36%
35-49 Jahre	~37%
50-59 Jahre	~20%
60 Jahre und älter	~5%

Eigene Graphik

Es wurde untersucht, ob es einen Zusammenhang gibt zwischen dem Angebot an Weiterbildungsmaßnahmen und der Altersstruktur der Führungskräfte und Mitarbeiter_innen im Unternehmen. Die These war, dass die Zahl der Weiterbildungsmaßnahmen mit dem Alter der Mitarbeiter_innen korreliert; die Unternehmen also besonders in die Weiterbildung der Mitarbeiter_innen investiert, wenn es mehr ältere Mitarbeiter_innen (im Bereich 50–59 oder 60 und älter) gibt. Sie sollten ja wegen des Fachkräftemangels so lange wie möglich in der Firma gehalten werden, da ein Ausscheiden einen noch größeren Verlust für die Firma darstellen würde. Die Daten zeigen, dass dieser Zusammenhang nicht belegt werden konnte. Die meisten Mitarbeiter_innen im Alter von über 60 Jahren gab es sogar dort, wo es weniger Weiterbildungsmaßnahmen gibt.

Gewinnung von Nachwuchs und Mitarbeiter_innen

Die Methoden des Recruitings von Nachwuchskräften und neuen Mitarbeiter_innen sind in den nächsten Graphiken aufgelistet. Es handelte sich um Stellenausschreibungen in Zeitschriften, im Internet, über Personalagenturen, in Kooperation mit Schulen und Hochschulen, durch persönliche Kontakte und durch Kunden.

Einzelmaßnahmen zur Nachwuchsgewinnung und -Förderung wurden wie folgt bezeichnet und ihre Anzahl im Unternehmen angegeben.

Maßnahmen zur Nachwuchsgewinnung und -Förderung	Anzahl positiv
Tag der offenen Tür	7
Berufsorientierung	8
Stellenangebote für Praktikant_innen	14
Programme für Auszubildende	10
Kontakte zu Schulen und Hochschulen	14
Auftritt auf Jobmessen	12
Möglichkeit zum dualen Studium	5
Möglichkeit zur dualen Ausbildung	10
Trainee-Programme	3
Spezifische Programme	0

Eigene Graphik

Korrelation zwischen allen Arbeitszeit-und Ort-Maßnahmen im Unternehmen und der Relation von Männern und Frauen

Der Zusammenhang zwischen den bereits in den Unternehmen implementierten Arbeitszeit-Maßnahmen und der Personalstruktur wurde untersucht. (Es konnten nur die Daten verwendet werden, bei denen die Firmen sowohl über das Vorhandensein von Arbeitszeit-Maßnahmen Auskunft gegeben haben, als auch über die Personalstruktur in Bezug auf das Geschlecht der Mitarbeitenden. Dies führte dazu, dass dieser Zusammenhang nur 10 der 20 Unternehmen untersucht werden konnten). Um trotz stark schwankender Firmengrößen aussagekräftige Ergebnisse zu erhalten, wurden die Verhältnisse von Männern und Frauen in Prozent ausgedrückt (was zu der Bezifferung 0-100 an der y-Achse führt). Auf der x-Achse sind die Firmen sowie die Anzahl der bereits vor der Zusammenarbeit mit FIF implementierten Arbeitszeit – Maßnahmen abzulesen.

Das Diagramm ist auf folgende Weise interpretierbar:

– Es zeigt sich, dass in dem Unternehmen mit nur 2 Arbeitszeit- und Ort-Maßnahmen auch die Frauen in der Personalstruktur stark unterrepräsentiert sind
– Dennoch sind die Unternehmen mit den meisten Maßnahmen nicht auch die Unternehmen mit den meisten Frauen. Bei Firma 3 ist das Verhältnis in etwa 60:40, bei Firma 6 70:30, bei Firma 9 80:20 und bei Firma 10 60:40

(Dies sind jeweils gerundete Werte). Das Unternehmen mit den meisten Frauen (Firma 5) bietet 5 Maßnahmen für flexible Arbeitszeitmodelle.

Das alleinige Vorhandensein von Arbeitszeit- und Ort-Maßnahmen hilft also noch nicht dabei, Frauen in einem stärkeren Maß in das Unternehmen zu holen bzw. an das Unternehmen zu binden. Die Maßnahmen sind eventuell nicht ausreichend kommuniziert (sowohl nach außen als auch nach innen) oder institutionalisiert.

Korrelation zwischen Maßnahmen zur Gleichstellung und der Relation Frauen/Männer

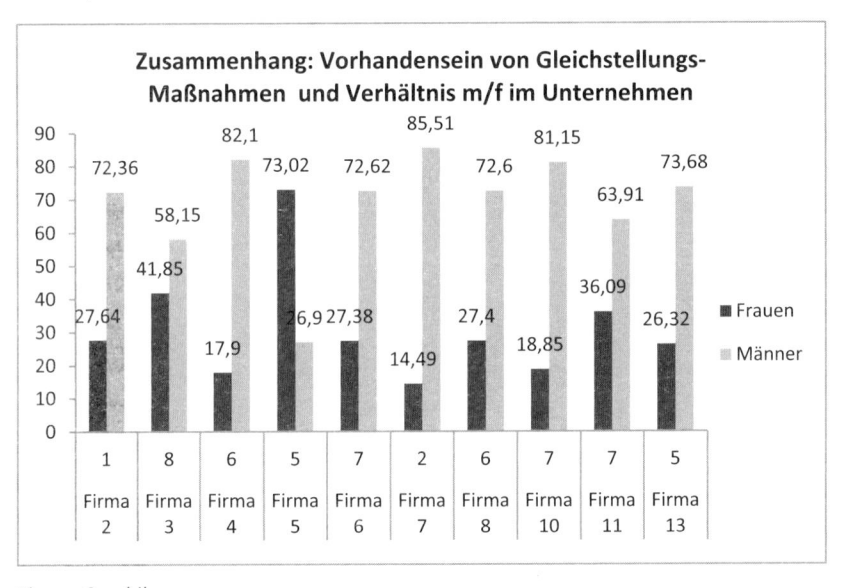

Zusammenhang: Vorhandensein von Gleichstellungs-Maßnahmen und Verhältnis m/f im Unternehmen

	1 Firma 2	8 Firma 3	6 Firma 4	5 Firma 5	7 Firma 6	2 Firma 7	6 Firma 8	7 Firma 10	7 Firma 11	5 Firma 13
Frauen	27,64	41,85	17,9	26,9	27,38	14,49	27,4	18,85	36,09	26,32
Männer	72,36	58,15	82,1	73,02	72,62	85,51	72,6	81,15	63,91	73,68

Eigene Graphik

Es zeigt sich, dass das Vorhandensein von vielen Arbeitszeit-und Ort-Maßnahmen nicht zwangsläufig dazu führt, dass ausnehmend viele Frauen in der Personalstruktur der Betriebe vertreten sind.

4.2.4 Zusammenfassende Interpretation der Ergebnisse der Online-Fragebogenerhebung

Die Indikatoren 13, 14, 15 und 16 konnten hier untersucht werden mit folgenden Ergebnissen:

- Maßnahmen zur Förderung der Karrieren von Frauen und Migrantinnen wurden im Online-Fragebogen vor Projektbeginn von den Unternehmen weder genannt noch Anstrengungen in dieser Richtung aufgewiesen.
- Es war kaum ein Wissen zur Thematik oder den Begriffen von Gender und Diversity in den Unternehmen vorhanden
- Es wurden viele Arbeitszeit- und -Ortmodelle durchgeführt. Hier war zwar in unterschiedlichen Graden Flexibilität vorhanden, die Möglichkeit für Teilzeit- und Home-Arbeitsplätze bestand in allen Firmen, jedoch bislang nicht in den Führungspositionen. Es wurden jedoch kaum Gender- und Diversity-Maßnahmen zur Familienfreundlichkeit oder Vereinbarkeit sowie zur Förderung von Frauen und Migrantinnen durchgeführt.
- Es zeigte sich vor Projektbeginn eine Dominanz von patriarchalen Macht-Dispositiven: Zum Beispiel waren die Homepages und Dokumente in Bezug auf Bildlichkeit und Texte so gestaltet, dass Frauen in Situationen von Unterordnung unter beruflich dominante Männer gezeigt wurden, Frauen etwa am Schreibtisch sitzend und Männer dominant in führender Position hinter ihnen stehend und Anweisungen gebend.

4.3 Dokumentenanalyse

Die digitalen öffentlichen sowie die internen Dokumente der Unternehmen verdeutlichten den Kontext der Unternehmenskultur und die impliziten Handlungen und Einstellungen zu Gender und Diversity im Unternehmen vor Projektbeginn. Durch die Dokumentenanalyse wurden die Rekonstruktion des Kontextes und eine reflektierende Interpretation möglich (Gläser/Laudel 2010).

In einem ersten Schritt wurden verschiedene unternehmensinterne und -externe Schriftstücke, wie beispielsweise Richtlinien für Stellenausschreibungen oder Leitfäden der Mitarbeiter_innen-Beurteilung sowie der Internetauftritt der Unternehmen einer wissenschaftlichen Untersuchung im Hinblick auf gender- und diversityrelevante Kriterien unterzogen, um den gleichstellungspolitischen Status quo ante der Unternehmen zu erschließen und diesen in einem nächsten Schritt bei Bedarf gegebenenfalls durch weitere Maßnahmen zu optimieren. Mittels einer solchen Dokumentenanalyse konnten retrospektiv gender- und diversityrelevante Informationen und Erkenntnisse über jedes einzelne Unternehmen bis zum Zeitpunkt des Projektbeginns erfasst werden, die im Projekt als erste Datenbasis für weitere Erhebungen dienten. Die Dokumentenanalyse erhob ein Bild des Status quo ante zur Erhebungsebene 3, der Unternehmensstruktur oder -Kultur. Die Dokumente sind Artefakte, also fixierte Äußerungen der Unternehmenskultur. Sie enthalten manifeste und latente Informationen zur Unternehmenskultur, die wiederum auf einen Sinnzusammenhang der Unternehmenskultur Rückschlüsse erlaubten.

4.3.1 Datenmaterial

Zur Vorbereitung der Dokumentenanalyse wurden die Unternehmen schriftlich gebeten, alle vorhandenen schriftlichen Dokumente zur Verfügung zu stellen. Von den 20 KMU stellten jedoch lediglich neun Unternehmen ihre Dokumente für eine Analyse bereit. Die Unterlagen der restlichen Unternehmen wurden aus Internet-Quellen von den Wissenschaftler_innen des Projekts eigenständig erhoben und gesondert ausgewertet. Das so gesammelte Materialkorpus reicht von unternehmensinternen Vorgaben zur Stellenausschreibung bis hin zu schriftlich fixierten Kriterien der Mitarbeiter_innen-Beurteilung und gibt ein umfassendes Bild des Status quo ante wieder:

Darüber hinaus verfügten alle 20 KMU über eine Internetpräsenz, die nach dem gleichen Kategorienschema wie die Schriftstücke untersucht wurde. Obwohl Websites bzw. Webdokumente ebenso Gegenstand einer Dokumentenanalyse sein können wie Urkunden oder Aktennotizen (vgl. Gnambs/Batinic 2007: 355f), wurden diese dennoch getrennt erfasst, da nur neun der Unternehmen ihre Schriftstücke für eine Analyse zur Verfügung stellten, während von allen 20 Unternehmen die Internet-Auftritte zugänglich waren.

Die Indikatoren 13, 14, 15, 17 und 18 wurden hiermit zur Überprüfung der Wirksamkeit der Intervention und zum Vergleich des Status quo ante mit dem Status quo post nach Projektende herangezogen.

4.3.2 Auswertungsstrategie: Qualitative Inhaltsanalyse des Datenmaterials

Die Dokumentenanalyse stellt eine nicht-reaktive Erhebungsmethode dar, das heißt es werden Schriftstücke, aber auch Tonbandaufzeichnungen, Filme oder Kunst- und Alltagsgegenstände, die für bestimmte Praxiszwecke im untersuchten Feld ohnehin bereits erstellt worden sind, untersucht und ausgewertet (vgl. Flick 2007: 330). Die Dokumentenanalyse hat gegenüber anderen Methoden den Vorteil, dass das Datenmaterial „nicht eigens hervorgebracht, erfragt, getestet werden muss. Die Daten unterliegen dadurch weniger den Fehlerquellen der Datenerhebung; nur bei der Auswahl der Dokumente, nicht aber bei der Erhebung spielt die Subjektivität des Forschers hinein" (Mayring 2002: 47). Ein weiterer Vorteil der Dokumentenanalyse ist, dass diese im Vergleich zu

Interviews oder Fragebogenerhebungen unabhängig von den Personen im Feld ist und deshalb „eine neue und ungefilterte Perspektive auf das Feld und die Prozesse darin" (Gläser/Laudel 2010; Flick 2007: 330) ermöglicht. Andererseits sind auch nicht-reaktive Daten von den Personen im Feld zu einem bestimmten Zweck erstellt worden und dürfen daher nicht als „eine einfache Abbildung von Fakten und der Realität" (Flick 2007: 324) betrachtet werden. Es drückt sich jedoch in ihnen die Kultur des Unternehmens im Status quo ante aus und deshalb stellt sie die Ausgangslage vor Projektbeginn auf der 3. Ebene der Unternehmensstruktur dar.

Die Auswertung der Unternehmensschriftstücke und der Internet-Auftritte im Rahmen von Future is Female erfolgte nach dem Verfahren der qualitativen Inhaltsanalyse. Im Vorfeld des Projekts waren der Kontext der Unternehmen innerhalb der bayerischen Wirtschaft und ihre internen Kommunikationsstrategien, Regeln und Handlungsrepertoires noch nicht geläufig, so dass eine Artefaktanalyse noch nicht erfolgen konnte. Insofern wurde auf die Inhaltsanalyse zurückgegriffen, um aus dem Material eine erste datengestützte Information über die öffentlichen Internetauftritte, die Regularien, Leitbilder und Leitfäden zu gewinnen, Auf dieser Basis und gestützt auf das Material der Fragebögen konnte dann die Intervention mit der Gender- und Diversity-Strategie geplant und eine Wirksamkeitsanalyse durchgeführt werden.

Die Dokumentenanalyse im Rahmen von Future is Female zielte weniger darauf ab, die Sinnstrukturen einzelner Personen, die an der Gestaltung dieser Schriftstücke beteiligt waren, zu rekonstruieren, sondern vielmehr darauf zu erfassen, in welcher Form und in welchem Ausmaß sich gender- und diversityorientierte Inhalte oder Themen in den Unternehmensdokumenten manifestieren. Von diesen Untersuchungsergebnissen kann abgeleitet werden, inwieweit Gender- und Diversity-Management bereits vor dem Projekt in den unternehmensinternen Grundannahmen, Normen, Werten, Haltungen, Einstellungen, Rituale und Umgangsformen – sprich der Unternehmenskultur – verankert war.

Die internen und externen Dokumente aller am Projekt Future is Female beteiligten KMU wurden mit der Analysetechnik der inhaltlichen bzw. skalierenden Strukturierung ausgewertet, ob und in welchem Ausmaß eine Auseinandersetzung mit gender- und diversityrelevanten Themen bereits im Vorfeld in den Unternehmen erfolgte. Die Auswertung untersucht die Fragestellung, inwieweit in den 20 Unternehmen bereits vor Projektbeginn Zielsetzungen sowie Maßnahmen und Programme hinsichtlich Gender und Diversity stattfinden. Hierbei wird nach dem von Mayring entwickelten Ablaufmodell der inhaltlichen bzw. skalierenden Strukturierung vorgegangen (vgl. Mayring 2010: 92ff.; Gläser/Laudel 2010; vgl. auch Struthmann 2013: 201ff).

Folgende Fragen wurden an die Texte angelegt:

1. Wird auf personale Vielfalt im Sinne des Gender und Diversity als wertvolle Unternehmensressource verwiesen?

In dieser Kategorie wird das Materialkorpus dahingehend untersucht, ob sich die 20 KMU mit dem Thema personelle Vielfalt hinsichtlich Alter, Behinderung, Ethnizität, Rasse, Religion, Weltanschauung, Familienstand und sexueller Orientierung auseinandersetzen und ob sie die positiven Poteztiale dieser Vielfalt erkennen und wertschätzen (vgl. Krislin/Köppel 2008, Köppel/Yan/Lüdicke 2007: 4).

2. Wird die Chancen(un)gleichheit der Geschlechter auf dem Arbeitsmarkt zum Ausdruck gebracht?

Innerhalb dieser Oberkategorie wird untersucht, ob sich die KMU dieser Ungleichheit bewusst sind und diese in ihren Dokumenten und ihrem Internet-Auftritten thematisieren.

3. Wird das Thema Vereinbarkeit von Beruf und Familie berücksichtigt?

Innerhalb dieser Kategorie werden die Dokumente der neun Unternehmen sowie die Web-Auftritte sämtlicher am Projekt beteiligter KMU dahingehend untersucht, ob und inwieweit die Unternehmen ihren Mitarbeiter_innen entgegenkommen, um ihnen die Vereinbarkeit von Familie und Beruf zu erleichtern.

4. Wird auf Maßnahmen zur betrieblichen Frauenförderung hingewiesen?

Innerhalb dieser Kategorie werden die unternehmensinternen und -externen Dokumente sowie die Internet-Auftritte nach Verweisen auf Frauenförderungsmaßnahmen untersucht.

5. Sind die Dokumente und der Web-Auftritt gendersensibel bzw. geschlechtergerecht formuliert?

Die zur Verfügung stehenden Dokumente der Unternehmen werden systematisch daraufhin untersucht, ob das generische Maskulinum verwendet wird – d. h. ob Frauen „mitgemeint" werden und somit unerwähnt bzw. unsichtbar bleiben – oder ob Frauen in den Texten durch die Verwendung der weiblichen Form sprachlich sichtbar gemacht werden.

6. Sind in den verwendeten Bildern und Fotos generell beide Geschlechter und in ausgewogener Weise, d. h. gleichwertig, positioniert und abgebildet?

Das Datenmaterial wird in dieser Kategorie dahingehend bewertet, ob grundsätzlich beide Geschlechter und in ausgewogener Weise, d. h. von der Statusposition her gleichwertig positioniert und abgebildet sind. Darüber hinaus wird eingeschätzt, ob die verwendeten Graphiken und Fotos Geschlechterstereotype und Rollenklischees aufbrechen oder reproduzieren.

4.3.3 Auswertung der Ergebnisse

Insgesamt ergibt eine Inhaltsanalyse der Dokumente der neun Unternehmen, die dem Projekt Future is Female ihre Schriftstücke zur Verfügung gestellt haben, sowie der 20 Internet-Auftritte der Unternehmen, dass diese sich vor dem Projekt Future is Female nur sehr wenig mit der Thematik von Gleichstellung und Geschlechtergerechtigkeit auseinandergesetzt haben:

1. Wird auf personale Vielfalt im Sinne des Gender und Diversity als wertvolle Unternehmensressource verwiesen?

Eine rein nach quantitativen Aspekten vollzogene Inhaltsanalyse des Datenmaterials ergibt zunächst, dass die Schlüsselwörter dieser Kategorie in den vorliegenden Dokumenten am häufigsten erfasst werden. Dennoch kann hieraus nicht geschlossen werden, dass sich die Unternehmen dezidiert mit den positiven Potenzialen personeller Vielfalt auseinandergesetzt haben. So werden die Unterkategorien – wie zum Beispiel *Alter, Behinderung* oder *Ethnizität* immer mehr oder weniger explizit in Verbindung mit dem Allgemeinen Gleichbehandlungsgesetz (AGG), das am 18. August 2006 in Kraft trat, genannt (Merx/Vassilopoulou 2007: 14; vgl. Raasch/Rastetter 2009: 12f).

Zwar führen ausnahmslos alle neun KMU – allerdings mit unterschiedlicher Häufigkeit – viele der Schlüsselwörter dieser Kategorie in ihren Dokumenten auf; jedoch in fast allen Fällen mehr oder weniger explizit in Verbindung mit der Thematik des Diskriminierungsverbots durch das AGG.

Auf den Unternehmens-Websites werden Unterkategorien zur personellen Vielfalt als Unternehmensressource kaum erfasst. In keinem der Internet-Auftritte werden alle oder auch nur einige der Subkategorien aufgeführt, vielmehr enthalten nur vier der 20 Unternehmens-Websites überhaupt einen bzw. zwei Textstellen, die dieser Kategorie entsprechen. So bietet beispielsweise ein Unternehmen für seine Mitarbeiter_innen das Seminar ‚Interkulturelles Training' an, wie dem Internet-Auftritt zu entnehmen ist. Dieses Weiterbildungsangebot lässt sich der Subkategorie *Interkulturelle Kompetenz* zuordnen. Es lassen sich also bei lediglich vier der KMU Verweise bzw. Textpassagen zu Subkategorien wie *ethnische Herkunft, Migration* oder *Integration* finden.

2. Wird die Chancen(un)gleichheit der Geschlechter auf dem Arbeitsmarkt zum Ausdruck gebracht?

Die Schlüsselwörter *Wertschätzung, Chancengleichheit, Gleichstellung, Gleichberechtigung* und *Gerechtigkeit* sowie *Benachteiligung* und *Diskriminierung* werden in den unternehmensexternen und -internen Schriftstücken sehr häufig genannt. Analog zur zweiten Analyse-Kategorie hinsichtlich *personeller Vielfalt als eine Unternehmensressource* gilt jedoch auch für diese Fragestellung, dass sich anhand der erfassten Häufigkeiten noch keine Rückschlüsse ziehen lassen, inwieweit die Unternehmen den Aspekt der Chancengleichheit tatsächlich berücksichtigen. Es zeigt sich vielmehr, dass auch diese Schlüsselwörter – mit wenigen Ausnahmen – ausschließlich in direkter oder indirekter Verbindung zu dem AGG aufgeführt werden. Die Unternehmen kommen also vor allem ihrer Informationspflicht über das neue Gesetz nach.

Lediglich drei der neun Unternehmen führen Begriffe wie *Chancengleichheit* bzw. *Fairness, Loyalität* sowie *leistungsgerechte Vergütung* auch in Dokumenten bezüglich des Unternehmensleitbilds bzw. in einem Handbuch für Führungskräfte und Mitarbeiter_innen auf. Eine Ausnahme stellt dabei die Unterkategorie *Wertschätzung* dar, die bei mehr als der Hälfte der Unternehmen in verschiedenen Dokumenten, die nicht mit dem AGG in Verbindung stehen – wie beispielsweise in Leitfäden zu Mitarbeiter_innen-Gesprächen oder in einer ‚Begrüßungsbroschüre' – angesprochen wird.

Auf den Websites der KMU wird die geschlechterspezifische (Un-)Gleichheit auf dem Arbeitsmarkt wenig thematisiert. So finden sich beispielsweise einige Verweise auf die Teilnahme bestimmter Unternehmen am Girl's Day, einem bundesweiten Aktionstag, der Schülerinnen motivieren soll, Berufe aus dem Bereich Mathematik, Informatik, Naturwissenschaft und Technik zu ergreifen.

3. Wird das Thema Vereinbarkeit von Beruf und Familie berücksichtigt?

Zwei Drittel der Unternehmen, die ihre internen und externen Dokumenten für eine Analyse zur Verfügung stellen, führen in unterschiedlich starkem Ausmaß in ihren Textdokumenten die verschiedenen Unterkategorien zu dem Aspekt der Vereinbarkeit von Beruf und Familie auf. Zwar werden diese Schlüsselwörter insgesamt weniger häufig genannt als die Schlüsselbegriffe der Kategorie 2 *Wird auf personale Vielfalt als wertvolle Unternehmensressource verwiesen?* und der Kategorie 3 *Wird die Chancen(un)gleichheit der Geschlechter thematisiert?* Dabei fallen zwei Unternehmen positiv auf: So bietet ein Unternehmen ihren Mitarbeiter_innen eine Vermittlung von Betreuungspersonal in Notfällen und in den Sommerferien, einen monatlichen Kinderbetreuungszuschuss sowie ein Projekt zum beruflichen Wiedereinstieg nach der der Erziehungszeit an. Ein weiteres Unternehmen gewann im Jahr 2006 den „Bayerischen Frauenförderpreis" für die flexible und individuelle Unterstützung seiner Beschäftigten hinsichtlich der Vereinbarkeit von Familie und Beruf.

Auch die Inhaltsanalyse der Unternehmenswebsites zeigt, dass die Kategorie *Vereinbarkeit von Familie und Beruf* das Thema darstellt, mit dem sich die Unternehmen bislang am intensivsten auseinandergesetzt haben. Bei sieben der 20 untersuchten Internet-Auftritte werden – im unterschiedlichen starken Ausmaß – die entsprechenden Subkategorien erfasst. Die Mehrheit der sieben Unternehmen erwähnen Schlüsselwörter wie *flexible Arbeitszeiten, Vollzeit/Teilzeit'* oder *Familienfreundlichkeit* jedoch eher am Rande, während hingegen ein weiteres Unternehmen dem Thema einen einseitigen Text widmet, in dem eine Mitarbeiterin vorgestellt wird, die über ihre positiven Erfahrungen hinsichtlich der Vereinbarkeit ihrer Mutterschaft bei gleichzeitiger Beschäftigung in dem Unternehmen berichtet. Besonders hebt sich ein Unternehmen hervor, das dem Thema *Familie* eine eigene Seite widmet, auf der verschiedene Maßnahmen und Unterstützungsangebote des Unternehmens vorgestellt werden. Darüber hinaus ist das Unternehmen Mitglied in einem lokalen Netzwerk, welches sich für mehr Familienfreundlichkeit in der Gesellschaft einsetzt.

4. Wird auf Maßnahmen zur betrieblichen Frauenförderung hingewiesen?

Die Dokumentenanalyse zeigt, dass die KMU zwar durchaus Wert auf die Förderung und Weiterbildung ihrer Beschäftigten legen, allerdings führt keines der Unternehmen spezifische Maßnahmen zur Förderung weiblicher Mitarbeiterinnen auf. Aufgrund dieser Defizite melden die Unternehmen in den Kick-off-Workshops auch Bedarfe an insgesamt 34 gleichstellungspolitischen Weiterbildungs-Maßnahmen für ausschließlich weibliche Mitarbeiterinnen an, sowie an Frauenförderprogrammen und zahlreichen Strukturentwicklungsmaßnahmen, die neue Positionen und Laufbahnen – im Spezifischen auch für Frauen – etablieren sollen.

Auch bei der Analyse der Internetpräsenz der 20 KMU werden keine Schlüsselkategorien erfasst, die darauf hindeuten, dass bisher betriebliche Maßnahmen zur Förderung und Flankierung der Karrieren von weiblichen Beschäftigten durchgeführt wurden. So führt beispielsweise ein Unternehmen auf seiner Website eine Mitteilung über den hohen Frauenanteil des Unternehmens und die zahlreichen Weiterbildungsangebote für alle Mitarbeiter_innen auf, Informationen über Fördermaßnahmen speziell für weibliche Beschäftigte sind dort jedoch nicht enthalten.

5. Sind die Dokumente und der Web-Auftritt gendersensibel bzw. geschlechtergerecht formuliert?

Die Analyse des Datenkorpus ergibt, dass in der Mehrheit aller unternehmensinternen und -externen Dokumente weibliche und männliche Personen nicht gleichwertig und differenziert angesprochen werden. In etwa der Hälfte der ausgewerteten Dokumente wird ausschließlich auf männliche Personenbeschreibungen – wie beispielsweise Mitarbeiter, Ansprechpartner oder Kunden – zurückgegriffen. Die andere Hälfte der Dokumente verwendet zwar in der Anrede oder in einzelnen Textabschnitten die geschlechtersensible Doppelnennung (z. B. „Liebe Mitarbeiterinnen, liebe Mitarbeiter"), um dann im weiteren Fließtext jedoch wieder auf das generische Maskulinum (z. B. Kunden, Abteilungsleiter oder Mentor) zurückzugreifen. Nur in einer sehr geringen Anzahl von Dokumenten – meist Stellenanzeigen – werden Frauen sprachlich erwähnt und somit sichtbar gemacht. Darüber hinaus fällt im Rahmen dieser Analysekategorie auf, dass eins der Unternehmen in seinem Unternehmensleitbild ein Zitat anführt, dass sich explizit nur an Männer als Beschäftigte richtet, während ein weiteres KMU in einer Broschüre, das Unternehmen vorstellt, explizit männliche Mitarbeiter als Norm setzt.

Auch die Internetauftritte verwenden fast ausnahmslos die Sprache des generischen Maskulinums. Die einzigen Ausnahmen stellen die Rubriken ‚Stellenangebote', ‚Ausbildung' und ‚Karriere' da. Dabei ist jedoch anzumerken, dass bei den Stellenausschreibungen ein geschlechtergerechter Sprachgebrauch durch das AGG gesetzlich geregelt ist.

6. Sind in den verwendeten Bildern und Fotos generell beide Geschlechter und in ausgewogener Weise, d. h. gleichwertig statusbezogen positioniert, abgebildet?

Eine Analyse der in den Dokumenten verwendeten Bilder zeigt, dass die Unternehmen sich bemühen, Frauen in ihren Abbildungen sichtbar zu machen. Nichtsdestotrotz überwiegen in den Darstellungen noch immer Männer in leitenden Positionen und Frauen in abhängigen Positionen. Auch werden Männer häufiger beim Ausüben technischer oder handwerklicher Tätigkeiten gezeigt als Frauen, so dass die Fotografien letztlich doch Geschlechterstereotype transportieren. Vereinzelt lassen sich jedoch Bilder finden, die die Rollenklischees aufbrechen, indem beispielsweise Frauen in Führungspositionen gezeigt werden.

Ebenso werden auch auf den Websites tendenziell mehr Männer als Frauen dargestellt, wenngleich auch hier vereinzelt Unternehmen versuchen, Stereotype und Klischees aufzubrechen. In diesem Zusammenhang ist besonders auffallend, dass Unternehmen, die dem MINT- Bereich zugeordnet werden können, dieses Muster tendenziell stärker bedienen. Dagegen achten Unternehmen beispielsweise aus dem Logistik-, Verlags- oder Gesundheitswesen stärker auf eine geschlechtergerechte Darstellung in Fotos und Abbildungen.

4.3.4 Fazit

Insgesamt ergibt eine Inhaltsanalyse der Dokumente der neun Unternehmen, die dem Projekt Future is Female ihre Schriftstücke zur Verfügung gestellt haben, sowie der 20 Internet-Auftritte der Unternehmen, dass vor Projektbeginn nur wenig Reflexionen und Maßnahmen hinsichtlich Gender und Diversity repräsentiert werden.

Der Aspekt der *Vereinbarkeit von Familie und Beruf* stellt die Kategorie dar, mit der sich die Unternehmen am dezidiertesten auseinandersetzen. Bei etwa zwei Drittel der Unternehmen werden – im unterschiedlich starken Ausmaß – Subkategorien zu diesem Thema in den Schriftstücken und in den Internet-Auftritten erfasst. Die Mehrheit der Unternehmen führen Schlüsselwörter wie *flexible Arbeitszeiten, Vollzeit/Teilzeit* oder *Familienfreundlichkeit* zwar eher am Rande an, einige wenige Unternehmen widmen diesem gleichstellungspolitisch bedeutenden Aspekt jedoch eine ganze Seite ihres Internet-Auftritts. Dies zeigt, dass in den Unternehmen bislang vor allem Reflexionen, Bestrebungen und Maßnahmen zur Work-Life-Balance existieren.

Zwar werden einige der Unterkategorien bzw. Schlüsselbegriffe der Kategorie 2 *(Wird auf personelle Vielfalt als wertvolle Unternehmensressource verwiesen?)* häufig genannt, diese werden jedoch fast ausschließlich in Verbindung mit der Informationspflicht im Hinblick auf das AGG aufgeführt. Die häufigen Nennungen der Schlüsselwörter lassen sich über gesetzliche bzw. arbeitsrechtliche Vorgaben erklären und weniger über eine Unternehmenskultur, die sich aktiv für Gleichstellung und Gender- und Diversity-Gerechtigkeit einsetzt.

Schlüsselwörter wie *Wertschätzung, Chancengleichheit* oder *Fairness* werden in verschiedenen Dokumenten, die nicht mit dem AGG in Verbindung stehen, erfasst. Ob es sich dabei um Leerformeln handelt oder ob sich die Unternehmen dezidiert und aktiv mit der Thematik auseinandersetzen, kann mittels einer Dokumentenanalyse nicht überprüft werden. Da jedoch nicht auf weitere Maßnahmen oder Programme in diesem Zusammenhang verwiesen wird, bleibt anzunehmen, dass sich die Unternehmensleitungen bislang eher wenig damit beschäftigt hat oder Veränderungsprozesse in diese Richtung eingeleitet haben.

Ein wichtiges Indiz hierfür ist die verwendete Sprache, dass nämlich keins der Unternehmen konsequent gendersensibel formuliert. In etwa der Hälfte der Dokumente wird ausschließlich auf das generische Maskulinum zurückgegriffen und in der anderen Hälfte wird zwar in der Anrede oder in einzelnen Textabschnitten die geschlechtersensible Doppelnennung verwendet, allerdings wird dann im weiteren Fließtext auf männliche Personenbeschreibungen zurückgegriffen. Die Verwendung einer gendergerechten Sprache ist ein wirkungsmächtiger, aber relativ einfach umzusetzender Faktor, um einerseits gesellschaftliche Änderungsprozesse in Richtung gerechter Geschlechterverhältnisse voranzutreiben und um anderseits das Unternehmen gezielt für weibliche Fach- und Führungskräfte attraktiv zu machen.

Dies gilt ebenso für die Bilder in den Dokumenten und auf den Websites der Unternehmen, in denen überwiegend, insbesondere wenn es um Fotos von Personen beim Ausüben technischer oder handwerklicher Tätigkeiten geht, Männer in verantwortlicher Position oder Tätigkeit abgebildet sind. Auch die Verwendung von Bildern, die beide Geschlechter in ausgewogener Weise präsentieren und die mit Geschlechterstereotypen und Rollenklischees brechen, stellen ein simples, aber äußerst effektives Mittel dar, um zum einen die gesellschaftliche Gleichstellung von Männern und Frauen zu unterstützen und um anderseits gezielt weibliche Fach- und Führungskräfte anzusprechen.

Weiter wurden durch die Inhaltsanalysen der unternehmensinterne und -externen Dokumente sowie der Web-Auftritte keine Hinweise erfasst, dass es in den zwanzig Unternehmen bisher betriebliche Maßnahmen zur Frauenförderung – wie beispielsweise das Angebot karriereförderner Weiterbildungsseminare und -kurse für weibliche Mitarbeiterinnen – gab. Je nach Maßnahme kann auch die Implementierung von Angeboten der Frauenförderung eine relativ simple und damit kostengünstige Möglichkeit darstellen, sich vor potentiellen weiblichen Fach- und Führungskräften als Betrieb mit gleichstellungsorientierter Unternehmenskultur zu profilieren.

Im nächsten Kapitel werden Daten interpretiert, die im Zusammenhang mit den Workshops zum Start des Projekts in jedem Unternehmen durchgeführt wurden, den so genannten „Kick-off-Workshops" Wie oben dargestellt (Kap. 3), haben sie die dreifache Funktion, die Gnder-Daten-Analyse aus dem Online-Fragebogen zu dem jeweiligen Unternehmen den Unternehmensvertretern vorzustellen, um dann gemeinsam datengestützt die Ziele und Weiterbildungsbedarfe zur Strategie Gender und Diversity zu planen und zu dokumentieren. Sie sollen die Defizite beheben. Schließlich wird auch noch das Change Team gegründet. Die Daten werden im Folgenden ausgewertet, weil sie ebenfalls Teil der Erhebung des Status quo ante sind.

4.4 Erhebungen zur Organisationsstruktur und den Zielen der Unternehmen zu Gender und Diversity

Zu Projektbeginn wurden auch im Rahmen der Kick-off-Workshops (vgl. Kap. 3.) Erhebungen zur Unternehmensstruktur durchgeführt, um die Gender-Daten-Analyse aus den Online-Fragebogen zu ergänzen. Für jedes Unternehmen werden dabei die einzelnen Abteilungen mit ihren Verantwortlichkeiten und der Geschäftsleitung vor Ort in den Unternehmen anhand eines erläuterten Organigramms analysiert. Teilnehmer_innen der Kick-off-Workshops sind delegierte Unternehmensvertreter_innen derjenigen Abteilungen, die für den Transformationsprozess relevant sind und die alle Statusgruppen abbilden. Die Erhebung zur Unternehmensstruktur und die Daten aus der Gender-Daten-Analyse dienten im Projekt als Basis für die Analyse von Defiziten in Bezug auf Geschlechter- und ethnische Ungleichheit im Unternehmen bei den Positionen und der Ausstattung mit Ressourcen. Der Kick-off-Workshop markiert so zugleich den Start als auch die Methode der Arbeit im Projektverlauf: Evidenzbasierte Informationen bilden die Basis für die Weiterbildungsworkshops; die Ziele und Positionen der Unternehmensvertreter_innen wurden partizipativ mit einbezogen; evidenzbasierte Informationen zur Gender- und Diversity-Datenanalyse der einzelnen Unternehmen fundierten dann die Zieldefinition durch die Unternehmensvertreter_innen selbst.

Unter der Organisation eines Unternehmens versteht man in der Betriebswirtschaftslehre ein Instrument, dass das Unternehmen und die darin stattfindenden Arbeitsabläufe strukturiert und ordnet. Zweck der Organisation ist es, die vielfältigen Anstrengungen und Tätigkeiten aller Mitarbeiter_innen durch planvolles Gestalten der Abläufe und Strukturen möglichst zielgerichtet auf die Unternehmensziele abzustimmen (vgl. Mayrhofer et al. 2008: 70). Die Organisationsstruktur eines Unternehmens symbolisiert also das Gefüge und Zusammenwirken der verschiedenen Bereiche eines Unternehmens.

Dabei wird in der betriebswirtschaftlichen Organisationstheorie unter anderem zwischen zwei Gestaltungsbereichen der Organisationsstruktur unterschieden: der Ablauforganisation und der Aufbauorganisation (Schreyögg 2012). Die Ablauforganisation legt den Einsatz der Sachmittel, die zeitliche Reihenfolge bestimmter Tätigkeiten sowie die Orte und die Art und Weise – also wann und wie die einzelnen Tätigkeiten verrichtet werden – fest. Auch Regelungen über die Weitergabe von Informationen über die einzelnen Abteilungen hinweg sowie über Zuständigkeiten und Entscheidungsbefugnisse gehören zur Ablauforganisation (vgl. Conrad 2009: 31). Die Aufbauorganisation bezeichnet hingegen die hierarchische Struktur verschiedener organisatorischer Unternehmenseinheiten, ihr Zusammenwirken und ihre Beziehungen zueinander. Hier wird das Stellen- und Kompetenzgefüge eines Unternehmens festgelegt, indem Aufgaben und Teilaufgaben sowie die entsprechenden Kompetenzen und Verantwortlichkeiten einzelnen Stellen – als kleinste organisatorische Einheiten – sowie einzelnen Unternehmensbereichen zugeordnet werden (vgl. Mayrhofer et al. 2010: 18). Die Aufbauorganisation regelt also einerseits die Aufgaben- und Arbeitsspezialisierung (Aufgabenstruktur) und anderseits die Struktur der Weisungsbefugnis (hierarchische Struktur). In der Regel stellt die Aufbauorganisation auch die Grundlage für die Kommunikationsstruktur im Unternehmen dar (vgl. Macharzina/Wolf 2008: 480).

Die Aufgaben- und Arbeitsaufteilung erfolgt im Wesentlichen nach zwei Prinzipien: Zum einen eine Spezialisierung von organisatorischen Aufgaben nach Funktionen, wie zum Beispiel Einkauf, Entwicklung, Produktion, Vertrieb und zum anderen nach Objekten (auch Sparten oder Divisionen genannt) wie Erzeugnis- und Kundengruppen oder Regionen und Gebiete (Olfert 2009: 147ff.). Je nachdem wie die Aufgaben- und Arbeitsspezialisierung unterschiedlicher Organisationseinheiten voneinander abgegrenzt und zu einander in Beziehung gesetzt werden, unterscheidet man zwischen der funktionalen, der objektorientierten und der Matrix-Organisation (vgl. Conrad 2009: 29ff). Hinsichtlich des Weisungssystems – also der hierarchischen Struktur oder Leitungsstruktur – unterscheidet man im Wesentlichen folgende Modelle: Einliniensysteme, Mehrliniensysteme, Stab-Liniensysteme, Matrix-Strukturen und Netzwerkorganisationen (Reber 2010: 138).

Die Aufbauorganisation eines Unternehmens wird typischerweise in einem Organigramm dargestellt, welches durch unterschiedliche quantitative und qualitative Methoden der empirischen Sozialforschung – wie zum Beispiel standardisierte Fragebögen oder Teilnehmende Beobachtung – erhoben werden kann (vgl. Mayrhofer et al. 2010: 199–263).

Die Aufbauorganisation der 20 am Projekt Future is Female teilnehmenden Unternehmen wird in dem Kick-off-Workshop über die Selbstbeschreibung der Change Team-Mitglieder erfasst. Das heißt das Organigramm bzw. die Aufbauorganisation des jeweiligen Unternehmens wird von den Workshop-Teilnehmer_innen mittels Moderationskarten auf einer Metaplantafel visuell dargestellt. Das folgende Organigramm dient als Beispiel für eine funktionale Organisation.

```
                    Geschäftsführung 1
                            |
                           EDV
                            |
                         1 ext. MA
```

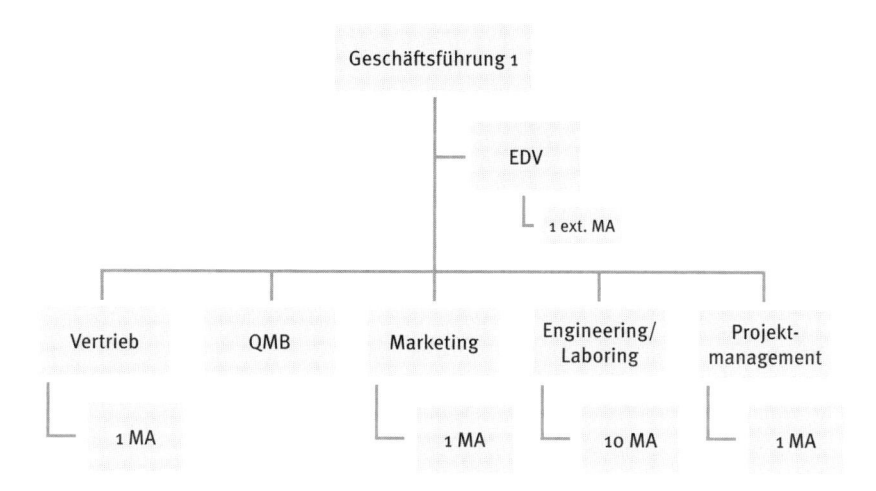

```
   Vertrieb    QMB    Marketing    Engineering/    Projekt-
                                   Laboring        management
     1 MA              1 MA          10 MA           1 MA
```

Wir gehen von Grundmodellen traditioneller Organisationsstrukturen in Unternehmen (Andler 2010; Olfert 2009; Behr/Tyll 2003; Schmalen 2001) aus, um die Unternehmensstruktur zuordnen zu können:

- Entrepreneurship
- Die funktionale Organisationsstruktur
- Die divisionale Organisationsstruktur
- Die Matrixorganisation

Die Klassifizierung der 20 KMU anhand der in den Kick-off-Workshops generierten Organisationsstrukturen nach den prototypischen Aufbauorganisationen ergibt folgende Zuordnung:

- 1 Unternehmen ist organisiert in Form des Entrepreneurship rund um die Geschäftsführung
- Bei 1 Unternehmen sind zwar alle Bereiche ebenfalls sehr eng an die Geschäftsleitung gebunden, jedoch sind diese trotzdem in verschiedene Divisionen untergliedert
- Bei 12 Unternehmen ist die Organisationsstruktur klassisch funktional um verschiedene Funktions- und Verantwortungsbereiche herum gewachsen
- Eine Mischform besteht bei einem KMU mit funktional-divisionaler Organisationsstruktur
- 1 Unternehmen ist als Holding organisiert, allerdings weist der für das Projekt Future is Female relevante Unternehmensbereich eine funktionale Aufbauorganisation auf
- 4 Unternehmen sind divisional organisiert.

4.4.1 Erhebung der Unternehmensziele im Rahmen des Projekts

Unmittelbar zu Projektbeginn wurde vor Ort im jeweiligen Unternehmen als erste offizielle Sitzung ein Kick-off-Workshop mit dem jeweiligen Change Team veranstaltet (vgl. Kap. 3). Die Teammitglieder trafen gemeinsam „grundlegende strukturelle, inhaltliche und planerische Entscheidungen – unter Beachtung vorgegebener Rahmenbedingungen" (Schiersmann/Thiel 2009: 93). Ziel des vom GZA in den Unternehmen veranstalteten Kick-off-Workshops war es, die Change Team-Mitglieder einschließlich der Unternehmensleitung bereits zu Projektbeginn partizipativ und aktiv an der Gestaltung und Planung der gleichstellungspolitischen Interventionen in ihren Unternehmen zu beteiligen, indem sie selbst die Ziele festsetzten. Dieses Vorgehen entspricht der Theorie des Transformativen Organisationalen Lernens und auch der lernenden Organisation, die davon ausgehen, dass eine möglichst weitreichende Partizipation der Organisationsmitglieder eine wesentliche Voraussetzung für die erfolgreiche Transformation der Struktur und Kultur einer Organisation ist (Macha 2013: 51f).

Die Change Teams wurden zunächst vom GZA dazu angeleitet, die Aufbauorganisation ihres für den gender- und diversityorientierten Veränderungsprozess relevanten Unternehmensbereichs aufgrund des Organigramms des Unternehmens in einem Schaubild darzustellen. Anschließend identifizierten die Workshop-Teilnehmer_innen die spezifischen Defizite hinsichtlich eines gleichstellungspolitischen organisationalen Veränderungsprozesses in den einzelnen Organisationseinheiten und legten entsprechende Veränderungsziele selbst fest. Die so von den Change Team-Mitgliedern formulierten Ziele stellten die zentrale Grundlage für die weitere konkrete Planung einzelner Weiterbildungs-Maßnahmen dar.

In den 20 Kick-off-Workshops wurden folgende Ziele und Weiterbildungsbedarfe durch die Unternehmensvertreter_innen entwickelt, die während der Projektlaufzeit von Future is Female durch Weiterbildungs-Workshops zum Gender- und Diversity-Management unterstützt und umgesetzt wurden. Sie sind entsprechend dem theoretischen Ansatz unterteilt in Weiterbildungs-Themen für die individuelle Information und den Einstellungswandel bei den Führungskräften, die interaktionale Ebene des Handelns und die strukturell-organisationale Ebene des Unternehmens.

Unternehmensziele:

– Kompetenzdiagnostik, Potenzialanalysen und -entwicklung von Frauen und Aufstiegskandidatinnen, gezielte Personalentwicklung von Frauen für

Führungspositionen: z. B. durch „Erfolgs-Teams" oder „High Potenzial Teams"
- Gender- und diversitygerechte Gesprächsführung, Kommunikation und Interaktion mit Mitarbeiter_innen
- Konfliktmanagement und -Lösungsstrategien für Teams
- Teambildung und Teamführung unter Gender- und Diversity-Aspekten
- Lebensphasenorientiertes Zeit- und Selbstmanagement
- Diversitygerechte Führung & Kommunikation, emotionale Aspekte von Führung
- Gender- und diversityorientiertes Recruiting
- Gendern der internen und externen Kommunikation: z. B. Stellenanzeigen, Gesprächsbeurteilungs- und Führungsleitfäden, Unternehmensleitbilder
- Corporate Identity, Öffentlichkeitsarbeit und Marketing nach den gleichstellungsgerechten Prinzipien
- Flexible Arbeitszeit- und -Ortmodelle
- Vereinbarkeitsmaßnahmen: z. B. Programme zur Kinderbetreuung, Befragungen zum Betreuungsbedarf, Kontakthalte und Wiedereinstiegsprogramme für Eltern, Ein- und Austrittsprogramme
- Gesundheitsmanagement.

4.4.2 Die Planung der Weiterbildung hinsichtlich der unternehmerischen Ziele

Die Ziele zur Strategie Gender und Diversity, die die Unternehmen selbst aufgrund ihrer Defizite aufgestellt haben, wurden zunächst für jedes Unternehmen dokumentiert, um die Effektivität der Zielerreichung messen zu können. Die Dokumentation der partizipativ gewonnenen unternehmerischen Ziele wurde in einer für das Projekt neu entwickelten wissenschaftlichen Evaluationsmethode geleistet, den graphisch aufbereiteten so genannten „Ziel- und Prozessrastern". Sie gestatteten eine systematische Auswertung der Ziele aller Einzelunternehmen und den Vergleich aller Unternehmen. Im Projektverlauf konnte so die Zielerreichung kontrolliert werden.

Die meisten der insgesamt 73 einzelnen Ziele der Unternehmen betrafen die Verbesserung der unternehmerischen Gender- und Diversity-Strategie. Sie bezogen sich auf den Einstellungswandel bezüglich der Gleichstellung der Geschlechter bzw. der Wertschätzung von Vielfalt. Aus den Zielen wurden entsprechende fachspezifische Inhalte für Weiterbildungs-Workshops entwickelt, um die Unternehmen inhaltlich bei der Erreichung der Ziele durch wissenschaftliches Wissen und erweiterte Handlungsoptionen zu unterstützen. Auch spezifische Fördermaßnahmen zur Flankierung der Berufs- und Karrierewege für weibliche Mitarbeiter_innen wurden geplant und durchgeführt.

Bei der Auswertung der Unternehmens-Ziele und den inhaltlichen Weiterbildungs-Workshops ist zu unterscheiden zwischen „Workshops zu Inhalten der Gleichstellung und Vielfalt" und „strukturellen Programmen des Gender und Diversity". Workshops zu Inhalten der Gleichstellung richteten sich an konkrete Teilnehmer_innen-Zielgruppen und zielten die Veränderung ihrer Einstellungen und Handlungen in Bezug auf Gender- und Diversity-Orientierung und -Sensibilisierung ab. Strukturelle Programme der Gleichstellung hingegen zogen die Einführung konkreter Maßnahmen im Unternehmen nach sich, wie zum Beispiel Kontakthalte- und Wiedereinstiegsprogramme für Eltern in der Elternzeit. Sie übten direkte Wirkungen auf die Veränderungen der Unternehmenskultur aus in Richtung der normativen Ziele des Gender und Diversity und veränderten nachhaltig den Unternehmensalltag. Sie waren zwar nur von indirektem Einfluss auf Personen, aber Programme der Gleichstellung und Vielfalt veränderten die Organisationen strukturell, durch Prozesse der Organisationsentwicklung.

Im Einzelnen wurden die Ziele der Unternehmen durch folgende Weiterbildungs-Workshops aufgegriffen und inhaltlich bei der Umsetzung durch Wissen unterstützt:

- Gender- und Diversity-Management wurde auf der individuellen Ebene der Teilnehmer_innen als gezielte Aufstiegsförderung von Frauen wirksam
- Beim Projekt wurden auch männliche Belegschaftsmitglieder dabei unterstützt, ‚positive' Männerbilder zur Überwindung hegemonial-männlicher Leistungs- und Karrieremuster auszubilden
- Die aktive gleichstellungsorientierte Gestaltung sowohl männlicher als auch weiblicher Lebens-, Berufs- und Karriereentwürfe wurde angestrebt
- 63 Ziele führten zu gender- und diversityorientierten Weiterbildungen für Führungskräfte und zur Etablierung und Optimierung des strategischen Personalmanagements.

5. Ergebnisse zur Wirksamkeit der Intervention mit der Gender- und Diversity-Strategie

In der zweiten Phase der Evaluation wurden die Wirksamkeit und die Effekte der Intervention mit Weiterbildung zur Gender- und Diversity-Strategie in den Unternehmen untersucht.

Es wurden zur Überprüfung der Wirksamkeit der Weiterbildung mit Gender- und Diversity-Inhalten unterschiedliche Evaluationsinstrumente eingesetzt, nämlich quantitative Feedbackfragebögen, die zu je zwei Zeitpunkten auf den vier Levels der Wirksamkeit von Kirkpatrick (s. o.) die Akzeptanz der Weiterbildungs-Workshops bei den Teilnehmenden, die Lernfortschritte und den Transfer in den Berufsalltag sowie auch die Anwendbarkeit und das Commitments der Vorgesetzten erhoben. Die Weiterbildungs-Workshops bildeten das Kernelement der Intervention. Sie unterstützten die Zielerreichung in den Unternehmen, indem sie inhaltliches Wissen zu den in den Zielen angestrebten Themen vermittelten und durch die sechs Schritte des didaktischen Modells, das in den Workshops Anwendung fand, nämlich *Awareness, Deconstruction, Reframing; Negotiation, Implementation,* das schließlich zu den Lernstufen führte, dem *triple loop learning* oder der Lernstufe III.

Zunächst wird im Folgenden ein Überblick über alle eingesetzten Weiterbildungsformate im Rahmen der Gender- und Diversity-Strategie gegeben (vgl. Kap. 3):

1. *Themenspezifische Weiterbildungs-Workshops:* Entsprechend der Ziele der Unternehmen zu Gender und Diversity wurden in den Workshops inhaltliche Themen behandelt wie gendergerechte Führung, gendersensible Kommunikation oder genderorientiertes Recruiting.

2. *Workshops zur Entwicklung von Gender- und Diversity-Programmen:* Teilnehmer_innen aus verschiedenen Unternehmen entwickelten in gebündelten Workshops mit einer Anleitung durch das Projektteam unternehmensspezifische Programme zur Frauenförderung, zum Wiedereinstieg oder zur Nachwuchssicherung. Sie wurden im Rahmen des Workshops entwickelt und anschließend unternehmensübergreifend im Plenum diskutiert. Anschließend wurden sie von den Geschäftsführungen genehmigt und verbindlich für alle Unternehmensbereiche eingeführt. Ähnlich verhält es sich mit den Workshops zur Entwicklung von Gesprächsleitfäden, Managementleitfä-

den und den Workshops zur Entwicklung von Unternehmensleitbildern und Gender- und Diversity-Leitlinien

3. *Potenzialanalysen und Coachings:* Hierbei handelte es sich um Fördermaßnahmen von einzelnen Mitarbeiter_innen und/oder Teams als Ganzes wie z. B. Führungskräftecoachings.

4. *Beratung:* Die Unternehmen erhielten nach Bedarf Beratung und Rückmeldung zu ihrem individuellen Ist-Zustand im Bereich Gleichstellung und Vielfalt, wie z. B. eine Analyse der Außenwirkung nach Gender- und Diversity-Aspekten.

5. *Kick-off-Workshops:* Zur Bedarfsanalyse und Maßnahmenplanung in den Unternehmen

6. *Vorträge* zur gendersensiblen Kommunikation und Interaktion

7. *Auftakt-, Mid-Time- und Abschlusskonferenzen* wurden für die Unternehmensleitungen und Change-Teams der 20 KMU mit Weiterbildungsanteilen veranstaltet.

Zur theoretischen Fundierung der Entwicklung und Auswahl der Evaluationsinstrumente für die zweite Phase der Evaluation wurde das von Kirkpatrick konzipierte 4-Ebenen-Modell zur Evaluation von Weiterbildungsmaßnahmen herangezogen (Kirkpatrick/Kirkpatrick 2006). Die Operationalisierung der Zielerreichung im Rahmen der Evaluation wird anhand von Indikatoren vorgenommen (s. o.). Zunächst werden den einzelnen Schritten des didaktischen Modells des Transformativen Organisationalen Lernens 7 übergeordnete Evaluationsziele definiert:

1. Ziel: Bewusstmachung diskriminierender Praktiken bei den Teilnehmenden *(Awareness)*

2. Ziel: Dekonstruktion diskriminierender Praktiken durch die Teilnehmenden *(Deconstruction)*

3. Ziel: Entwicklung alternativer, gendergerechter Praktiken durch die Teilnehmenden *(Reframing)*

4. Ziel: Commitment für neue Praktiken und Regeln sowie Transfer in die Organisation durch die Teilnehmenden als Multiplikator/innen *(Negotiation)*

5. Ziel: Verstetigung und verbindliche Fixierung neuer Praktiken und Regeln in Form von Artefakten *(Implementation)*

6. Ziel: Wertewandel der Organisation in Richtung Gleichstellung (*triple loop learning* und Lernstufe III)
7. Ziel: Identifizierung fördernder und behindernder Faktoren für den Prozess des TOL durch Gender und Diversity.

Operationalisierung der Zielerreichung

Für die 7 übergeordneten Evaluationsziele wird nun die Operationalisierung der Zielerreichung anhand von Indikatoren durchgeführt, die dem Evaluationsmodell nach Kirkpatrick entlehnt sind. Zu beachten ist dabei, dass sich die einzelnen Schritte des TOL durch Gender und Diversity in der Praxis im Rahmen einer Intervention meist nicht trennen lassen, sondern fließend ineinander übergehen oder sich teilweise auch simultan vollziehen. So lässt sich beispielsweise im Rahmen einer Diskussions- und Reflexionseinheit die Bewusstmachung diskriminierender Praktiken beim Führen von Bewerbungsgesprächen kaum von deren Dekonstruktion unterscheiden.

Das 1. Ziel, die *Bewusstmachung diskriminierender Praktiken* wird operationalisiert durch die Erweiterung von Wissen und Kenntnissen auf der Ebene des Lernens von Inhalten und die Bereitschaft, sich mit der Thematik Gender und Diversity zu befassen (Ebene der Verhaltensänderung). Es handelt sich hierbei um Effekte auf Ebene der einzelnen Individuen, in diesem Fall der Teilnehmenden einer Intervention.

Das 2. Ziel, die *Dekonstruktion diskriminierender Praktiken* bezeichnet die Bereitschaft und den Wunsch der Teilnehmenden, aufgrund der Erweiterung des Wissens und der Kenntnisse, im Berufsalltag etwas zu verändern – Ebene der Verhaltensänderung. Auch hierbei handelt es sich um Effekte auf der Ebene einzelner Individuen.

Das 3. Ziel, die *Entwicklung alternativer, gendergerechter Praktiken* wird operationalisiert durch die Erweiterung von entsprechenden Kompetenzen und Handlungsoptionen, das Gelernte auch praktisch in gender- und diversitygerechtes Handeln umzusetzen – Ebene der Verhaltensänderung. Es handelt sich hier sowohl um Effekte auf Ebene der einzelnen Individuen als auch wesentlich um Effekte auf Ebene der Gruppe und deren Interaktion, wenn neue Praktiken gemeinsam entwickelt und erarbeitet werden und in Ko-Konstruktion neue Werte und Normen der Gleichstellung als Basis gemeinsam entworfen und vereinbart werden.

Das 4. Ziel, das *Commitment für neue Praktiken und Regeln sowie der Transfer in die Organisation* wird operationalisiert durch den Wunsch und die Bereitschaft der Betroffenen, etwas zu verändern, das Wissen, wie etwas verändert werden kann sowie den Wunsch und das Wissen, diese Veränderungen in die Organisation hineinzutragen, auszuhandeln und zu verbreiten und somit als Multiplikator_innen in der Organisation zu wirken – Verhaltensänderung auf der organisationalen Ebene. Schwerpunktmäßig sind dies Effekte auf Ebene der Gruppe, jedoch zugleich Effekte auf Ebene der einzelnen Individuen. Die Teilnehmenden der Intervention werden an diesem Punkt zu Multiplikator_innen, die auf andere Organisationsmitglieder einwirken, mit diesen interagieren und gemeinsam Veränderungen in den Unternehmen erarbeiten und aushandeln, so dass diese selbst zu Akteur_innen der Gleichstellung werden.

Das 5. Ziel, die *Verstetigung und verbindliche Fixierung in Form von Artefakten* wird operationalisiert durch die Dokumentation der absoluten Anzahl von Artefakten in den Unternehmen und die Analyse des Grades der Übereinstimmung mit den vorgegebenen normativen Zielen des Gender und Diversity – Ebene der Ergebnisse. Die Organisation als Ausdruck verbindlicher gender- und diversitygerechter Verhaltensweisen, Regeln und Praktiken wird so messbar beispielsweise durch unternehmenseigene Gesprächsleitfäden für gender- und diversitygerechte Mitarbeiter_innen-Gespräche, gendergerechte Unternehmensleitbilder und Führungsleitfäden, aber auch gendergerecht gestaltete Homepages oder Broschüren. Es handelt sich hierbei um die Ebene der Organisation und ihrer Strukturen.

Das 6. Ziel, der *Wertewandel der Organisation in Richtung Gleichstellung* ist nur schwer zu messen und lässt sich vor allem im zeitlich begrenzten Rahmen des Projektes noch wenig erkennen. Hinweise auf einen solchen Wertewandel geben jedoch die genannten Artefakte und Ergebnisse aus den Expert_innen-Interviews (s. Kap. 5.2). Daher wird auch dieses Ziel operationalisiert durch das Vorhandensein gendergerechter Artefakte und weiterer Ergebnisse wie zum Beispiel erhöhte Sensibilität der Mitarbeiterschaft in Hinblick auf Gender-Themen – Ebene der Ergebnisse. Hier geht es um Bewusstseinsveränderungen nicht auf der Ebene einzelner Individuen, sondern auf der Ebene der gesamten Organisation und der damit verbundenen Strukturen und Prozesse.

Das 7. Ziel, die *Identifizierung fördernder und behindernder Faktoren für den Prozess des TOL durch Gender und Diversity* wird operationalisiert mit Indikatoren, die sich positiv bzw. negativ auf die einzelnen Schritte des TOL durch Gender und Diversity auswirken, also die Bereitschaft der Teilnehmenden, etwas zu verändern bzw. sich der Thematik zu öffnen, das Wissen, was und wie etwas verändert werden kann sowie das Arbeitsklima im Sinne der Unterstützung durch den Vorgesetzten bei der Umsetzung von Veränderungen (Ebene der Verhaltensänderung) und schließlich die Zufriedenheit der Teilnehmenden mit der Intervention (Ebene der Reaktion). Bei der Identifizierung fördernder und behindernder Faktoren werden alle Ebenen untersucht – die Ebene der einzelnen Individuen, die Ebene der Interaktion in der Gruppe sowie die Ebene der Organisation und der damit verbundenen Strukturen.

In Hinblick auf die Verwendung des 4-Ebenen-Modells nach Kirkpatrick hat sich gezeigt, dass die Ebene des Lernens, die Ebene des Verhaltens sowie die Ebene der Ergebnisse anschlussfähig an die einzelnen Ebenen des Modells des Transformativen Organisationalen Lernens durch Gender und Diversity sind. Auch die Ebene der Reaktion im Sinne der Akzeptanz der Weiterbildung durch die Teilnehmenden wurde untersucht.

Darüber hinaus soll darauf hingewiesen werden, dass im Rahmen der Evaluation nicht ausschließlich Ergebnisse im Sinne Kirkpatricks als reine Endergebnisse verstanden wurden und damit ausschließlich der Wertewandel der Organisation in Richtung Gleichstellung gewertet wurde. Vielmehr wurden ebenso Teilergebnisse im Rahmen des Prozesses des TOL durch Gender und Diversity als Ergebnisse gewertet, um so bestimmen zu können, wie weit der Prozess im Rahmen des Projekts gediehen ist.

Die Indikatoren 1, 2, 4, 6, 8, 9 und 11 wurden untersucht und geprüft (vgl. S. 95ff).

5.1 Analyse zur Wirksamkeit der Intervention zu Inhalten von Gender und Diversity

Es folgt die Auswertung der Daten zur wissenschaftlichen Weiterbildung in den Unternehmen. Insgesamt wurden im Projekt während der Laufzeit von zwei Jahren 103 Weiterbildungsformate mit 636 Teilnehmenden durchgeführt. Im Folgenden wird die Auswertung der tatsächlich durchgeführten Weiterbildungsformate, getrennt nach Weiterbildungs-Workshops, Beratungen und Konferenzen mit Teilnehmerzahl und Stunden anonymisiert wiedergegeben. Damit wird der Input an Zeit, Personal und Ressourcen erhoben und später dem Output an Lernzuwachs, Zufriedenheit und dem Transfer der Inhalte in den Berufsalltag gegenübergestellt.

Die folgende Graphik führt alle Weiterbildungsformate auf, mit Datum, Anzahl der Unternehmen und der Teilnehmenden sowie Stundenkontingente:

	Beteiligte Unternehmen		Anzahl Maßnahmen	Anzahl Teilnehmer_innen
Konferenzen gesamt	Alle	Auftakt-, Mid-Time- & Abschlusskonferenz	3	106
Kick-off-Workshops	Alle		20	88
Weiterbildungs-Workshops gesamt	Alle	Führung-Basics; geschlechtergerechte Kommunikation und Interaktion, gendergerechte MA_innen-Gespräche führen; Kommunikation als Führungsaufgabe, Genderorientiertes Recruiting; Potenzialanalysen und Erfolgsteams; Strategisches Personalmanagement, Konflikte in Teams, Arbeitszeit-/-Ortmodelle & Kinderbetreuung; Kommunikations- & Interaktionsstrategien für weibliche FK, gendergerechte Teamführung & -Bildung	16	144
Outgesourcte Maßnahmen gesamt	8	Konfliktmanagement & Motivation; Konflikttraining; Konstruktive Konfliktlösung; Einzelgespräche	17	129
Programm-workshops gesamt	Alle	Entwicklung von: Frauenförderprogrammen; strategischem Personalmanagement; gender-und diversitygerechten Nachwuchs-Programmen, geschlechtergerechte Gesprächsleitfäden; Wiedereinstiegsprogramme; strategischem Ein- & Austrittsmanagement; Unternehmensleitbilder; System zur MA_ innenbeurteilung und Zielvereinbarungen	8	67

Fördermaß-nahmen gesamt		4	Potenzialanalysen	24	24
Beratungen gesamt		9	Beratung zur Vereinbarkeit von Familie und Beruf einer Mitarbeiterin; Beratung zur Durchführung von Feedbackgesprächen nach Potenzialanalysen; Analyse aller internen Dokumente nach Gender- und Diversity-Aspekten; Dokumente im Personalwesen; Beratung zu Mutterschutz etc. für schwangere Auszubildende; Empfehlung zum gendergerechten Außenauftritt und Unternehmensleitbild; Telefonische Beratungen zu Potenzialanalyse	9	11
Kollegiale Beratung		9	Gender- und Diversity-Change-Prozess im Unternehmen	1	17
Vortrag		1	Geschlechtergerechte Kommunikation für Führungskräfte	1	20
Coaching gesamt		3	Teamcoaching für Vertriebe; Führungskräfte Coaching	3	15
Informations-veranstaltung		9	Gesundheitsmanagement	1	17
Weiterbildungen gesamt				103	636

Beschreibung der Evaluationsinstrumente

Bei der Auswahl der Evaluationsinstrumente konnte aufgrund der spezifischen Forschungsfrage nicht auf bereits bestehende Instrumente bzw. Testverfahren zurückgegriffen werden. Sie basierte auf den dargestellten theoretischen Überlegungen und orientierte sich zudem an dem 4-Ebenenmodell nach Kirkpatrick (2006). Die folgenden Kriterien waren handlungsleitend bei der Entwicklung und Auswahl der Evaluationsinstrumente, sie sollten geeignet sein:

- die einzelnen Schritte sowie Zwischen- und Endergebnisse des Transformativen Organisationalen Lernens durch Gender und Diversity zu identifizieren
- die Verschränkung von Intervention und Evaluation sowie die Partizipation der Stakeholder an der Evaluation – wo sinnvoll – zu ermöglichen
- die vier Ebenen der Evaluation im Sinne Kirkpatricks abzudecken – die Ebene der Reaktion, des Lernens, des Verhaltens sowie der Ergebnisse (Kirkpatrick/Kirkpatrick 2006)
- die drei Ebenen der Wirksamkeit – die Ebene des Individuums, die Ebene der Gruppe bzw. Interaktion, die Ebene der Organisation zu erforschen.

Dabei setzten die verschiedenen Evaluationsinstrumente jeweils unterschiedliche Schwerpunkte hinsichtlich der genannten Kriterien, so dass erst die Auswertung zu haltbaren Gesamtaussagen führen. Sie werden nun genauer beschrieben:

Feedbackbogen 1

Jeweils unmittelbar nach Durchführung eines Weiterbildungs-Workshops wurden von den Teilnehmenden Feedbackbögen ausgefüllt. Um einen möglichst hohen Rücklauf zu erzielen, wurden diese in den letzten Minuten der Workshops von den Teilnehmenden ausgefüllt. Die Fragen bestanden Ratingfragen mit fünfstufigen Ratingskalen sowie Fragen mit offenen Antworten bzw. Kommentaren. Abgefragt werden in den Feedbackbögen im Sinne des 4-Ebenen-Modells insbesondere

1. **Ebene der Reaktion:** die Reaktion der Teilnehmenden auf bzw. deren Zufriedenheit mit der Maßnahme wurde mit verschiedenen Fragen zu den Workshop-Inhalten, der Durchführung des Workshops durch die Trainer_innen, der Workshop-Gruppe sowie dem Gesamteindruck des Workshops erfragt.

2. **Ebene des Lernens:** Lernen zu messen bzw. zu untersuchen, verlangt die Identifizierung mindestens eines oder mehrerer der folgenden Aspekte: erweiterte Kenntnisse, entwickelte Fähigkeiten oder veränderte Einstellungen (Kirkpatrick/Kirkpatrick 2006: 42). Diese wurden im Rahmen der Feedbackbögen 1 nicht direkt abgefragt oder getestet, sondern lediglich die Frage nach konkreten Aktivitäten, welche die Teilnehmenden aufgrund des Workshops umsetzen möchten, lieferte Hinweise auf mögliche neue Kenntnisse, Fähigkeiten und Einstellungen der Teilnehmenden.

3. **Ebene des Verhaltens:** Im Feedbackbogen 1 wurde die geplante bzw. voraussichtliche Verhaltensänderung erhoben mittels der Frage, welche konkreten Aktivitäten die Teilnehmenden aufgrund des Workshops umsetzen möchten.

Hieraus konnten auch Hinweise gewonnen werden auf den Wunsch bzw. die Bereitschaft der Teilnehmenden, etwas an ihrem Handeln zu verändern. Zudem wurde die Einschätzung der Teilnehmenden in Hinblick auf die Möglichkeiten des Lerntransfers abgefragt, also inwieweit das Gelernte tatsächlich in der Praxis angewandt werden soll. Dabei wurden Einschätzungen der Teilnehmenden bezüglich förderlicher und hinderlicher Faktoren für den Lerntransfer untersucht in Hinblick auf

− die für den Praxistransfer notwendige Unterstützung durch den/die Vorgesetzten
− die für den Praxistransfer zur Verfügung stehende Zeit
− die für den Praxistransfer vorhandene Motivation des/der Teilnehmenden
− die für den Praxistransfer notwendige Sicherheit des Teilnehmenden in Bezug auf die Inhalte des Gender und Diversity.

Somit dienten die gewonnenen Erkenntnisse im Rahmen der Evaluation − in Kombination mit Erkenntnissen aus weiteren Evaluationsinstrumenten − sowohl der Identifizierung der ersten drei Schritte des TOL durch Gender und Diversity − die Bewusstmachung und Dekonstruktion diskriminierender Praktiken sowie die Entwicklung alternativer gendergerechter Praktiken − als auch der Identifizierung förderlicher und hinderlicher Faktoren für den Lerntransfer. Die diesbezügliche Wirkung der Maßnahme wurde hier auf Ebene des einzelnen Individuums untersucht.

Im Sinne der Partizipation der Stakeholder bei der Evaluation bzw. Steuerung des Change-Prozesses wurden den Beteiligten erste Auswertungsergebnisse aus den Feedbackbögen 1 im Rahmen der Mid-Time-Conference zurück gespiegelt. Darüber hinaus erhielten die teilnehmenden Unternehmen im Rahmen unternehmensspezifischer Projektberichte zu Projektende eine Zusammenfassung der wichtigsten Auswertungsergebnisse aus den Feedbackbögen 1, 2 sowie den Reflexionsbögen.

Follow-up-Feedbackbögen (Feedbackbögen 2)
Jeweils drei Monate nach Durchführung eines Workshops wurden den Teilnehmenden Follow up Feedbackbögen per Email zugeschickt und zweimalig telefonisch angemahnt. Die Rücklaufquote fiel aber entsprechend geringer aus als bei den Feedbackbögen 1. Die Ausführungen zur inhaltlichen und theoretischen Konzeption sowie dem Zweck der Feedbackbögen 2 entsprachen im Wesentlichen denen der Feedbackbögen 1, jedoch wurden mit Hilfe der Feedbackbögen 2 *tatsächliche* Verhaltensänderungen sowie Einschätzungen des Lerntransfers und dafür förderliche sowie hinderliche Faktoren erfragt. Ein weiterer Unterschied zu den Feedbackbögen 1 bestand darin, dass die mittels

der Feedbackbögen 2 gewonnenen Erkenntnisse nicht nur der Identifizierung der ersten drei Schritte des TOL durch Gender und Diversity sowie förderlicher und hinderlicher Faktoren für den Lerntransfer dienten. Vielmehr konnten darüber hinaus aus den Feedbackbögen 2 Hinweise darauf gewonnen werden, ob neue gendergerechte Praktiken bereits Anwendung und Verbreitung in der Organisation fanden bzw. erste Schritte in diese Richtung getätigt wurden oder geplant waren und diese womöglich bereits in Form von Artefakten verstetigt und fixiert wurden oder werden. Dies geschah mittels der Frage nach konkreten Ideen, Erkenntnissen, Maßnahmen sowie Veränderungen, welche in Folge der Veranstaltung bereits umgesetzt wurden bzw. in Zukunft umgesetzt werden sollen. Entsprechend wurde mittels der Feedbackbögen 2 die Wirkung der Maßnahme nicht nur auf Ebene des einzelnen Individuums untersucht, sondern auch auf Ebene der Interaktion und der Organisation.

Interne Reflexionsbögen

Zusätzlich zu den Feedbackbögen 1 und 2 wurde von den Trainer_innen im Anschluss an jeden Workshop ein interner Reflexionsbogen ausgefüllt. Dieser diente neben der Dokumentation der Maßnahme und deren Rahmenbedingungen insbesondere der Erweiterung um eine weitere theoretisch reflektierte Perspektive. Der Schwerpunkt lag dabei auf der Beschreibung von Lernereignissen aus Trainer_innen-Sicht, insbesondere die Beobachtung, in welchem Grad die höheren Lernstufen bei den Teilnehmenden erreicht werden konnten, inwiefern Barrieren gegenüber den Inhalten deutlich geäußert wurden, ob die Übungen alternative Handlungsstrategien der Teilnehmenden ermöglichten sowie der Schilderung dessen, was aus Sicht der Trainer_innen besonders gut bzw. weniger gut angenommen wurde und worauf dies zurückgeführt wurde. Die Beobachtung, dass Momente ganz intensiver Auseinandersetzung mit den Themen der Workshops gelangen, dem Kairos oder der Emergenz, wo tatsächlich die Anwesenden in einen dichten pädagogischen Lernprozess gelangten, war wichtig festzuhalten. Die so gewonnenen theoretisch fundierten und reflektierten Sichtweisen der Trainer_innen erleichterten die Auswertung der Feedback-Fragebögen insofern, dass in den Einschätzungen und Beschreibungen der Trainer_innen bereits theoretisch relevante Gesichtspunkte und Zielsetzungen mitberücksichtigt wurden. Die Reflexionsbögen wurden nicht systematisch ausgewertet, dienten jedoch als Hintergrund-Information für die folgende Auswertung der Feedback-Fragebogen.

5.1.1 Ergebnisse der quantitativen Daten aus den Feedbackbögen

Die Evaluation der Weiterbildungs-Formate, die während des Projektzeitraums durchgeführt wurden, erfolgte über Feedback-Fragebögen I und II. Abgefragt wurden Akzeptanz und Zufriedenheit mit dem Workshop, Motivation und Ziele der Teilnehmenden sowie deren Einschätzung zum Lerntransfer, also zur Qualität und Anwendbarkeit der Themen innerhalb von Gender und Diversity. Von besonderem Interesse war dabei die Einschätzung der Teilnehmenden in Hinblick auf voraussichtliche Transfermöglichkeiten der Inhalte in die berufliche Praxis. Außerdem wurde gezielt nach Aktivitäten gefragt, welche die Teilnehmenden im Anschluss an die Veranstaltung im Unternehmen planten umzusetzen.

Feedbackbogen 2 (FB2) wurde jeweils drei Monate nach Durchführung einer Weiterbildung an die Teilnehmenden verschickt, um Erkenntnisse über die mittelfristigen Wirkungen und die Nachhaltigkeit der Veranstaltungen zu gewinnen. Im Mittelpunkt stand dabei insbesondere die Beurteilung von Output und Outcome der Maßnahmen, d. h. die Frage, ob und inwieweit sich Ideen konkretisieren und Veränderungen bemerkbar machen konnten, die auf die einzelnen Maßnahmen der Weiterbildung zurückzuführen sind.

Auf einer Bewertungsskala von 1 bis 5 vergaben die Teilnehmer_innen pro Aussage je eine ‚Note'. Dabei galt: Je niedriger der Zahlenwert, desto positiver wurde der jeweils abgefragte Sachverhalt bewertet. Je höher der Wert, desto negativer wurde er von den Teilnehmer_innen eingeschätzt. Zunächst erfolgte eine deskriptive Auswertung der Daten anhand von Durchschnittswerten:

Die Aussagen zu Veranstaltungen, bei denen keine Fragebögen verwendet wurden, beziehen sich auf mündliches Feedback.

1. Die *themenspezifischen Workshops* zu Gender und Diversity waren größtenteils unternehmensspezifisch ausgerichtet und orientierten sich inhaltlich in Absprache mit den jeweiligen Unternehmen an deren konkreten Zielen (vgl. Kap. 3). Bis auf wenige Ausnahmen fiel das Feedback zu diesen Workshops sehr positiv aus, da an die Teilnehmenden das notwendige Wissen herangetragen wurde und durch spezifische Inputs, Praxisübungen und Reflexionsübungen der Bedarf konkret erfüllt wurde. Als durchschnittlichen Gesamteindruck zu den themenspezifischen Veranstaltungen kann anhand des Teilnehmerfeedbacks die Bewertung „gut" vermerkt werden. Ausreißer im Verhältnis dazu sind überwiegend durch Missverständnisse bei der Absprache mit den Unternehmen entstanden. Diese führten in Einzelfällen zu Diskrepanzen zwischen den Erwartungen der Teilnehmenden an den Workshops einerseits und der Workshop-Konzeption andererseits.

2. Auch die *Programmworkshops* wurden von den Teilnehmenden gut angenommen. Wichtiger Grund hierfür waren zum einen der intensive Praxisbezug durch die Entwicklung konkreter unternehmensinterner Programme des Gender und Diversity, gendersensible Leitlinien und Leitfäden und zum anderen der Austausch zwischen den Teilnehmenden, die aus verschiedenen Unternehmen in den Programmworkshops zusammenkamen und so von unternehmensübergreifenden Erfahrungen profitierten. Auch diese Workshops wurden von den Teilnehmenden insgesamt mit „gut" bewertet.

3. Ähnliches lässt sich zum *Teamcoaching* festhalten. Hier handelt es sich um eine besonders anspruchsvolle Weiterbildungs-Maßnahme, die speziell in Konfliktsituationen in und zwischen Teams zum Einsatz kam.

4. Die *Beratungen* wurden von den Teilnehmenden als zufriedenstellend empfunden. Der Anspruch war hier, sehr spezifische Fragestellungen der Unternehmen zu behandeln. Je nach Thema war teils die Vermittlung externer Expert_innen aus unserem Kooperationsnetzwerk sinnvoll.

5. Mit den *Potenzialanalysen* wurden gezielt Frauen beim Aufstieg in Führungspositionen gefördert; sie wurden anhand eines digitalen Fragebogens durchgeführt. Nach Überarbeitung und passgenauer Darstellung der Ergebnisse durch das FIF-Team, folgten persönliche Feedbackgespräche mit den Vorgesetzten der teilnehmenden Mitarbeiter_innen, zum Beispiel zu ihrer Aufstiegsmotivation und Karriereplanung. Zudem wurden die Teilnehmenden an einen Entwicklungsplan herangeführt, der als Orientierung für ein Nachbereitungs- und Feedbackgespräch auf der Basis der Ergebnisse aus der Potenzialanalyse diente. Insgesamt haben die beteiligten Firmen die Potenzialanalyse sehr positiv aufgenommen. Eines der Unternehmen berichtete darüber hinaus von positiven Entwicklungen mithilfe der Potenzialanalyse, was die interne Beförderung sowie die Erweiterung des Aufgaben- und Verantwortungsspektrums ihrer Mitarbeiterinnen betrifft.

7. Der *Vortrag* über „gendersensible Kommunikation am Arbeitsplatz" stieß auf große Begeisterung der Zuhörenden eines männerdominierten Unternehmens. Das Feedback verlief sehr positiv.

8. Die *Mid-Time-Conference* fand zur Halbzeit des Projektes statt. Ziel war es, die in das Projekt involvierten Unternehmen zusammenzubringen, über den Status Quo der ersten Projektergebnisse zu informieren und allen Beteiligten mit einer moderierten Methode einen Erfahrungsaustausch zu ermöglichen. Darüber hinaus wurde ein umfassendes Feedback der Unternehmen zum bisherigen Projektverlauf eingeholt. Gegenüber der Veranstaltung wurde von Seiten der Beteiligten großes Lob ausgesprochen.

Die Abschlusskonferenz gab einen Bericht zu den empirischen Ergebnissen der Evaluation an die Unternehmen und würdigte die gemeinsame Arbeit.

Auswertung mit univariaten statistischen Verfahren

Die weitere Auswertung der Feedback-Fragebögen erfolgte mit univariaten, bivariaten und multivariaten statistischen Verfahren. Zusammenfassend können nun zunächst Ergebnisse einzelner empirischer univariater Analysen (SPSS) wiedergegeben werden. So wurden die Workshop-Inhalte in Bezug auf den Lerntransfer von den Teilnehmenden im Durchschnitt als *anwendbar, praktisch umsetzbar* und *hilfreich* beschrieben. Wichtige Voraussetzungen eines gelingenden Lerntransfers wurden erfüllt. Überdurchschnittlich bewertet wurden die Motivation der Teilnehmer_innen, das Engagement und die Durchführung durch die Trainer_innen und die Inhalte der Workshops.

Der Transfer der Veranstaltungsinhalte in die Berufspraxis der Teilnehmenden ist grundsätzlich geglückt. 70% bezeichneten die Workshops als „gut" oder „sehr gut". 77% der Teilnehmer/innen gaben an, sie hätten die im Training erworbenen Kenntnisse und Fähigkeiten in ihrer Arbeit anwenden und umsetzen können. 79% geben an, die Workshops hätten ihnen viel für ihre berufliche Praxis gebracht.

Zum Beleg hier einige Zitate von Teilnehmenden zu konkreten Veränderungen im Unternehmen:

- „Im Unternehmen wurde die Stelle einer Familienbeauftragten geschaffen"
- „Frauen wurden in ein Führungskräfteprogramm aufgenommen"
- „Führungskräftetrainings speziell für Frauen wurden eingerichtet"
- „Einführung verschiedener Arbeitszeitmodelle"
- „Checkliste zum Wiedereinstieg nach der Elternzeit"
- „Leitfaden für werdende Mütter"
- „Führungskraft in Teilzeit eingestellt"
- „Im Internet Stellenanzeigen, Leistungsbeurteilungen gendergerecht formulieren".

Auswertung zum Lerntransfer

Der allgemeine Lerntransfer, der sich aus den 28 evaluierten Workshops ergeben hat, wurde in beiden Feedbackbögen durch zweierlei Aussagen abgefragt: Das Seminar hat mir für meine berufliche Praxis viel gebracht (1) und Die im Training erworbenen Kenntnisse und Fähigkeiten werde ich in meiner Arbeit anwenden bzw. umsetzen (3). Bewertet wurden die beiden Items mit einer Durchschnittsnote von 2.51, d. h. die Mehrheit der Teilnehmer_innen war der

Meinung, dass der Transfer der Veranstaltungsinhalte in die Berufspraxis relativ gut funktioniert hat.

Demgegenüber stehen jedoch insbesondere zwei Zahlenwerte, die durchschnittlich für die Aussagen Die Trainingsinhalte waren relevant in Hinblick auf meine tägliche Arbeit (2) und Die Weiterbildungsmaßnahme war förderlich um neue berufliche Aufgaben übernehmen zu können (5) vergeben wurden. Während erstere mit 2.68 Punkten bereits unterhalb der Durchschnittsbewertung des allgemeinen Lerntransfers liegt, wird letztere mit 3.48 Punkten von den Teilnehmer_innen noch negativer bewertet. Damit offenbart sich zwischen dem relativ gut bewerteten, allgemeinen Lerntransfer und der tatsächlichen Anwendbarkeit der Trainingsinhalte in der täglichen Arbeit der Teilnehmer_innen ein deutlicher Widerspruch, der darauf hindeutet, dass die in den Workshops vermittelten Inhalte von den Teilnehmer_innen zwar grundsätzlich als relevant für ihren Berufsalltag erachtet wurden, ihre konkrete Umsetzung und Anwendung im Berufsalltag allerdings nicht hinreichend geglückt ist, vor allem nicht hinsichtlich eines Berufsaufstiegs.

Diese Annahme kann dadurch bestätigt werden, dass die Teilnehmer_innen ihre Motivation, die Inhalte im Berufsalltag anwenden zu wollen – Zur Anwendung des Gelernten in der Arbeit habe ich ausreichend Motivation (7) – mit insgesamt 1.57 Punkten überdurchschnittlich hoch einschätzten. Im Durchschnitt sehr positiv, nämlich mit einer Gesamtnote von 1.92, wurden auch die Inhalte der Workshops ebenso wie ihre Durchführung durch die Trainer_innen (1.64) und die Zusammensetzung der Workshop-Gruppe (1.59) bewertet. Damit wurden in erster Instanz zwar wichtige Grundvoraussetzungen für einen gelungenen Lern- bzw. Praxistransfer erfüllt und geschaffen, in letzter Konsequenz misslang es aber dennoch, die Inhalte konkret in die berufliche Praxis zu integrieren bzw. Inhalte anzubieten, die sich problemlos in die berufliche Praxis überführen lassen. Unter besonderer Berücksichtigung von Aussage (5) könnten mögliche Gründe hierfür etwa die unzureichende Anpassung der Inhalte an die spezifischen Aufgabenfelder der Teilnehmer_innen sein oder aber grundlegende Barrieren und Widerstände im Unternehmen, die eine verhältnismäßig geringe Wirkung der evaluierten Maßnahmen auf organisationaler Ebene zur Folge haben.

Zieht man den jeweiligen Veranstaltungstypus als Analysekategorie heran, so lässt sich zunächst feststellen, dass der allgemeine Lerntransfer, der von Programm-Workshops ausging (von 28 evaluierten Veranstaltungen gab es davon insgesamt sieben), von den Teilnehmer_innen durchschnittlich um 0.22 Punkte besser bewertet wurde als in den Weiterbildungs-Workshops (dieser Gruppe sind insgesamt 17 der 28 evaluierten Workshops zuzurechnen). Der Programm-Workshop „Entwicklung eines Wiedereinstiegsprogramms"

(1.84) wurde sogar um 0.74 Punkte besser bewertet als der durchschnittliche Weiterbildungs-Workshop (2.58). Bemerkenswert jedoch ist dabei, dass sich dieses Bewertungsschema fast ausnahmslos über die gesamte Bandbreite der Aussagen, die die Teilnehmer_innen in Bezug auf den Praxistransfer zu treffen hatten, erstreckt. So wurde z. B. sowohl die zur Verfügung stehende Zeit – Zur Anwendung des Gelernten in der Arbeit habe ich ausreichend Zeit (6) – als auch die zu erwartende Unterstützung der Teilnehmer_innen durch ihre/n Vorgesetzte_n – Mein_e Vorgesetzte_r unterstützt mich voraussichtlich bei der Umsetzung des neu Gelernten (4) – in Programm-Workshops durchwegs positiver eingeschätzt als in den Weiterbildungs-Workshops. Für die zuletzt genannte Aussage muss der Weiterbildungs-Workshop „Sensibilisierung für geschlechtergerechte Kommunikation und Interaktion" als Negativbeispiel herangezogen werden, da die Teilnehmer_innen für die zu erwartende Unterstützung durch ihre/n Vorgesetzte_n lediglich eine Gesamtnote von 4.09 vergaben.

Selbst wenn der Veranstaltungstypus des Programm-Workshops in beinahe allen Punkten, die sich auf den Praxistransfer beziehen, besser abschneidet als der Typ des Weiterbildungs-Workshops, gilt auch für den Programm-Workshop, was bereits im zweiten Abschnitt für alle Veranstaltungen konstatiert wurde: Die Durchschnittswerte der Aussagen (2) und (5) liegen jeweils deutlich unter dem des allgemeinen Lerntransfers, was wiederum bedeutet, dass selbst die Inhalte der Programm-Workshops nicht hinreichend im Berufsalltag der Teilnehmer_innen anwendbar waren und somit nur eine eingeschränkte Wirkung der Maßnahmen in der Unternehmenskultur ermöglicht wurde.

Unterschied zwischen Feedback-Fragebogen I und II

Trotzdem hatten die Teilnehmer_innen einen durchschnittlich guten Gesamteindruck (2.10) von den evaluierten Workshops, die seitens der Trainer_innen nochmals um rund 0.5 Punkte besser eingestuft wurden (1.63), was bedeutet, dass sich auch die Trainer_innen mit ihrer Arbeit sehr zufrieden zeigten. Lediglich die Einschätzung der Erfahrung der Teilnehmer_innen – die Teilnehmer_innen verfügten das Thema betreffend bereits über Erfahrungen – wurde von den Trainer_innen fast eine Note unter dem Durchschnitt bewertet (2.52), d. h. sie hatten es in den Workshops offenbar mehrheitlich mit Teilnehmer_innen zu tun, die über wenig oder überhaupt keine Vorkenntnisse und Erfahrung zum Thema Gender und Diversity verfügten.

Auswertung der Feedback-Fragebögen mit bivariaten und multivariaten statistischen Verfahren

Mit bivariaten Verfahren (Korrelationen, Kreuztabellen) und multivariaten Verfahren (Faktorenanalysen, Regressionen, Rasch-Modellierungen) wurden

Zusammenhänge zwischen einzelnen Variablen statistisch erfasst. Kurzfristige Lerneffekte und langfristige Transfereffekte in die Berufspraxis konnten als Bestandteile des Begriffs „Lerntransfer" identifiziert werden, der im Feedbackfragebogen erhoben wurde.

Die Feedbackfragebögen zu den 28 Workshops wurden von insgesamt 204 Teilnehmern_innen zum Zeitpunkt t1 direkt nach der Maßnahme ausgefüllt und von 144 Teilnehmern/innen zum Zeitpunkt t2 etwa drei Monate nach dem jeweiligen Workshop. Beide Fragebögen wurden von insgesamt 117 Teilnehmern_innen beantwortet. Berücksichtigt man die Informationen aus beiden Fragebögen, nahmen an den Workshops 36,6% männliche und 63,4% weibliche Teilnehmer_innen teil. Interessanterweise stellt dieser Befund eine genaue Umkehrung der weiter oben beschriebenen Beschäftigungsverhältnisse von Männern und Frauen in den Unternehmen dar (insgesamt 59,75% männlich und 40,25% weiblich). Die Workshop-Teilnehmer_innen verteilten sich auf die in der nachfolgenden Tabelle aufgelisteten Berufe bzw. Positionen im Unternehmen.

Anmerkung: Der vorstehenden Tabelle liegt eine Codierung der offenen Frage „Welche Funktion haben Sie in Ihrem Unternehmen" zu Grunde.

Tabelle 1: Funktion im Unternehmen, beide Fragebögen

		Häufigkeit	Prozent	Gültige Prozente	Kumulierte Prozente
Gültig	Abteilungsleitung	22	9,5	11,7	11,7
	Assistenz Geschäftsführung	8	3,5	4,3	16,0
	Bereichsleitung	47	20,3	25,0	41,0
	Betriebsrat	4	1,7	2,1	43,1
	Geschäftsführung	18	7,8	9,6	52,7
	Mitarbeiter_in Marketing	8	3,5	4,3	56,9
	Mitarbeiter_in Personal	32	13,9	17,0	73,9
	Teamleitung	22	9,5	11,7	85,6
	Sonstiges	27	11,7	14,4	100,0
	Gesamt	188	81,4	100,0	
Fehlend	System	43	18,6		
Gesamt		231	100,0		

Anhand der vorstehenden Tabelle lässt sich zeigen, dass die Verteilung der Positionen der Mitarbeiterinnen und Mitarbeiter, die die Workshops besuchten, über alle Hierarchieebenen der Unternehmen in etwa ausgeglichen ist. Besonders stark vertreten sind Bereichsleiter_innen und Mitarbeiter_innen im Bereich Personalwesen, jedoch ist auch die Geschäftsleitung recht stark in den Workshops präsent gewesen.

Zusammenfassend werden nun einige deskriptive empirische Analysen wiedergegeben. Zunächst soll die latente Variable „Lernzuwachs im Workshop" betrachtet werden. Ihr lagen insgesamt 8 jeweils auf einer 5-punktigen Likert-Skala zu beantwortende Fragen in beiden Fragebögen (t1 und t2) zugrunde. Diese ließen sich in beiden Zeitpunkten mittels einer explorativer Faktorenanalysen auf drei verschiedene Dimensionen aufteilen:

- „Globaler Lerntransfer", hier wurde mit insgesamt 3 Items erfasst, wie die Workshop-Teilnehmer_innen den insgesamt im Seminar erzielten Lernzuwachs einschätzten. (Beispielitem „Das Seminar hat mir insgesamt für meine berufliche Praxis viel gebracht.) Diese Skala weist mit einem Cronbachs Alpha von 0,822 in t1 und 0,848 in t2 eine hohe interne Konsistenz auf, weshalb die Bildung eines Summenscores gerechtfertigt ist.
- „Lerntransfer in Bezug auf das eigene Unternehmen", diese Skala misst mit 2 Items wie die Teilnehmer_innen global die Möglichkeiten einschätzen, das Gelernte in ihren Unternehmen einzubringen und anzuwenden. (Beispielitem „Die Weiterbildungsmaßnahme war förderlich, um neue berufliche Aufgaben übernehmen zu können." – Cronbachs Alpha t1=0,484 und t2=0,724)
- „Konkreter Lerntransfer", diese Skala erfasst die Einschätzung der Teilnehmer_innen bezüglich der Möglichkeiten, das Gelernte konkret im eigenen Unternehmen zur Verbesserung der Situation von Frauen und insgesamt zur Verbesserung der Arbeit einzusetzen. (Beispielitem „Zur Anwendung des Gelernten in der Arbeit habe ich ausreichend Zeit." – Cronbachs Alpha t1=0,727 und t2=0,756)

In der nachfolgenden Abbildung wurden die drei soeben beschriebenen Skalen in beiden Messzeitpunkten abgebildet. Es zeigte sich, dass in allen drei Dimensionen der Lernzuwachs im Mittel positiv bewertet wurde. Am besten wurde dabei im Mittel der konkrete Lerntransfer bewertet, während der globale Lerntransfer etwas schlechter und der Lerntransfer in Relation zum eigenen Unternehmen deutlich schlechter bewertet werden. Insgesamt fallen die positiven Einschätzungen der Teilnehmer_innen im Verlauf der drei Monate zwischen den beiden Befragungszeitpunkten deutlich ab. Dieser Effekt trifft in besonderem Maße auf die Variable „Lerntransfer in Bezug auf das eigene Unternehmen" zu, die beim Zeitpunkt t2 im Mittelwert fast in den Bereich „trifft nicht zu" fällt. Hier ist also offenbar davon auszugehen, dass die Teilnehmer_innen im eigenen Unternehmen auf Widerstände bei der Umsetzung des Gelernten stoßen. Dies wird auch in den Interviews bestätigt.

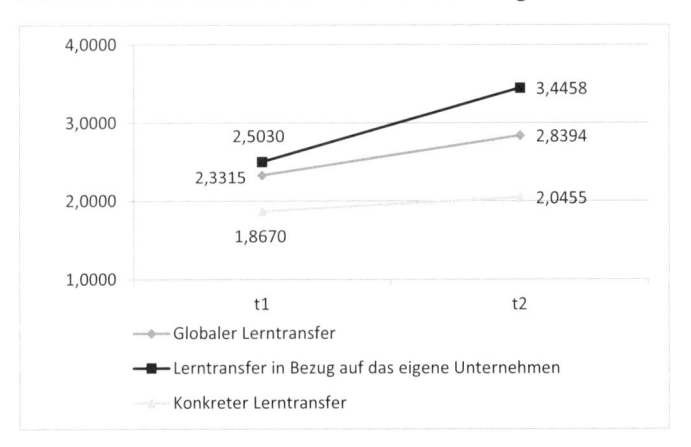

Abbildung 1: Lerntransfer in t1 und t2

Die Bewertung der Inhalte der Workshops wurde über vier Variablen erfasst, die von den Teilnehrner_innen auf einer Likert-Skala von 1 sehr gut bis 5 mangelhaft bewertet werden sollten. Die nachfolgende Abbildung zeigt die durchweg gute Bewertung der Workshop-Inhalte, wobei besonders die Bewertung der praktischen Inhalte der Workshops nach oben heraussticht.

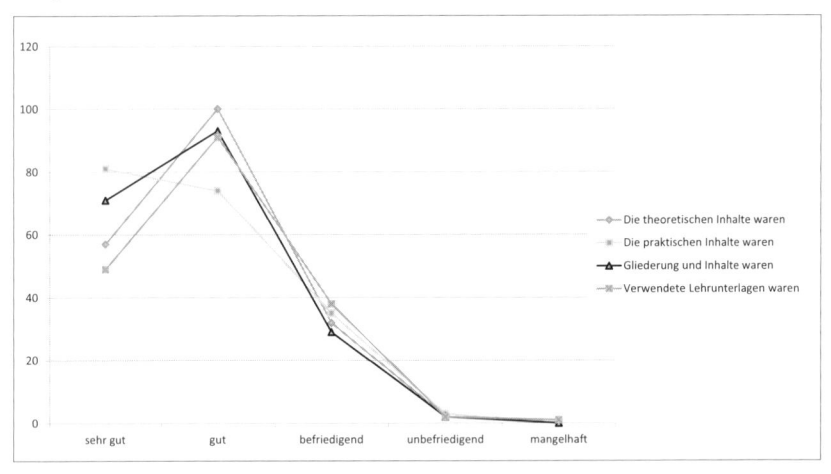

Abbildung 2: Bewertung der Inhalte der Workshops

Die Workshop-Inhalte werden insgesamt von den Teilnehmenden als *anwendbar, praktisch umsetzbar* und *hilfreich* beschrieben.

Auch die Bewertung der Trainer_innen der jeweiligen Workshops liegt durchweg auf einem hohen Niveau. So wurde bei der zur Bewertung zu nutzenden Likert-Skala die Ausprägung 5 mangelhaft von den Teilnehmenden bei keiner der sieben Fragen benutzt, weshalb sie auch in der nachfolgenden Abbildung 3 nicht berücksichtigt werden musste.

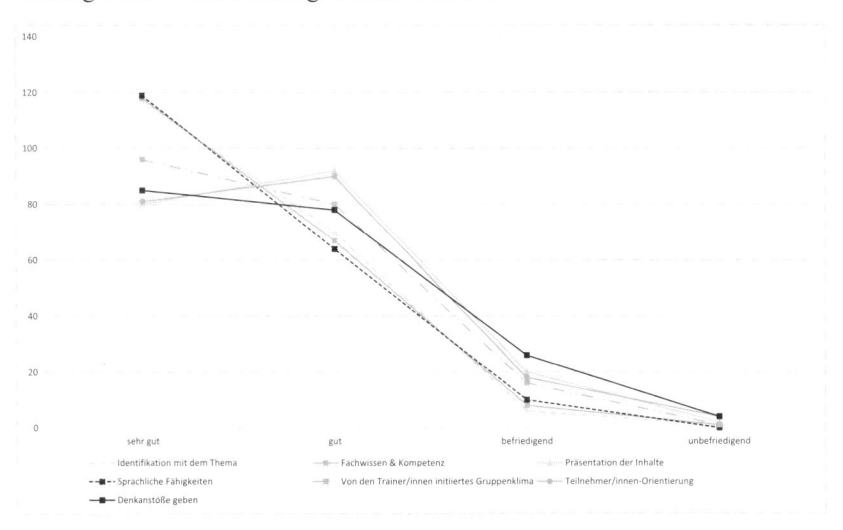

Abbildung 3: Bewertung der Trainer_innen

Aus der durchweg sehr positiven Bewertung der Fähigkeiten der Trainer_innen fallen besonders die sprachlichen Fähigkeiten, Fachwissen und Kompetenz nach oben hin auf. Demgegenüber lassen sich marginal schlechtere Bewertungen im Bereich des Gruppenklimas vorfinden, wenngleich dieses auch nur teilweise von den Trainer_innen beeinflussbar ist.

Abschließend soll in Tabelle 2 noch kurz auf den Gesamteindruck des Workshops eingegangen werden, der üblicherweise mit der Frage „Würden Sie diesen Workshop weiterempfehlen?" abgebildet wird.

Tabelle 2: Würden Sie diesen Workshop weiterempfehlen?

		Häufigkeit	Prozent	Gültige Prozente	Kumulierte Prozente
Gültig	auf jeden Fall	97	42,0	50,8	50,8
	eher ja	62	26,8	32,5	83,2
	unentschieden	26	11,3	13,6	96,9
	eher nein	6	2,6	3,1	100,0
	Gesamt	191	82,7	100,0	
Fehlend	System	40	17,3		
Gesamt		231	100,0		

Auch in dieser Frage fällt die Bewertung der Teilnehmer_innen durchweg gut aus, so dass die Antwortmöglichkeit „nein" gar nicht benutzt wurde. Lediglich 6 Teilnehmende würden den von ihnen besuchten Workshop eher nicht empfehlen. Der positive Gesamteindruck der Workshops spiegelt sich auch in den Kommentaren wieder, die die Teilnehmenden auf die entsprechende abschließende Frage im Fragebogen gaben und die konkreten Veränderungen im Unternehmen beschreiben.

5.1.2 Zusammenfassende Würdigung der Ergebnisse

Die empirische Evaluation der Intervention während der Durchführung der Weiterbildung ergab zusammenfassend, dass eine erfolgreiche Vermittlung von Inhalten des Gender und Diversity möglich war, von der die Teilnehmenden durch Einstellungswandel profitierten. Die Akzeptanz der Methoden und Inhalte des Gender und Diversity war sehr hoch und die Trainer_innen vermochten einen Einstellungswandel hervorzurufen, der sich auch in konkreten Handlungsoptionen äußerte. Die anspruchsvollen Ziele der Workshops, die in den sechs Schritten des Transformativen Organisationalen Lernens angestrebt wurden, nämlich einem Lernen auf der Lernstufe III (vgl. Bateson 2014) zu erreichen, konnten nach den Aussagen der Teilnehmenden voll erreicht werden. Sowohl der Lerntransfer in das individuelle Wissen wie auch der anwendungsbezogenen Lerntransfer wurden von den Teilnehmenden als gut bezeichnet. Es bestand nach den Workshops auch der Wunsch, die Inhalte und Handlungsweisen in den Berufsalltag zu implementieren, jedoch standen der Umsetzung erhebliche Widerstände entgegen, sowohl durch Vorgesetzte als auch durch Zeitmangel und den Druck der anderen zu erledigenden Aufgaben im Dienst. Dadurch wurde leider die Umsetzung des Erlernten begrenzt, wenngleich nicht verhindert, wie die Aussagen der Teilnehmer ausdrücken. So kann man konstatieren, dass die Projektziele hinsichtlich Lerntiefe, Lernerfolg und Praktikabilität erfüllt wurden, jedoch die Barrieren im Unternehmen eine nicht zu unterschätzende Bedeutung haben. Das Verhältnis zwischen dem Input an Ressourcen und Material und dem Output an Kenntnissen und Lernerfolg ist insofern ausgewogen, da die Teilnehmenden hiervon angemessen profitieren konnten.

5.2 Empirische Analyse der Wirksamkeit des Projekts durch Expert_inneninterviews

Im Rahmen des Projekts wurden zur Erfassung der Change-Prozesse in den Unternehmen auch Expert_innen-Interviews mit Multiplikator_innen durchgeführt, die sowohl im Change Team für die Koordination der Einzelprojekte wie auch für die Kommunikation der Projektarbeit im Unternehmen zuständig waren. Sie haben besonders guten Einblick in die Aktivitäten der Unternehmen im Rahmen des Projekts und sind besonders gut über die Erfolge und Barrieren von Gender und Diversity informiert. Hiermit erreichten wir eine Rückmeldung von kompetenten Stakeholdern aus den Unternehmen selbst, die an der Schnittstelle zwischen Projektteam und Unternehmen handelten.

Die Interviews haben im Rahmen der Datenerhebung des Projekts den Stellenwert, eine Beurteilung des unternehmerischen Erfolgs zu Gleichstellung und Vielfalt durch die teilnehmenden Expert_innen aus den Unternehmen zu erfahren. Darin liegt die Chance, aus der Perspektive der Unternehmen selbst eine Reflexion zu Effekten und Barrieren zu erhalten. Die Grenze liegt jedoch darin, dass nicht jede_r Experte_in über den gesamten Umfang der Maßnahmen informiert war, da ja stets mehrere Abteilungen involviert waren und auch der Bewusstseinswandel in den Unternehmen schwer einzuschätzen war. Dennoch sind die subjektiven Einschätzungen wichtige Datenquellen zur Überprüfung der Wirksamkeit der Intervention.

Ziel war es, anhand dieser Methode Change-Prozesse der Projektarbeit und daraus resultierende Veränderungen in den Unternehmen zu erfassen und zu rekonstruieren. Wichtig hierbei war, das besondere Wissen der in die Prozesse und Situationen in den Organisationen involvierten Change Team-Mitglieder zugänglich zu machen. Denn aus diesen Daten lassen sich Erkenntnisse darüber schöpfen, wie die Interventionen im Rahmen des Projektes in den einzelnen Organisationen durch Multiplikator_innen ihre Wirksamkeit entfalten konnten sowie welche förderlichen oder hinderlichen Rahmenbedingungen die Veränderungsprozesse in den Unternehmen beeinflussten. Als ein wichtiger

Faktor für einen erfolgreichen Transfer konkreter, in Workshops erarbeiteter Inhalte des Gender und Diversity in die Unternehmenspraxis wurde hierbei die Arbeit der Change-Teams als Multiplikator_innen in den Unternehmen definiert.

5.2.1 Methodik

Es wurden anhand eines Leitfadens 14 Interviews im Zeitraum von Februar bis März 2013 mit Multiplikator_innen durchgeführt, in denen Erfolge und Barrieren des Projekts in den Unternehmen erhoben wurden. Im Einzelnen wurde nach dem Umfang der geplanten und durchgeführten Maßnahmen zu Gender und Diversity, den nachhaltigen Erfolgen und dem Einstellungswandel im Unternehmen gefragt.

Mit der Erhebungsmethode Expert_inneninterview wurde rekonstruktiv-analytisch sowohl die individuelle Entwicklung der teilnehmenden Change Team Mitglieder, aber auch die Veränderungen auf der Gruppenebene und der Organisationsebene empirisch belegt. Die Zielindikatoren 2. Erweiterung des Wissens zu G&D, 3. Die indirekte Verbreitung des Wissens durch Multiplikator_innen, 4. Die Bereitschaft, Einstellungen zu G&D zu verändern, 16. Der Umfang der Ressourcen, die im Unternehmen in G&D investiert wurden, 17. Förderliche und hinderliche Kontextbedingungen, 18. Der Umfang entwickelter Konzepte wurden mit diesem Instrument empirisch überprüft Anhand dieses vorab festgelegten Erkenntnisinteresses wurde ein Interviewleitfaden entwickelt, der als Gesprächsgrundlage für die Experteninterviews diente. Als Interviewpartner_innen wurden Expertinnen und Experten für das jeweilige Unternehmen und die Projektarbeit ausgewählt, nämlich die Hauptverantwortlichen für die Umsetzung und Steuerung der Maßnahmen im Rahmen des Projektes. Bewusst wurden die Interviews telefonisch geführt, um auf die knappen zeitlichen Ressourcen der Interviewpartner_innen Rücksicht zu nehmen. Im Durchschnitt dauerten die Interviews circa 30 Minuten.

Die qualitative Erhebung und Auswertung der Interviewdaten erfolgte als qualitative Inhaltsanalyse in Anlehnung an die Grounded Theory (Strauß/Corbin 2010; Gläser/Laudel 2010). Durch deduktives wie auch induktives Codieren der Daten konnten Kernelemente extrahiert und anhand von Fragestellungen spezifiziert werden.

5.2.2 Ergebnisse der Expert_inneninterviews

Es zeigte sich in der Analyse, dass die Stakeholder spontan auf die Anfrage hin nur schwer eine Einschätzung der Gesamtsituation nach dem Projekt vornehmen konnten. Sie wurden aus ihren Arbeitsvollzügen gerissen und erfassten nur in Umrissen die Folgen des Projekts als Ganzes. Erst bei Nachfragen zu einzelnen Erfolgen wurde deutlich, wie der Umfang der Gender- und Diversity-Maßnahmen bestellt war. Es wurden im Interview dann erhebliche Anstrengungen genannt, die von den Stakeholdern auf das Projekt Future is Female zurückgeführt wurden. Aber es wurden vor allem auch Barrieren deutlich, die in der Struktur der Unternehmen lagen oder aber auch in der mangelnden Unterstützung durch einzelne Vorgesetzte bestanden.

Insgesamt wurde in den Interviews die Nachhaltigkeit und Effektivität des Projekts für die Unternehmen positiv beurteilt. Es wurden zahlreiche neue Initiativen zu Gender und Diversity im Unternehmen angegeben. Die Veränderungen reichten von Maßnahmen der Familienfreundlichkeit wie z. B. Kinderbetreuung über die gezielte Förderung von Frauen in Wiedereinstiegsprogrammen bis hin zur Einstellung von Frauen in Führungspositionen. Der Umfang der Maßnahmen wurde erst in diesen Interviews deutlich. Es weuden auch gender- und diversityspezifische Dokumente genannt, die im Laufe der Projektzeit erstellt wurden.

Die Auswertung der Expert_inneninterviews belegte einen tief greifenden Einstellungswandel hinsichtlich der Inhalte und der Strategien von Geschlechtergleichstellung und Wertschätzung von Vielfalt, der unter Umständen den Interviewten selbst nicht gänzlich bewusstgeworden ist. Erst im Laufe des Interviews wurde den Probanden deutlich, in wie vielen Abteilungen und in wie vielen Programmen die Transformation im Unternehmen sichtbar wurde. Es fanden sich viele Passagen in den Interviews, in denen von gendersensiblen Verfahren und Festlegungen in den Unternehmen gesprochen wurde.

5.2.3 Interpretation der Interviewdaten: Die Bildung von „Keimzellen" eines langfristigen Kulturwandels in Unternehmen

1. Balance zwischen neuen Wissensbeständen und tradierten Wissensordnungen

Wie schon die empirischen Daten zum Status quo ante der Unternehmen zeigten, so belegten auch die Interviewdaten, dass in den untersuchten Unternehmen zu Projektbeginn weitgehend tradierte Rollenvorstellungen vorherrschend waren und den Unternehmensalltag und die Unternehmenskultur dominierten. Diese stereotypen Rollenbilder sind auch innerhalb der Gesellschaft und den Berufsverbänden vorherrschend, denn „Rollen repräsentieren die Gesellschaftsordnung" (Berger/Luckmann 1969: 78f). Die spezifische Tradition der untersuchten kleinen und mittelständischen Unternehmen in Bayern mit Standorten in ländlichen Gebieten und einer Familiengebundenheit mit patriarchalen Wurzeln spielten für die Projektarbeit eine entscheidende Rolle, da sie einflussreiche Rahmenbedingungen darstellten. Eine Interviewpartnerin brachte dies wie folgt auf den Punkt:

> „Und wir haben's hier in Bayern sowieso mit einem männlichen Macho-Typ zu tun, und da muss man als Frau einfach auch sehr, sehr selbstbewusst sein. Und das muss man immer wieder lernen" (Int. X)

Das Zitat belegt, wie sich Frauen in diesem Umfeld der Unternehmen oft gezwungen sehen, in eine alltägliche Auseinandersetzung und Aushandlung über Geschlechterrollen zu treten. Das sich stetig wandelnde Selbstverständnis von Frauen und Männern in der Gesellschaft trifft hier in ausgeprägter Form auf eine noch eher tradierte Unternehmenskultur. Die Unternehmen bleiben von den Veränderungen jedoch nicht unberührt. Stereotype Erwartungshaltungen und Kompetenzzuschreibungen an weibliche Mitarbeiterinnen müssen neu verhandelt werden. Auch männliche Mitarbeiter fordern mehr Zeit für Familie und Privatleben, die „Generation Y" ist dafür bekannt.

Der folgende Ausschnitt zeigt, wie stark in der gängigen Unternehmenspraxis Gleichstellung und Chancengerechtigkeit für Frauen noch ein Randthema ist und wie kleinschrittig Wandel durch einzelne Akteur_innen in Aushandlungsprozessen bewirkt werden muss. Die Balance zwischen traditionellen Rollenbildern und neuem Genderwissen, die durch das Projekt Future is Female in die Unternehmen transportiert wurden, ist jeweils in Gremien und bei Konferenzen von den Multiplikator_innen, den Trägern des neuen Wissens, neu auszuhandeln.

„Wenn's ein (Geschlechter-)Thema gibt, muss man das immer ein bisschen versachlichen, weil es immer so ein bisschen – wie soll ich sagen – so lapidar drüber hinweggegangen wird, so „mhm.. was wollen Sie jetzt damit?" Oder: „Was soll denn das?" oder dann vielleicht sogar noch `n Witz drüber gerissen wird, ich mein, das mag sicherlich auch dann manchmal am Pulk der Männer liegen, zum Beispiel bei unseren Führungskräften. Es mag aber auch daran liegen, dass die Grundhaltung zu den Werten, die man so vor 50, 40, 30 Jahren gehabt hat, ein bisschen noch verankert ist. Und da muss man dann einfach schon aufstehen und sagen: „Also so nicht". Und das wird dann auch akzeptiert und alles, aber das ist schon im ersten Moment immer so ein bisschen – ein Kampf wär zu arg übertrieben – Kampf, würde ja der Barriere entsprechen... Aber da muss man einfach dran arbeiten und dranbleiben, sagen wir mal so" (Int. IX).

Ausschlaggebend für die Situation der Multiplikator_innen ist vor allem, dass jede Rolle mit bestimmten Erwartungen an den/die Repräsentant_in verbunden ist und durch soziale Sanktionen positiver oder negativer Art kontrolliert und reproduziert wird. Witze über die Gender-Thematiken funktionieren hier im Sinne einer negativen Sanktion und somit einer Ablehnung von Wandel im bestehenden Machtsystem. Sie tragen sogar insofern zum Erhalt der Machtsysteme bei, als sie neue Gedanken oder Ideen in der Interaktion mit anderen Akteur_innen also durch Reproduktion alter Traditionen, abschwächen und negieren (vgl. Berger/Luckmann 1969: 159ff). Die Kommunikationsstrategien der Männer dienen dabei dem Erhalt des tradierten Rollengefüges im Unternehmen und damit auch dem Erhalt der Machtpositionen. Das Kommunikationsmittel der männlichen Protagonisten ist oft das der Ironie, indem genderspezifisches Rollenverständnis lächerlich gemacht und so abgewertet wird. Die Funktion der Ironie als Machtinstrument charakterisiert Thomas Mann treffend: Ironie bedeutet Abwehr, Ironie heiße, aus einer bedrängten Notlage eine Überlegenheit zu machen. Dies erfordert von den Multiplikator_innen eine doppelte Gegenstrategie: Schlagfertige Gegenargumente auf der gleichen Kommunikationsebene und dann Argumente für das neue Rollenverständnis.

Erfolge im Aushandlungsprozess, also die Akzeptanz der geforderten Änderung einzelner habitualisierter Handlungen im unternehmerischen Alltag in Bezug auf die Gleichstellung von Frauen und Männern, Migranten und andere diskriminierte Minderheiten kann durch Wiederholung und stetes Einfordern neuer Regeln erzielt werden, wie es die Schritte 3. und 4. des didaktischen Modells nahelegen.

Sehr deutlich zeigen sich die Widerstände der Organisation und wie stark eingespielte Interaktionsmuster trotz des Bemühens um Gegensteuerung einzelner genderbewusster Akteur_innen wirken. Anhand des obigen Beispiels lassen sich auch gängige Legitimationsmuster für bestehende Praktiken aufzeigen. Um an die internen Argumente anschlussfähig zu bleiben, relativiert die weibliche Führungskraft im Interview selbst die dauerhaften Anstrengungen und die Notwendigkeit der Intervention mit Gender und Diversity und wertet sie damit selbst ab. Die Interviewpartnerin zeigt damit, wie sie als Akteurin in der Organisation ihr organisationsspezifisches Alltagswissen einsetzt, um bestehende Traditionen zu erweitern. Gerade Frauen, die in männerdominierten Branchen für Genderthematiken einstehen, sehen sich mit diesem Dilemma konfrontiert.

Auch im folgenden Beispiel wird die Ausgangssituation für Veränderungen sehr deutlich. Ausgehend von einzelnen Akteuren muss sich die Transformation im Spannungsverhältnis zwischen neuen und herkömmlichen Praktiken einen von allen Akteur_innen legitimierten Weg suchen.

> „Weil, wir hatten das in 'nem Workshop von Ihnen, dass man sagt: „Man sagt nicht nur Kunden, sondern Kundinnen und Partner und Partnerin". Also, wenn man dann immer gleich alles auch weiblich auslegt, dann ist es

irgendwann glaub ich auch mal nervig oder einfach zu viel. Und ich find, da muss man die Balance finden, bevor man, ja, sag ich mal, das klingt jetzt hart, emanzenmäßig rüberkommt und da irgendwie Fronten aufbaut, sondern eher halt die Leute mitzunehmen, um da die Kommunikation zu verbessern. Also, nicht immer drauf zu pochen, dass das politisch 100% korrekt formuliert ist. Weil dann würde ich, denke ich, die Kollegen eher vor den Kopf stoßen, oder die würden dann hinter meinem Rücken lachen. [...] wo man halt schau'n muss, dass man das nicht irgendwie torpediert" (Int. XI).

Die Sequenz verdeutlicht die Herausforderung, bestehende Wissensbestände zu verändern und gegenüber den Barrieren als „Pionier_in" für das neue Wissen einzustehen. Hier wird sehr betont, dass sich die Interviewpartnerin immer nur graduell für genderspezifische Veränderungen einsetzen kann, ohne zu stark sozial sanktioniert und ausgeschlossen zu werden. Die Balance zu halten zwischen genderspezifischem Engagement und der notwendigen Akzeptanz bei den Kolleg_innen ist sehr schwer. Die Thematisierung dieser Ausgangsbedingungen mit den unternehmensinternen Projektverantwortlichen kann als erstes positives Ergebnis der Projektarbeit gewertet werden.

Als erstes Zwischenfazit kann zusammengefasst werden, dass Lernen und Veränderungen in den Handlungsoptionen von Mitarbeiter_innen im Unternehmen mit Gender und Diversity sehr kleinschrittig erfolgen müssen. Dabei sind Change-Kompetenzen der hauptverantwortlichen Akteur_innen gefordert und es müssen Räume für Aushandlungsprozesse vorhanden sein. Sind diese Bedingungen nicht gegeben, ist eine Transformation diskriminierender Praktiken auf Gruppenebene oder Unternehmensebene kaum möglich, sondern bleibt personenabhängig

2. Neue Arenen für Aushandlungsprozesse

Die beschriebene Ausgangsituation für die Interventionen in den Unternehmen machte deutlich, dass Arenen geschaffen werden müssen, um neue Praktiken und Regeln im Prozess der Aushandlung „sagbar" und „machbar" zu machen. Solche Arenen sind stets öffentlich in Konferenzen und bei Arbeitsgruppen auf Abteilungsebene gegeben, aber auch im gesamtorganisatorischen Rahmen der Change Teams und Arbeitsgruppen der Gender- und Diversity-Projekte der Unternehmen. In diesen Sitzungen wurden die neuen Sprachregelungen und neue Praktiken erstmalig im Unternehmen ausprobiert und etabliert. Beispielsweise wurden im Change Team die Fortschritte der Arbeitsgruppen zu Einzelthemen des G&D berichtet und manche Irritation aufgrund veränderter Praktiken geweckt: Frauen und Männer wurden gleichberechtigt gendersensibel benannt, zum Beispiel auf Homepages und in den neuen Gleichstellungsprogrammen, etwa dem Kontakthalte- und Wiedereinstiegsprogramm für Eltern wurden nicht mehr ausschließlich Mütter angesprochen, sondern auch Väter. Es wurde damit auch insinuiert, dass Väter einen – neuen – Anspruch auf Elternzeit erworben haben. Es wurde zudem auf der Homepage dargestellt, dass Frauen fortan für Führungspositionen gefördert werden. Das erweckte Irritationen, weil sich Nicht-Väter fragen, wo sie denn eigentlich in Zukunft gefördert werden.

Genau hier setzte das Projekt an und wirkte entsprechend, indem es in den Unternehmen auf mehreren Ebenen Räume für Verhandlungen schaffte, die Wandel möglich machten. Indem ein Unternehmen die Entscheidung zur Teilnahme am Projekt gefällt hat und intern erste Informationen zum Projekt vermittelt wurden, wurde ein solcher Sprach- und Verhandlungsraum eröffnet. Beispielsweise wurde es plötzlich, allein durch den bewusst provokant gewählten Namen des Projektes Future is Female, im Unternehmen relevant, über Nutzen oder Nichtnutzen einer Genderstrategie zu debattieren: „Der Name [des Projektes] ist hinderlich, und hat zu vielen Diskussionen geführt" (Int. X). Auch wenn für die Akteur_innen der Name provokativ schien, positionierte sich das Unternehmen damit doch entsprechend zum Thema und der bereits vorhandene Aushandlungsprozess erhielt eine neue Qualität, die Aussagen erster sensibilisierter Personen erlangten mehr Gewicht.

Mit der parallel ablaufenden Gründung der Change-Teams mit mehreren Akteur_innen aus der Organisation wurde eine weitere Arena geschaffen, in der unter Berücksichtigung gemeinsamer Belange sowie unternehmerischen Wissenslogiken Aushandlungsprozesse eingeleitet oder verstärkt wurden und Wandel möglich wurde.

Zusammenfassend als zweites Zwischenfazit gilt, dass das Projekt Future is Female einen Katalysator für die Vermittlung neuer, gleichstellungssensibler Wissensordnungen darstellte.

Anhand der Interviewdaten ließ sich feststellen, dass in den Unternehmen zunächst eine Sensibilisierung für das Thema Gleichstellung und Gender und Diversity stattgefunden hat. Es konnte ein Bewusstsein dafür geschaffen werden, dass es auch im eigenen Unternehmen nach wie vor zu Benachteiligungen bestimmter Gruppen kommt und wie diesen Benachteiligungsprozessen entgegengewirkt werden kann. Auch wenn der Bewusstseinswandel in Bezug auf das Thema Geschlechtergleichheit in einem ersten Schritt nur in Teilbereichen des Unternehmens stattfand, hat er dennoch in weiteren Schritten Konsequenzen für die gesamte Organisation. Die Daten zeigen, dass das Change Team als Ganzes und die einzelnen Mitglieder des Change Teams in der Regel erste „Keimzellen" eines unternehmensweiten Bewusstseinswandels waren. Denn sie waren es unter anderen, die sich in Workshops und im Anschluss daran im Unternehmen mit der Thematik des Projektes intensiv auseinandersetzten und die Umsetzung neuer Ideen anleiteten. Das folgende Zitat beschreibt, wie durch die Teilnahme am Projekt im Unternehmen ein langfristiges Umdenken bis hin zu einem Kulturwandel begann:

> „Ohne dass wir bisher Workshop-Ergebnisse veröffentlicht haben, ist zumindest das Thema Future is Female ein Thema, das in vielen Diskussionen immer wieder hochkommt. Es ist von unserem Change-Team und auch von vielen Kollegen ... Wenn wir heute Themen anpacken, dann ist es mittlerweile im Hinterkopf immer so verankert mit dem Future is Female-Gedanken. Dass wir in ganz vielen Themen gleich immer die Frage stellen „Moment mal, jetzt haben wir uns schon wieder ertappt, jetzt denken wir wieder typisch Unternehmen – männlich. Wir sollten eigentlich mal wieder in unserem Projekt denken. .... Da sprechen wir heute eher drüber: Ja Moment mal, unter dem Future is Female-Gedanken sollten wir das mal vielleicht so betrachten" (Int. I).

Einzelne Personen haben ein neues Bewusstsein für diskriminierende oder exkludierende Prozesse entwickelt, welches sie in ihre berufliche Alltagstätigkeit einfließen ließen und dadurch einen Perspektivenwechsel erwirkten. Diese neue Interpretation erforderte es, entstehende Unsicherheiten und Mehrdeutigkeiten in neue Wissensorganisationen umzuwandeln. Dadurch entstand eine erste „Keimzelle" eines Kulturwandels in der Organisation.

Der Teilsatz des Interviews „da sprechen wir heute eher darüber" zeigt die Möglichkeit, dabei neue Lösungswege und andere Argumente bei der Auseinandersetzung zu nutzen. Aussagen wie „es kommt immer wieder hoch"... „mit dem Future is Female Gedanken" und „da haben wir uns ertappt" (Int. IV) belegen, dass die neuen Wissensbestände nicht nur temporär wirksam wurden, sondern sie weisen auf einen nachhaltigen Wandel zu neuen Praktiken hin. Hier entfaltete sich der Prozess der Dekonstruktion, welcher im Workshop auf persönlicher Ebene stattfinden konnte, nun auch in der Gruppe. Durch den aktiven Transfer der neuen Erkenntnisse in die Unternehmenspraxis und den Anspruch, gemeinsam „neu nachzudenken" (Int.:IV), haben die ersten individuellen Entwicklungsprozesse eine Verlagerung auf die Gruppe vollzogen und sind zu neuen kollektiven Denkmustern transferiert worden.

Als Unterstützung für die „Pionier_innen" bietet das Projekt nicht nur den Aufbau von Wissen, sondern auch konkrete Handlungsanleitungen.

> „Durch das Projekt wurde ein Instrumentarium zur Kommunikation gegeben, d. h. es wird möglich, zunächst über Workshop-Themen zu sprechen, aber eben auch über eine „Vielzahl von anderen Dingen" (Int. XIV).

Über die Schaffung von günstigen Lernbedingungen hinaus gab das Projekt den Multiplikator_innen also ein „Instrumentarium" an die Hand, durch das viele Themen rund um Gender und Vielfalt neu gedacht und ausgehandelt werden konnten. Das Projekt wurde als „Ideengeber" wahrgenommen und genutzt, das neue Möglichkeiten herstellte, um aus einer Metaperspektive heraus distanziert auf die bestehende Praxis der diskriminierenden Interaktionen zu blicken und diese zu analysieren und zu dekonstruieren.

Die gruppenspezifische Übernahme der neuen Wissenslogiken wurde allmählich außerdem durch Sanktionen im Falle eines Abweichens von neu etablierten gleichstellungspolitischen Standards immer wiederkehrend überprüft. Aussagen wie „Moment mal! Jetzt haben wir uns wieder ertappt" (Int. IV) und „also so nicht" (Int. IX) verdeutlichen diesen Prozess. Durch die stetige, regelhafte Wiederholung in Alltagsprozessen wurden diese neuen und in der Gruppe ausgehandelten Regeln internalisiert und damit zur neuen Realität: „wenn wir heute Themen anpacken ist das mittlerweile im Hinterkopf" (Int. IV).

Durch die Vermittlung von praxisnahem Wissen und der Unterstützung beim Transfer in die Alltagswelt der Unternehmen bewirkte die Projektarbeit die Bewusstmachung und das Erkennen von Perspektiven. Das führte zu persönlichem Wachstum, der Aushandlung neuer gemeinsamer Regeln und nicht zuletzt zum Erkennen eines betriebswirtschaftlichen Nutzens und Mehrwerts für das Unternehmen. Diese veränderten Realitäten waren erste „Keimzellen" hin zur Institutionalisierung und einem Double-Loop- oder sogar Triple-Loop-Lernen in der Organisation. Wie oben ausgeführt, wurde das Double-Loop-Lernen nach Argyris bestimmt als Reflexion eines Lernprozesses im Unternehmen. Das Triple-Loop-Lernen hingegen oder Lernstufe III bei Bateson wurde definiert als Lernprozess, der die habitualisierten Einstellungen zu Gender und Diversity in Frage stellt und durch neue Einstellungen ersetzt, die das erlernte Wissen zur Basis haben. Zugleich wurden damit Vorurteile und diskriminierende Praktiken außer Kraft gesetzt. Dieser hoch komplexe Vorgang gelang nach Aussage der Probanden sehr gut.

Dieses Wissen nun im Unternehmen zu verbreiten, in Alltagspraktiken zu überführen und in konkrete sichtbare Maßnahmen im Unternehmen münden zu lassen, setzte oftmals eine schwierige Aushandlung solcher neuen Praktiken mit anderen Akteuren der Organisation voraus.

3. Aufbruch und Umbruch – der Weg zur Transformation in neue Strategien

Zum Zeitpunkt der Interviews waren die meisten Unternehmen gerade in den Anfängen, um auf der Basis der neuen Ausgangsbedingungen, die die Weiterbildung im Projekt schaffte, konkrete Konzepte und Maßnahmen des G&D zu planen und umzusetzen. Da erst wenige Projekte des G&D schon in einem fortgeschrittenen Stadium waren, gibt die Datenerhebung zur Artefaktanalyse, die zu einem späteren Zeitpunkt stattfand, ein umfassenderes Bild ab hinsichtlich messbarer Ergebnisse. Anhand der Interviewdaten lässt sich der Prozess der Umsetzung jedoch näher beleuchten.

> „...wir haben jetzt (in der Firma) ja an drei oder vier Workshops teilgenommen und sind gerade dabei, dass wir die Workshop-Ergebnisse ins Unternehmen hineintragen. Insofern ist es momentan aus dieser Sicht einfach schwirig, dass man beurteilt, was hat sich schon bewegt, was hat sich jetzt verändert im Unternehmen. Es ist für viele Mitarbeiter noch gar nicht so richtig ersichtlich" (Int. IV).

Durch die vorangegangene Entwicklung des gleichstellungspolitischen Bewusstseins, neuer Aushandlungsprozesse und Regeln, werden nun für die Umsetzung weitere Akteur_innen relevant und als „Expert_innen" einbezogen. Die folgende Interview-Sequenz beschreibt dieses Vorgehen und zeigt die Öffnung einer „Keimzelle" hin zu einem weiteren Kreis von Beteiligten im Transformationsprozess der Unternehmen.

> „...in der Umsetzung sind sehr stark die Damen miteingebunden und wir haben das auch mit der Potenzialanalyse von weiblichen Kräften gleich mitgenutzt. Dass wir die eine oder andere mit ins Boot geholt haben und die Erfahrungen von Müttern usw. gleich mal abgegriffen haben. Wir haben gesagt, komm, da kannst du mit deinem Wissen, aus deiner Sichtweise und sicherlich auch bei der Umsetzung von den Themen nochmal weiterhelfen" (Int. IV).

Hier wird ein sehr relevanter Lernprozess angesprochen, der in einigen Unternehmen ähnlich stattfand: Es erfolgte im Rahmen der Projektarbeit eine weitgefasste Aushandlung und ein konkretes Abstecken und Kennenlernen der Zielgruppenbedarfe von Müttern durch die Involvierung von Frauen als Vertreterinnen der Zielgruppe in den Umsetzungsprozess. Frauen werden dabei erstmalig zu einer Erhebung von Stärken und Schwächen des Unternehmens im Bereich Gender und Diversity herangezogen. Das bedeutet, dass in der Ausgestaltung bzw. Überarbeitung konkreter Personalmanagement-Instrumente Frauen bzw. Mütter die Chance zur Teilhabe gewinnen. Die Akteur_innen einer anderen Wissensordnung als der „typisch männlich" dominierten Unternehmensordnung werden als Trägerinnen von speziellem Wissenskapital anerkannt, das zum Unternehmenserfolg maßgeblich beiträgt. Die von Männern beherrschten Regelsysteme werden aufgeweicht, indem männlich dominierte oberste Führungsebenen eingestehen: wir haben zwar auch Vorstellungen über diese Fakten zur Gleichstellung von Müttern und Vätern, „... aber in Wirklichkeit ist es ganz anders" (Int. IV).

Als ein zentrales Ergebnis kann hier festgehalten werden, dass an dieser Stelle im Prozess der Transformation im Unternehmen ein entscheidender Wendepunkt eintreten kann. Insbesondere wachsen den Mitgliedern der Change Teams neue Machtpositionen zu und sie erarbeiten sich durch ihre Wissens- und Handlungskompetenzen als verantwortlichen Akteur_innen der Change-Teams bei der Umsetzung Ansehen und auch Durchsetzungsfähigkeit. Dieser Prozess wird von den Geschäftsführungen zunächst durchaus ambivalent wahrgenommen, denn sie sind es nicht gewohnt, zu einer Frage von Frauen überstimmt zu werden. Aber es findet dann in der Folge ein Emanzipationsprozess der jungen Mitglieder der Change Teams statt, der ihnen durchaus neue Akzeptanz einbringt.

4. Aushandlungsprozesse im Unternehmen – Ausgangspunkte für neue Regeln und Unternehmenskulturen

Durch die Projektteilnahme wurden neue Ideen in das Unternehmen hineingetragen. Sie setzten, angeregt durch Weiterbildungs-Workshops, zwischen unterschiedlichen Akteuren Prozesse der Awareness und Dekonstruktion in Gang und führten zur Festlegung neuer Regeln bezüglich Gleichstellung in Interaktionen. Dies geschah zum einen innerhalb des Change Teams, zum anderen zwischen Change Team und anderen Mitarbeiter_innen und Führungskräften. Diese Aushandlungsprozesse waren essenziell für das Entstehen neuer Realitäten im Unternehmen und zeigten auf, dass durch die Arbeit im Projekt ein Veränderungsprozess initiiert wurde, indem aufkommende Fragestellungen und ggf. auch Wiederstände sichtbar und dadurch diskutierbar gemacht wurden.

Zum Beispiel wurde nun folgende Frage durch das Projekt im Unternehmen behandelt: „Warum fördern wir denn hier bei uns jetzt nur die Frauen – geht es euch nicht gut?" Dieses Beispiel zeigt, dass die Teilnahme am Projekt den Fokus in der Organisation auf das Thema Gleichstellung lenkte, das nun über einzelne Personen hinaus auf der Basis der bestehenden Bedingungen im Unternehmen neu oder erstmals verhandelt wurde.

Anhand dieser Fragestellung, wird deutlich, dass sich Unternehmen mit der eigenen Betroffenheit hinsichtlich Gleichstellungsthemen auseinandersetzten und die Wertigkeit und der Mehrwert der Thematik besprochen und diskutiert wurden. Dieser Prozess war jedoch nicht einfach und erforderte je nach bestehender Unternehmenskultur und dem Unternehmensumfeld viel Zeit und wiederholte Auseinandersetzungen. Wie kleinschrittig die Erfolgsgeschichte eines Aushandlungsprozesses auch ist und wie langwierig es ist, Bewusstsein und Akzeptanz für Gleichstellung zu schaffen, dennoch ist Beides im Unternehmen ein Schlüssel für den Erfolg konkreter gleichstellungspolitischer Maßnahmen sowie für das langfristige Ziel, mehr Führungspositionen mit Frauen zu besetzen. Dabei werden bestehende Regeln und (Macht-)Strukturen in Frage gestellt und neu definiert.

Ein zentraler Erfolgsfaktor war bei diesem Schritt der Aushandlungen die Gender- und Diversity-Kompetenz, die Motivation und die Haltung der Projektverantwortlichen, nämlich den Change Team-Mitgliedern. Häufig liegt die Hauptverantwortung sogar nur bei einer federführenden Person im Change Team (dies hat sich häufig aus der Zusammensetzung der Change Teams entwickelt und die Vor- und Nachteile für den Veränderungsprozess sollen an anderer Stelle vertieft diskutiert werden). Die Hauptverantwortlichen berichteten über die Herausforderung, bei der Aushandlung eine „Gratwanderung" machen zu müssen sowie eine „Balance" zwischen alten und neuen Regeln finden zu müssen.

Im oben aufgeführten Zitat ist der Ausspruch „… und da muss man dann einfach schon aufstehen und sagen: ‚Also so nicht'!", besonders interessant. An einem bestimmten Punkt in diesem Prozess bedarf es einer Positionierung der Verantwortlichen hinsichtlich konkreter Wertvorstellungen, die eine klare Richtung weisen. In diesem Fall wird die Aussage von einer hauptverantwortlichen Person des Change Teams gemacht, die gleichzeitig eine der obersten Führungspositionen im Unternehmen innehat. Das bedeutet, sie hat gemäß ihrer Position, Top-down-Entscheidungsbefugnisse und die Macht, konkrete richtungsweisende Aussagen zu machen, welche Werte das Unternehmen verfolgen wird.

Eine zentrale Stellschraube im dem Prozess, mehr Frauen in Führungspositionen zu bringen, war demnach das Change Team, insbesondere seine Ausstattung mit Gender- und Diversity-Kompetenz als auch Entscheidungsbefugnissen.

5. Das Change Team – zentraler Akteur für einen erfolgreichen Veränderungsprozess

Die Daten zeigen, dass der Erfolg der Change-Teams und damit das Ziel, eine nachhaltige Wirkung der Interventionen im Rahmen des Projektes zu erzielen davon abhängt, wie das Change Team zusammengesetzt war, wie die Mitglieder ihre Zusammenarbeit gestalteten und welche Ressourcen und Kompetenzen dem Team von der Geschäftsleitung zur Verfügung gestellt wurden. Das Change Team war, wie bereits dargestellt, die erste Aushandlungsplattform für neue Impulse des Gender und Diversity. Dort schafften sich die Mitglieder Raum, ihr neues Wissen und die Themen aus den Weiterbildungs-Workshops des Projektes auszutauschen und die Inhalte in ihr Unternehmen zu kommunizieren.

> „Diese Themen [aus den besuchten Workshops] werden bei uns [im Change-Team] noch einmal aufbereitet und nachbereitet, inwieweit lassen sich hier Maßnahmen für unser Unternehmen ableiten" (Int. III).

Damit kam dem Change-Team die wichtige Rolle zu, andere Führungskräfte im Unternehmen für Gleichstellung zu sensibilisieren als auch eine Kommunikationsplattform ins Unternehmen hinein zu schaffen. Zentral aber war die Funktion, die Entscheidung darüber zu treffen, welche Themenbereiche hinsichtlich einer Gleichstellungsstrategie für das Unternehmen relevant sind und ob und wie diese mit entsprechenden Maßnahmen operativ angegangen werden sollten.

Das Change Team, oftmals auch einzelne Mitglieder des Change Teams, waren sozusagen die maßgebliche „Schaltzentrale", die inhaltliche Priorisierungen vornahm und Entscheidungen traf, welche Themen besondere Relevanz haben und weiterverfolgt wurden.

Das folgende Zitat zeigt, wie ein solcher Prozess aussehen kann:

> „Also, grundsätzlich ist es so, wenn irgendwas in der Thematik sag ich mal aufs Tableau kommt, dann setzen wir uns zusammen und dann diskutieren wir darüber – wenn`s Diskussionsbedarf gibt, und dann wird – wenn`s um `ne Maßnahme geht, die rauskommt, die Maßnahme dann eingeleitet. Und da ich von der Geschäftsleitung ja dabei bin, kann man das dann gleich eins zu eins umsetzen" (Int. IV).

Bemerkenswert in diesem Zitat ist die Relativierung „wenn`s Diskussionsbedarf gibt". Sie zeigt, dass die verantwortliche Geschäftsleitung entscheidend dafürwar, ob ein Thema überhaupt als diskussionswürdig und relevant für das Unternehmen eingestuft wurde. Welche Themen und Maßnahmen in einen Planungsprozess gelangen konnten, hing also stark von der Gender- und Diversitykompetenz und der Motivation dieser Person ab. In diesem Sinne konnte es eher ungünstig sein, wenn das Change Team zu hierarchisch organisiert war, sollte diese entscheidende Person über wenig gender- und diversityrelevantes Know-how verfügen oder selbst Vorbehalte gegen die Thematik haben. Das zeigte sich in weniger erfolgreichen Unternehmen im Projekt sehr deutlich. Dort war die hautverantwortliche Person selbst so in den alten Machtdiskursen involviert, dass sie die aufkeimenden neuen Wissensordnungen selbst wieder – bewusst oder unbewusst – sabotierte. Dies tat sie, indem das Unternehmen nur an der Oberfläche gender- und diversitygerecht konstruiert wurde und dadurch Optimierungsansätze nicht zu einem tief greifenden Wandel führten können. Trotzdem nahm das Unternehmen jedoch weiter quasi mit halber Kraft am Projekt teil und die Transformation geschah langsam und gegen heftige Widerstände. Hier zeigte sich, wie entscheidend der Aushandlungsprozess neuer Praktiken für die Entfaltung einer Wirkung durch Interventionen im Unternehmen war.

Der letzte Satz „und da ich von der Geschäftsleitung ja dabei bin, kann man das dann gleich eins zu eins umsetzen", hingegen zeigt, wie wichtig eine entscheidungsbefugte Person im Change Team für die tatsächliche konkrete Entwicklung und Umsetzung von Maßnahmen war.

Change Teams, in denen keine Mitglieder mit Entscheidungsbefugnissen waren, befanden sich häufig in einer Sandwich-Position. Auf der einen Seite erlangten die Mitglieder im Projekt viel Wissen, haben einen Bewusstseinswandel vollzogen und das Know-how erlangt, unternehmenseigene Maßnahmen zu entwickeln und zu implementieren. Aber sie mussten die Genehmigung von der Geschäftsleitung erst einholen, tatsächlich aktiv zu werden und erhielten auf der anderen Seite auch zu wenig zeitliche und finanzielle Ressourcen.

6. Barrieren an der Schwelle zum Organisationalen Lernen – von der Keimzelle zur Strategie

Anhand der Einblicke in die Unternehmensprozesse konnte häufig festgestellt werden, dass die Projektarbeit der Change Teams bis zu einem bestimmten Punkt erfolgreich verlief. Dies waren die drei ersten Schritte des didaktischen Modells: Awareness für Diskriminierung bei den Einzelnen und Dekonstruktion von habitualisierten Praktiken in konkreten Interaktionen, wie zum Beispiel Bewerbungsgesprächen und Setzen neuer gleichstellungssensibler Regeln in einer Gruppe oder Keimzelle. Zum Schritt 4 jedoch musste eine besondere Hürde überwunden werden, an der aus einer Keimzelle eine unternehmensübergreifende Strategie des Gender und Diversity wurde (vgl. dazu auch die Gruppendiskussion Kap. 6.). Ein Interviewpartner beschrieb diese Barriere als zu geringe „Unternehmenspräsenz" des Projektes. Damit war gemeint, dass nach der Vorbereitung der Transformationsprozesse in der Weiterbildung die Übertragung auf die unternehmerische Realität sehr komplex und schwierig war: Nach dem Bewusstseinswandel, den Aushandlungsprozesse und der konkreten Entwicklung und Planung optimaler Maßnahmen von Gender und Diversity standen dann bisweilen dem Change Team nicht die notwendigen Entscheidungskompetenzen zur Verfügung, die Maßnahmen zu institutionalisieren. Dies galt dann, wenn die Unternehmensleitung nur zögerlich den Maßnahmen zustimmte. Die fehlende „Unternehmenspräsenz" konnte gleichgesetzt werden mit einer fehlenden Top-down-Anweisung der Geschäftsleitung, das heißt einer fehlenden klaren Stellungnahme der obersten Führungskräfte, das Thema Gleichstellung als eine Strategie mit Einzelmaßnahmen im Unternehmen fest zu etablieren.

> „Schwierig. Schwierig insofern, dass ich schon gesagt habe, dass da `ne Sensibilisierung zu dem Thema stattgefunden hat, aber es zu wenig unternehmensübergreifende Maßnahmen gibt, an denen das Change Team hätte gemeinsam arbeiten können. Und da, wo die Zusammenarbeit gut ist, dass die Change Team-Mitglieder sagen: `Schön, dass das Thema jetzt

platziert ist und dass wir da einfach mit drin sind und mitdenken können, was nicht so schön ist´, dass die für sich in den einzelnen Bereichen wenig Möglichkeiten sehen, etwas voranzutreiben, weil`s dann doch zu wenig an Unternehmenspräsenz hat" (Int. V).

Eine andere wichtige Barriere, die eng mit der fehlenden Top-down-Strategie der Unternehmensleitung zusammenhing, war die tatsächliche Priorisierung und damit Schaffung und Bereitstellung zeitlicher und finanzieller Ressourcen für die Umsetzung von Maßnahmen des Gender und Diversity durch die Change Teams. Die Ursachen für einen Stillstand wurden nicht in der fehlenden Motivation oder dem fehlenden Know-how gesehen, sondern waren struktureller Art:

„Die Barrieren sind die organisatorischen Barrieren. Das heißt, uns fehlt die Zeit, dieses Projekt konkret zu verfolgen ... das ist mit Sicherheit die allergrößte Barriere. Das heißt, wenn ich den Kolleginnen Arbeit dahingehend gebe, dann ist es für sie eine Zusatzbelastung zu den ohnehin schon sehr vielen Aufgaben, die sie jetzt schon auf dem Schreibtisch liegen haben" (Int. VI).

Diese Ergebnisse zeigen, dass die verantwortlichen Change Team-Mitglieder größtenteils auch bei der internen Abstimmung, Planung und Kommunikation im Unternehmen Beratung und Unterstützung seitens des Projektes benötigten. Fragen danach, wie ein optimaler Kommunikationsprozess oder Roll Out geplant und durchgeführt werden kann, wurden geäußert. Denn auch hier lässt sich eine „Sollbruchstelle" identifizieren, die einen laufenden Lernprozess im Unternehmen an der Schwelle zwischen Integration neuer gendersensibler Wissensordnungen und der Institutionalisierung dieses neuen Wissens in Form von übergreifenden Maßnahmen des Gender und Diversity scheitern lassen kann. Zentral sind hier Maßnahmen, die dazu beitragen, Widerstände, wie z. B. das Beharren auf alten patriarchalen Ordnungen und Praktiken zu überwinden. Zusammengefasst brauchen die Akteure im Unternehmen die Unterstützung, beim Veränderungsprozess mit Gender und Diversity in der Organisation erfolgreich zu steuern.

7. Die Umsetzung konkreter Maßnahmen und Projekte

Die Interviewpartner_innen berichteten, zunächst werde die Vorarbeit in den Change-Teams „im Untergrund", also im Team vorbereitet, um dann aus einer sicheren Position heraus in den Transformationsprozess im Unternehmen einzusteigen und Maßnahmen im Unternehmen zu institutionalisieren. Wie bereits oben dargestellt, war der Weg über Awareness, Aufbau von Wissen und Kompetenzen, Aushandlung von neuen Regeln und Praktiken und die Entscheidung für konkrete Maßnahmen lang und unterlag vielen unterschiedlichen Schwierigkeiten bzw. Bedingungen, die förderliche oder hinderliche Auswirkungen haben konnten.

Trotz dieser vielfältigen Herausforderungen war die Bandbreite der Maßnahmen, die in den Unternehmen umgesetzt wurden oder sich in der Umsetzungsplanung befanden, außerordentlich groß. Das folgende Zitat zeigt die vielfältigen Möglichkeiten, je nach Ausgangssituation und Ressourcenausstattung langfristig mehr Frauen in Führungspositionen zu gewinnen. Als sehr hilfreich wurde es von den Interviewpartner_innen empfunden, dass in den Programmworkshops von Unternehmensvertreter_innen konkrete handfeste Konzepte des Gender und Diversity entwickelt wurden, die „nur noch" für das Unternehmen angepasst und ausgearbeitet werden mussten. Zum Zeitpunkt der Durchführung der Interviews steckten die meisten der konkreten Maßnahmen aus den Programmworkshops deshalb noch in der Planungs- und Ausarbeitungsphase, weil sie sehr anspruchsvolle umfangreiche Programme enthielten. Die folgenden Interviewpassagen zeigen, wie das erlangte Wissen und das Know-how aus den Workshops in die Umsetzung im Unternehmen mündeten.

> „Also Frauenförderprogramm, das kommt noch. Wobei wir eigentlich in dem Workshop festgestellt haben, dass wir einfach zu wenige Frauen generell in den technischen Berufen haben. Das heißt, unser Ansatz ist hier eben, durch gezielteres Recruiting einfach mehr Frauen zu erreichen. Also so sind wir da verblieben. Und generell um Frauen zu fördern, haben wir einerseits den männlichen Kollegen 'nen Workshops angeboten zur Kommunikation mit dem weiblichen Geschlecht" (Int. VII).

Dieses Unternehmen möchte langfristig Frauen durch geplante „Unterstützungsmaßnahmen schon im Bewerbungsgespräch für das Unternehmen begeistern" (Int. XI).

Ein anderes Unternehmen legte auch den Schwerpunkt auf die Rekrutierung von Mitarbeiter_innen, indem es Rekrutierungsrichtlinien erstellte und an seinem Außenauftritt arbeitete.

> „Und Sie haben zum Thema genderorientiertes Recruiting, soweit ich weiß, ja auch schon erste Schritte unternommen in Ihren Stellenausschreibungen, ist das richtig? [...] Das kommt noch, das wollen wir machen, das Thema. Wir überarbeiten grad unsere Homepage. Das ist vielleicht auch ganz interessant, wir nehmen jetzt wirklich 'ne Frau auf die Homepage, auf die Startseite. Und einen älteren Herrn. Aber speziell 'ne Frau, weil ich auch gelernt hab' durch diesen Workshop, dass Frauen sich eher abgeschreckt fühlen, wenn viele Männer abgebildet sind. Männer aber nicht, wenn Frauen abgebildet sind. Und deswegen setzen wir da speziell auf 'ne Frau" (Int. VIII).

Außer unternehmensübergreifenden Maßnahmen wurde auch die Einzelförderung von Frauen in den Fokus gestellt. Nach einer Potenzialanalyse mit einer Frau wurde ein gezielter Entwicklungsplan erstellt, der die Frau langfristig beim Karriereaufbau begleitete.

Eine schwangere Auszubildende wurde als Potenzialträgerin erkannt und es wurde nun im Unternehmen geplant, wie optimale Strukturen geschaffen werden können und ein Unterstützungsangebot erarbeitet werden kann, so dass für beide Seiten eine optimale Lösung entwickelt werden konnte.

Eine neue weibliche Führungskraft bekam Unterstützung durch das Projekt:

> „Da kann ich wirklich von Auswirkungen sprechen. Und zwar ist das die Frau X, die jetzt in eine Leitungsfunktion gekommen ist. Und die durch ein Projekt, das wir hier im Haus hatten (FIF), das waren diese genderspezifischen Mitarbeitergespräche. Davon hat sie profitiert" (Int. XI).

5.2.4 Das Change Team: Zentraler Akteur für einen erfolgreichen Transformationsprozess

Entscheidende Bedingungen für eine erfolgreiche Umsetzung und Institutionalisierung neuer Praktiken sind, wie gezeigt werden konnte, die Zusammensetzung, die Arbeitsorganisation und die Ausstattung mit Kompetenzen und Ressourcen des Change Teams. Diese Faktoren konnten durch vorherrschende Machtstrukturen und -Verhältnissen innerhalb der Organisation unterschiedlich zu Erfolgen gelangen.

Die Daten zeigen, dass die Zusammensetzung der Change Teams hinsichtlich der Höhe der Statuspositionen und der Geschlechter variierte. Tendenziell jedoch kamen die Mitglieder der Change Teams eher aus der Führungsebene, insbesondere aus dem Human Resources-Bereich. Bewährt hat sich „eine gesunde Mischung" (Int. I), wie die Expert_innen aussagten. Im laufenden Change-Prozess des Projekts haben die Unternehmen die jeweilige Zusammensetzung der Mitglieder der Change Teams optimiert und entsprechend ihrer Themen und G&D-Maßnahmen angepasst. Insbesondere war es häufig wichtig, die Zielgruppe einer einzelnen Maßnahme personell schon in die Entwicklung von Konzepten zu integrieren. Demnach wurden Frauen, Mütter, Alleinerziehende oder Frauen in Führungspositionen bei der Planung von Maßnahmen des G&D hinzugezogen, „dass die weibliche Komponente ins Spiel kommt" (Int. I). Dadurch wurden Frauen aufgewertet und wurden mit ihren Bedürfnissen und Potenzialen im Unternehmen sichtbar. Der Nutzen von Maßnahmen der Vereinbarkeit wurde intern deutlich und führte zu einem größeren Verständnis und zur Akzeptanz der Bedingungen von Müttern und

Vätern. Dadurch wurde der Effekt erzielt, dass verstärkt transformative partizipative Führung ausgeübt wurde, die auch die früher „privaten" Rahmenbedingungen von Mitarbeitenden berücksichtigte. Eine neue Kultur der Teilhabe von Frauen konnte sich dadurch etablieren.

Ein heterogen aufgestelltes Change Team hat den Vorteil, vielfältige Perspektiven einbringen zu können, um ein gutes und passgenaues Konzept für Gender und Diversity und Vereinbarkeit zu entwickeln. Besonders erfolgreich waren nach Aussagen der Expert_innen diejenigen Change Teams, in denen die Geschäftsleitung direkt vertreten war. Entscheidend für das Gelingen waren zuallererst eine Entwicklung von klaren Zielvorgaben zu Gender und Diversity und von Aufträgen im Rahmen des Projekts sowie die Übertragung von Verantwortlichkeiten an Leiter_innen von Arbeitsgruppen zur Umsetzung der Ziele des Unternehmens. Der Rückhalt der Geschäftsleitung gegenüber dem Change Team war ebenfalls ausschlaggebend für den Erfolg.

Die Umsetzung der Aufträge erfolgte durch die Ausstattung des Change-Teams mit Entscheidungsbefugnissen, oder die direkte Involvierung der Geschäftsleitung in das Team. War das Spektrum an Hierarchieebenen im Team breit, musste sichergestellt werden, dass alle Mitglieder sich gleichermaßen beteiligen und zu Wort kommen konnten. War dies nicht der Fall und dominierten Einzelne die Diskussion, konnte dies ein Hindernis bei der Zusammenarbeit darstellen, wodurch die Vielfalt und Komplexität hinsichtlich der involvierten Hierarchieebenen verringert wurde. Heterogenität birgt demnach auch Herausforderungen, denen mit einer sehr guten Arbeitsorganisation und klaren Regeln der Zusammenarbeit, einer guten Teamleitung, Kommunikation und Ressourcenausstattung entgegengewirkt werden muss. Es wird anhand der Daten sehr deutlich, dass die Kompetenz und das Engagement der Change Teams einen direkten Einfluss auf den Erfolg des Projekts im Unternehmen hatte. Die Art und Weise, wie sie zusammenarbeiteten, war ein Modell dafür, welche Faktoren eher förderlich oder hinderlich wirkten, um unternehmensweit gute Ergebnisse zu erzielen und ein Lernen der Organisation ermöglichen.

Nach Auswertung der Interview-Daten können zwei Szenarien für die Zusammenarbeit der Change Teams extrahiert werden:

Szenario 1: Ein_e Hauptverantwortliche_r

In einigen Change Teams gab es eine_n Hauptverantwortliche_n, dies waren überwiegend Männer in führenden Positionen, nämlich die Geschäftsleitung selbst oder eine Vertreterin oder ein Vertreter neben der Geschäftsleitung, die/der die Steuerung des Teams und der Koordination der Arbeitsgruppen, die die einzelnen Ziele umsetzten, übernahm. Die anderen Change Team-Mitglieder hatten dabei eher einen Expert_innen-Status, die ihr Wissen zu den unterschiedlichen spezifischen Themen einbrachten und Aufgaben vom Hauptverantwortlichen delegiert bekamen.

Entscheidend für den Erfolg in Bezug auf die Umsetzung und Erreichung der Ziele sowie für das Lernen der Organisation mit Gender und Diversity war zum einen die Selbstpositionierung, das heißt die Gender-Kompetenz der hautverantwortlichen Person. Aus den Daten lassen sich unterschiedliche Typen von Hauptverantwortlichen in Change Teams und deren Einfluss auf das Lernen im Unternehmen extrahieren.

Typ 1 „Entscheider-Typus":
Dieser Typus des Hauptverantwortlichen sah sich selbst als „Sprachrohr", „Sparringpartner", „Ich als Entscheider..." (Int. I); „es gibt dann keine unterschiedliche Meinung" (Int. X); „Hauptansprechpartner bin ich...", „immer einstimmig" (Int. II).

Dieser Typus beanspruchte meistens die Kompetenz, über die Ziele des Unternehmens zu Gleichstellungskonzepten zu entscheiden und die Planung der Themen vorzuselektieren und damit über ihre Relevanz für das Unternehmen zu bestimmen und entsprechende Weichen für die Umsetzung von Gender-Maßnahmen zu stellen, bevor die endgültige Entscheidung durch die Geschäftsleitung erfolgte. Zusätzlich behauptete er oder sie fälschlich, über ausreichende Gender- und Diversity-Kompetenz zu verfügen und bewirkte dadurch ein Paradoxon: Einerseits stellte er/sie sich an die Spitze des Gender-Projektes in seinem Unternehmen. Andererseits sabotierte er dadurch das Gelingen, indem er selbst bestehende diskriminierende Praktiken unbewusst und unreflektiert verteidigte und mangelnde Gender- und Diversity-Kompetenz mit seiner beanspruchten Deutungsmacht kompensierte.

In der Konsequenz geschah eine Zentrierung des Geschehens rund um die Gender-Themen auf diese Person. Besonders ausgeprägt war diese Personenzentrierung und Dominanz, wenn der Entscheider-Typus eine höhere Führungsposition einnahm. Unter seiner/ihrer Leitung kam es im Change Team zu keiner offenen Kommunikation mehr und die Teilhabechancen der anderen Akteure wurden stark eingeschränkt. Hatte er, der die Wissensmacht für sich beansprtuchte, kein Interesse oder nicht die nötige Gender-Kompetenz, blieb die Umsetzung der unternehmensspezifischen Ziele im Rahmen des Projektes eher schwach ausgebildet und die Kommunikation der Ziele ins Unternehmen hinein geschah nur sporadisch. Eine Folge war auch die Passivität und Frustration der anderen Change-Team-Mitglieder, die wegen ihrer eingeschränkten Handlungs- und Deutungsmacht das Engagement verloren. Das Change-Team war zu stark innerhalb des Unternehmens in bestehende Praktiken und Machstrukturen eingebunden, so dass es kaum ein Motor für Lernen mit Gender und Diversity sein konnte. Auffallend war, dass sich der Entscheider-Typ dafür Argumentationslinien zurechtlegte, die legitimierten, dass Veränderungen im Unternehmen mit Gender und Diversity nicht notwendig seien. Diese Argumente konterkarierten die Teilnahme am Projekt und blockierten die Zielerreichung der geplanten Konzepte und Maßnahmen des Unternehmens im Rahmen des Projektes. Misserfolge führte der Entscheider-Typ auf das Projekt und die angebotenen Weiterbildungsworkshops zurück. Für die Interventionen war es eine Herausforderung und entscheidend, diesen Hauptverantwortlichen hinsichtlich latenter, subversiver Verhaltensweisen, Prozesse und Strukturen zu sensibilisieren und zu befähigen, grundsätzlich neue Perspektiven zu entwickeln.

Typ 2 „Typ Schnittstelle":

Dieser Typ der Leitung eines Change Teams sah sich selbst als „Schnittstelle", „alles lastet" auf ihr; „er/sie treibt an"; „die Hauptverantwortung liegt bei mir" (Int. XII); „weil schwerpunktmäßig eher ich das vertreten habe", „weil als Hauptperson ich der bin" (Int. IX)

Er durchlebte einen Sensibilisierungsprozess in Richtung auf die Inhalte des Gender und Diversity und erkannte die Notwendigkeit und den Nutzen für das Unternehmen, den ein Umdenken und Lernen eröffnen. Er wollte im Rahmen der Zielsetzungen des Projekts viel erreichen, verstand es jedoch nicht, Verbündete im Unternehmen zu gewinnen. Er stieß an Grenzen, weil er/sie die Geschäftsleitung nicht hinreichend involvierte und daher die erarbeiteten neuen Ideen und Denkansätze, Konzepte und Maßnahmen zu wenig Unterstützung fanden. Dadurch blieb er/sie als Leiter_in des Change Teams ohne Transferwirkung. Neue Regeln und Praktiken wurden nicht in das Unternehmen hineingetragen oder kommuniziert. Die Konsequenz war, dass sich nur informell wenige Personen fanden, die neue Praktiken aushandelten, sich jedoch keine weitergehende Ausbreitung neuer Praktiken auf institutionalisierter Ebene ergeben konnte.

Typ 3 „Alibi Typ":

Der stagnierende Alibi-Typ hatte von der Unternehmensleitung trotz der Stellung als hauptverantwortliche Person keine Entscheidungsbefugnis übertragen bekommen. Die Rolle als Multiplikator_in und als Wissensträger_in wurde nicht genügend anerkannt und entsprechend nicht ausreichend wahrgenommen und durch Kompetenzen abgesichert und gewürdigt. Das Projekt wurde deshalb von ihm als Belastung wahrgenommen, dem kein Nutzen abgerungen werden konnte. Trotz Teilnahme am Projekt erhielt der stagnierende Leitungstyp in einem Change Team keine klaren Aufträge von der Geschäftsleitung und somit floss das Projekt nur verwaltungstechnisch dahin. Es fehlte ein tiefergehendes Verständnis der Thematik, aber auch das Interesse, Wissenslücken zu füllen. Das Projekt wurde zwar auf der Verwaltungsebene durchgeführt und einzelne Weiterbildungsformate in Anspruch genommen, jedoch keine Bereitschaft gezeigt, Ressourcen dafür zu investieren. Entsprechend konnte nur ein geringer Erfolg erzielt werden.

Szenario 2: Change Team als „Think Tank" des Unternehmens

Im Change Team als Think Tank gab es keine herausragende Hauptperson in der Leitungsfunktion, lediglich federführende Akteur_innen. Entscheidungen wurden jedoch gemeinsam im Konsens getroffen, es wurde diskutiert, Themen wurden mit den Inhaber_innen von Spezialwissen aus dem Unternehmen bearbeitet und die Führungskräfte „ins Boot geholt" (IV), um eine bestmögliche Lösung zu generieren. Die Geschäftsleitung war in den Prozess involviert und entschied über die Ressourcenausstattung. Im Change Team wurde die Weisungsmacht geteilt und die Möglichkeit geschaffen, in der Gruppe offen neue gleichstellungssensible Regeln und Praktiken auszuhandeln.

Das Vorgehen in diesem Typ der Change Teams zeichnete sich durch sehr gute stringente und konstruktiv Steuerung aus. Elemente der Steuerung waren die Zielorientierung, das Monitoring der Arbeitsgruppen, die an den Zielen arbeiteten und ein beständiger kollektiver Zuwachs an Wissen zu Gender und Diversity. Zunächst wurden wie in allen Change Teams die Ziele für Gender- und Diversity-Maßnahmen definiert auf der Basis der unternehmensinternen Bedingungen, wie sie der Online Fragebogen ergab. Anschließend wurden Arbeitsgruppen gebildet und vom Change Team die zielorientierte Arbeit koordiniert und einem regelmäßigen Monitoring unterzogen. Nach den Besuchen von Weiterbildungsworkshops des Projekts durch einzelne Change Team-Mitglieder wurden die neugewonnenen Erkenntnisse in das Change Team getragen und diskutiert. Ziele und Handlungsbedarfe zu Gender und Diversity im Unternehmen wurden entsprechend revidiert oder erweitert und konkretisiert, indem neue Maßnahmen geplant und eingeleitet wurden. In regelmäßigen Abständen wurde die Zielerreichung der im Kick-off-Workshop definierten Ziele reflektiert und überprüft. Dieses zielorientierte Vorgehen und die konsensorientierte Kommunikation waren sichere Erfolgsfaktoren. Ein weiterer Erfolgsfaktor war der kommunikative Austausch und die Vertiefung über relevantes neues Wissen und konkret entwickelte gleichstellungspolitische Maßnahmen zwischen den Führungskräften und ins gesamte Unternehmen hinein wie auch nach außen zu den Kunden.

Dieses Szenario 2 beschreibt zentrale und grundlegende Erfolgsfaktoren für den Lernprozess in einer Organisation. Es ist deshalb notwendig und empfehlenswert, diese Steuerungselemente im Rahmen der Interventionen zu berücksichtigen und in den Change Teams Lernräume zu schaffen, die bereits dort zu einer Kulturveränderung hin zu Partizipation und Wertschätzung vielfältiger Perspektiven führt. Es kann davon ausgegangen werden, dass Unternehmen, in denen das Szenario 1 vorzufinden war, andere Voraussetzungen zu Projektstart hatten als Unternehmen mit Szenario 2. In den gleichstellungssensiblen Voraussetzungen bestanden sehr große Unterschiede. Das machte auch die Entwicklung einer neuen Unternehmenskultur in Richtung der normativen Zielsetzungen der Gender- und Diversity-Ziel weitaus schwieriger. als bei Unternehmen in denen das Szenario 2 vorzufinden war. Entscheidend ist demnach die unternehmenskulturelle Tradition und Entwicklung, in welcher Akteure sozialisiert wurden und exkludierende Praktiken vorhanden waren.

Prozesse des Umdenkens, der Erweiterung von Einstellungen, Wissen und Kenntnissen aufgrund von Lerninhalten sowie der Verbesserung von Fähigkeiten und Fertigkeiten in Bezug auf Gender und Diversity haben individuell bei den Teilnehmer_innen von Weiterbildung gut funktioniert. Jedoch waren die Machtsysteme in der Organisation sehr beharrlich, Altes zu bewahren und machten die Verbreitung und Aushandlung gemeinsamer neuer Praktiken sehr schwer. Die Bemühungen wurden teilweise sogar von federführenden Akteuren subtil unterbunden. Sinn und Hintergrund der neuen Strategie wurden nicht richtig erkannt, die Unterstützung durch mangelnde Ressourcenvergabe entzogen oder offensichtliche diskriminierende Problemstellungen im Unternehmen verharmlost und sogar negiert. Deutlich wurde, dass der Kontext hier eine entscheidende Rolle für den Erfolg Einzelner oder von gleichstellungspolitischen Maßnahmen spielte. Der Transfer von know how in das Unternehmen und dessen Institutionalisierung, also der Schritt zwischen Erkennen, Aushandeln und der Implementierung neuer Regeln im Unternehmen war als höchste Barriere zu bewerten. Das Ergebnis lässt darauf schließen, dass an dieser Stelle mehr Ressourcen in Form von Zeit, aktiven Steuerungsmethoden und Angeboten zu Befähigung der Akteure die Überwindung dieser Hürden zu steuern investiert werden müssen.

5.2.5 Fazit

Die Unternehmen und die einzelnen Teilnehmer_innen an der Interview-Befragung haben vor Projektbeginn sehr geringes Wissen bzw. wenig entwickelte Unternehmenskulturen in Bezug auf Gender und Diversity. Vorzufinden sind sehr tradierte Rollenbilder, diskriminierende Praktiken in Interaktionen und ein entsprechendes Personalmanagement.

Durch die Intervention mit Weiterbildung zur Strategie Gender und Diversity gelang es, das Wissen einzelner Personen zu vergrößern und ihre Einstellungen zu verändern. Anhand der Methodik und Didaktik des TOL konnten neues Wissen, Kenntnisse und Handlungsmöglichkeiten aufgezeigt und eingeübt werden. Im Unternehmen bildeten diese Personen eine „Keimzelle" des Gender und Diversity, die die neuen Praktiken sehr langsam anhand intensiv vorbereiteter Maßnahmen ins Unternehmen hineintragen wollten, um daraus Vorteile für Personal und Unternehmen zu gewinnen. Diese „Keimzellen" stießen jedoch dann an Grenzen, wenn mächtige tradierte Wissenslogiken mehr oder weniger subtil herkömmliche Machtverteilungen aufrechterhalten wollten. In anderen Fällen gelang ein Durchbruch zu einer gewandelten Unternehmenskultur.

Ein Ergebnis ist, dass in diesem Aushandlungsprozess wenige Schlüsselpersonen und der Grad ihrer Deutungsmacht und die Gender- und Diversity-Kompetenz ausschlaggeben dafür waren, ob im Unternehmen schrittweise neue Praktiken Eingang fanden und in Form von Artefakten Verbindlichkeit erreichen konnten. Gelang dies, wurden neue gender- und diversitygerechte Ansätze im Personalmanagement alltäglich, wurden zu einem festen Bestandteil in Arbeitsprozessen und führten dann langfristig zu einer Veränderung der gesamten Unternehmenskultur. Das ursprüngliche Ironisierung und Abwerten der Strategie wurde dann zu einem sorgfältigen Beobachten diskriminierender Praktiken und einem Eingestehen von Optimierungsbedarf hinsichtlich Gender und Diversity. Das TOL mit Gender und Diversity verzeichnete in diesem Sinne also Stärken bei der Reaktion, beim Lernen und Verhalten der Akteure. Erreicht wurden Personen und Gruppen. *Awareness, Deconstruction* und *Reframing* bis hin zu Aushandlungsprozessen neuer gerechterer Praktiken wurden bewirkt. Einen noch stärkeren Fokus könnte man auf die Transformation der gesamten Organisation, also der Steuerung der Implementierung und Erzielung konkreter Ergebnisse gelegt werden, um noch größeren Outcome zu erzielen.

Die Zielindikatoren 2. Erweiterung des Wissens zu G&D, 3. Die indirekte Verbreitung des Wissens durch Multiplikator_innen, 4. Die Bereitschaft, Einstellungen zu G&D zu verändern, 16. Der Umfang der Ressourcen, die im Unternehmen in G&D investiert wurden, 17. Förderliche und hinderliche Kontextbedingungen, 18. Der Umfang entwickelter Konzepte wurden mit diesem Instrument empirisch überprüft. Es zeigt sich anhand der Ergebnisse, dass eine Erweiterung des Wissens zu G&D erfolgreich war, dass die indirekte Vermittlung des Wissens gewollt war, jedoch auf Barrieren stieß, dass die Bereitschaft, Einstellungen zu G&D zu ändern eine langfristige Perspektive darstellt. Der

Umfang der Ressourcen, die im Unternehmen in G&D investiert wurden, war in vielen Fällen sowohl vom Zeitbudget als auch von den Personalressourcen zu gering. Förderliche und hinderliche Kontextbedingungen konnten identifiziert werden, sie lagen zum einen im Engagement der Multiplikator_innen, wurde jedoch eingegrenzt durch die Widerstände, die sich aus tradierten Wissensbeständen ergaben.

6. Ergebnisse zum Status quo post der Wirksamkeit der Intervention

Nach Beendigung des Projekts wurde mit zwei Erhebungsinstrumenten die Nachhaltigkeit der Transformation in den Unternehmen mit der Strategie Gender und Diversity und ihren Inhalten empirisch untersucht.

Zunächst wurde mit einer Gruppendiskussion das Statement unterschiedlicher Unternehmensleitungen und Personalverantwortlicher zum Ertrag des Projekts, zu Schwierigkeiten der Umsetzung und zu Erfolgen geführt.

In einer Artefaktanalyse wurden digitale und mediale öffentliche oder interne Dokumente der Unternehmen ausgewertet, um die konkreten Vereinbarungen und Regeln der Unternehmensleitung zu analysieren und zu dokumentieren, die den Einstellungswandel in Bezug auf die Akzeptanz von Vielfalt und Chancengleichheit verbindlich in den Unternehmen auf Dauer verankern.

6.1 Gruppendiskussion mit Unternehmensvertreter_innen

Mit der Evaluationsmethode Gruppendiskussion können die Forschungsfrage nach der Wirksamkeit der Intervention mit Gender und Diversity auf der organisationalen Ebene beantwortet werden und die folgenden zwei Indikatoren für die Erreichung der Forschungsziele überprüft werden: Der Umfang der Ressourcen, die von den Unternehmen in die Interventionsmaßnahmen sowie die Umsetzung von Gender und Diversity investiert werden sowie die förderlichen oder hinderlichen Kontextbedingungen, die die Einstellungs- und Verhaltensveränderungen, die Motivation sowie die Implementierung von Konzepten, Programmen und Dokumenten beeinflussen.

6.1.1 Methode

In einer Gruppendiskussion zum Thema „Umsetzung von Gender und Diversity im Unternehmen" trafen sich Führungskräfte aus insgesamt 10 Unternehmen, um gemeinsam Erfahrungen zur Durchführung von Gleichstellung und Vielfalt im Rahmen des Projekts Future is Female zu diskutieren und sich unternehmensübergreifend auszutauschen. Die Gruppendiskussion wurde von der Projektleitung moderiert mit der Methode der „Kollegialen Beratung". Das bedeutet, in einer einführenden offenen Gesprächsrunde wurden typische problematische Fälle aus dem Unternehmensalltag identifiziert und von allen ausgewählt, die anschließend mit dem Verfahren des Strukturplans der Kollegialen Beratung behandelt wurden (Macha/Lödermann/Bauhofer 2010). Die Diskussion wurde aufgezeichnet und mit inhaltsanalytischen Verfahren ausgewertet. Die Gruppendiskussion hat im Rahmen der Evaluation den Stellenwert, dass die Unternehmensvertreter selbst Stellung nehmen zur Umsetzbarkeit der Strategie Gender und Diversity, die sie in den Weiterbildungs-Formaten kennengelernt haben und deren Ziele und Werte sie selbst durch eigene Zielplanung zu ihrem Programm gemacht haben.

Die inhaltsanalytischen Verfahren zielen an, den Texten inhaltliche Informationen zu entnehmen und sie dadurch in ein geeignetes Format umzuwandeln, mit dem man sie weiterverarbeiten kann (Gläser/Laudel 2009: 197; Macha et al. 2010). Dieser Vorgang gestaltet sich bei allen Verfahren der qualitativen Inhaltsanalyse wie folgt:

1 Aufbau eines Kategoriensystems vor der Analyse

2 Zerlegung des Texts in Analyseeinheiten

3 Durchsuchung des Texts auf relevante Informationen

4 Zuordnung dieser Informationen zu den Kategorien (Verkodung des Textes) (vgl. Gläser/Laudel 2009: 197)

Gläser/Laudel entwarfen die Methode der qualitativen Inhaltsanalyse auf der Basis des „methodologischen Prinzips des Verstehens", das als Basishandlung sozialwissenschaftlichen Forschens verstanden wird (Gläser/Laudel 2009: 198), aufbauend auf den Werkzeugen von Mayring (1984) für die qualitative Inhaltsanalyse, die in der Überprüfung und Abgleichung des theoretischen abgeleiteten Kategoriensystems am Material bestand. Die Extraktion komplexer Informationen wird ermöglicht und gleichzeitig bleibt während des gesamten Analyseprozesses eine Offenheit für unvorhergesehene Informationen (Gläser/ Laudel 2009: 199).

In diesem Fall entsprach das Kategoriensystem dem didaktischen Modell der Intervention in sechs Schritten (siehe Kapitel 2 und 3), das auf Grundlage des Transformativen Organisationalen Lernens und der partizipativen Evaluation entwickelt wurde. Die sechs Schritte *Awareness, Deconstruction, Reframing, Negotiation, Implementation und triple loop learning* bzw. Lernstufe III wurden innerhalb der vorgestellten Fallbeispiele während der Sitzung der Kollegialen Beratung mit Vertreter_innen von 10 Unternehmen rekonstruiert und bewertet. Dazu wurden die passenden Textabschnitte den verschiedenen Schritten zugeordnet.

Bei der Rekonstruktion und Bewertung zeigte sich in den Aussagen der Teilnehmenden, dass Probleme bei der Umsetzung der Gender- und Diversity-Strategien innerhalb der Unternehmen immer an demselben „neuralgischen" Punkt des Sechs-Schritte-Modells auftraten. Dies soll im folgenden Kapitel näher erläutert werden.

In der Inhaltsanalyse wurde deutlich, dass im Sechs-Schritte-Modell der vierte Schritt, Negotiation, als dieser prekäre Punkt benannt werden kann. Hier musste das in den Weiterbildungs-Workshops individuell Gelernte auf Gruppen-Ebene von den Akteur_innen ins Unternehmen hinein kommuniziert und implementiert werden. Denn sowohl die Geschäftsführung als auch die Führungskräfte mussten für die Genderthematik sensibilisiert werden und alternativen, gendergerechten Praktiken zustimmen. Wenn das Commitment für das partizipative Aushandeln (Negotiation) neuer Regeln der geschlechtergerechten Interaktion nicht erzielt werden konnte, konnte der fünfte Schritt, *Implementation,* der die Nachhaltigkeit und Verbindlichkeit der geschlechtersensiblen Regeln im Unternehmen herstellen sollte, nicht vollständig umgesetzt werden. Dies soll im Folgenden anhand von Beispielen verdeutlicht werden.

In den Beispielen der „Fallgeber" aus den Unternehmen, die in dem Workshop der Kollegialen Beratung einen typischen problematischen Fall aus ihrem Unternehmen vorstellten, konnten drei verschiedene Anlässe und Ursachen für Barrieren gegenüber Gender- und Diversity-Konzepten oder Maßnahmen beobachtet werden:

Widerstände bei der mittleren Führungseben der Abteilungsleiter_innen, die Veränderungsschritte blockiert

Die Ausgangslage war in diesem Fall, dass die Mitglieder des Change Teams hinter den Zielen des Projekts standen und neu gelernte Inhalte und Handlungsoptionen umsetzen wollten. In der Realität kam es jedoch zu Schwierigkeiten bei der Umsetzung im Berufsalltag. Die ersten beiden Schritte des didaktischen Modells, *Awareness* und *Deconstruction,* wurden in den Workshops gut inhaltlich bearbeitet und die Teilnehmenden wurden dort auf der individuellen Ebene für die Genderproblematik sensibilisiert. Dies zeigte auch die Auswertung der Feedback-Fragebögen (Kap. 5.) Der dritte Schritt, *Reframing,* wurde durch die Vermittlung von gendersensiblen, alternativen Strategien durch die Trainerinnen des Gender Zentrums ebenfalls gut geleistet und abgeschlossen. Die Teilnehmenden waren nun hoch motiviert, geschlechtergerechte Strategien im Berufsalltag im Unternehmen zu implementieren und somit das Gelernte umzusetzen, jedoch ergaben sich hierbei unterschiedliche Barrieren. Ein Teilnehmer berichtete von Widerständen in den Fachabteilungen des Unternehmens:

„Fachabteilungen, die eigentlich ihre Projekte durchziehen wollen und nicht damit belästigt werden wollen, Gender und Diversity zu berücksichtigen."

Hier konnten die individuellen Erkenntnisse der Workshop-Teilnehmer_innen nicht von der Erfahrung in der Gruppe in das Unternehmen übertragen und kommuniziert werden. Das Commitment der Führungskräfte aus den Abteilungen des Unternehmens, in diesem Fall sogar von drei Abteilungsleitern aus verschiedenen Unternehmensbereichen, fehlte und wurde nicht top down in die Organisation integriert. Grund war die Priorisierung der anstehenden Produktions-Projekte vor den Gender- und Diversity-Maßnahmen. So konnte der vierte Schritt, *Negotiation,* nicht zufriedenstellend umgesetzt werden und schließlich die *Implementation* der neuen Strategien nicht vollständig erfolgen. Dies Ergebnis verdeutlicht und ergänzt die Aussagen aus dem Feedback-Fragebogen II drei Monate nach dem Workshop, wo auch die hohe Motivation benannt wurde, neue Handlungsoptionen in der Realität zu nutzen, die an den Barrieren der mittleren Führungsebene der vorgesetzten Abteilungsleiter_innen scheiterte oder von ihnen behindert wurde. Ein Lösungsansatz wäre, neben den Change-Team-Mitgliedern und den Geschäftsführungen auch die mittlere Führungsebene stärker in das Projekt mit einzubeziehen.

Kolleg_innen auf der mittleren Führungsebene blockieren die Anwendung einer Gender- und Diversity-Maßnahme

Es wurde der Fall geschildert, dass eine Abteilungsleiterin für ein Jahr in Elternzeit gehen und danach wieder als Vollzeitkraft in das Unternehmen zurückkehren und ihre Karriere weiter aufbauen wollte. Die Geschäftsleitung hatte geplant, die Abteilungsleiterin während des Jahres durch zwei Teamleiterinnen der Abteilung zu ersetzen, die die Stelle in Form eines Jobsharings vorübergehend übernehmen sollten. Die Fallgeberin begründete die Wahl des Jobsharing-Konzepts mit dem Vorhaben, eine erlernte Strategie aus dem Workshop „Flexible Arbeitszeiten und Kinderbetreuung" umsetzen zu wollen. Jedoch akzeptierten die Teamleiterinnen den Vorschlag des Jobsharings nicht. Im Folgenden wurde anhand einer Rekonstruktion des Sechs-Schritte-Modells analysiert, warum die Akzeptanz der Mitarbeiter_innen nicht gegeben war.

Den Teilnehmenden des Projekts Future is Female ist die Genderthematik durch Sensibilisierung in vorherigen Workshops bekannt und bewusstgemacht worden, somit war der erste Schritt *Awareness* erfolgreich. Sowohl die *Dekonstruction* der diskriminierenden Praktiken, als auch das *Reframing* durch Workshops zu verschiedenen gendersensiblen Personal- und Führungsstrategien wurden bereits erfolgreich durchgeführt. In diesem Fall ging es also um Probleme bei der Implementierung der konkreten Gender- und Diversity-Maßnahme des Jobsharings im Unternehmen.

Das Problem lässt sich im vierten Schritt, der *Negotiation*, ausmachen. Während das Change Team und die Geschäftsführung hinter dem Konzept des Jobsharings standen, konnte das Commitment nicht top down in die mittlere Führungsebene kommuniziert werden. Der Umgang mit Barrieren war unzureichend, weshalb der fünfte Schritt, die *Implementation* der Strategie nicht umgesetzt werden konnte. Das Problem der Umsetzung lässt sich auf fehlende Kommunikation zwischen dem Change Team bzw. der Geschäftsführung und den Führungskräften zurückführen. Eine Teilnehmerin der Kollegialen Beratung benannte als Grund für das Problem bei der Implementierung eine unvollständige Ausarbeitung des Konzepts in Bezug auf die Umsetzung neuer Handlungsoptionen im Unternehmen und die möglichen Widerstände dagegen. Sie argumentierte, dass gerade wenn neue Strategien eingeführt werden sollen, das Konzept vollständig durchdacht sein muss, bevor es vorgestellt werden kann:

> „... gerade eben hierarchieübergreifend ist, denke ich mal, ganz wichtig, dass man nicht nur, ich sage mal so eine allgemeine Frage stellt, sondern ganz klar schon das dezidiert bis zum Schluss durchüberlegt hat, wo überlegt ist, wer kann die Mehrarbeit übernehmen? Der Azubi, was passiert mit mir, wenn ich nach dem halben Jahr gehe? Kriege ich mehr Geld? Und ich glaube, erst dann sind die Personen, die in Frage kommen dafür überhaupt offen dafür und sagen „Ok, ich mache mir da überhaupt mal Gedanken darüber" und ich glaube, das ist bei so was, wenn es ganz neu ist und noch nie praktiziert wurde, extrem wichtig."(1h 11min)

Hier zeigte sich eine generelle Problematik der Implementierung von Gleichstellung: Befürchtungen und Widerstände gegen Gender und Diversity der ausführenden Führungskräfte wurden mit dem Argument der Mehrarbeit und unlösbarer Probleme begründet. Wie im vorangegangen Zitat bereits erwähnt, kam erschwerend hinzu, dass es sich hier um einen Sonderfall des Jobsharings handelte: Es sollte nicht nur eine Vollzeitstelle aufgeteilt werden – eine Neuerung im Unternehmen –, die Abteilungsleitung sollte vielmehr in diesem Jahr durch zwei Teamleiter ersetzt werden, die jeweils 50% der Aufgaben der Abteilungsleitung, sowie 50% ihrer bisherigen Aufgaben als Teamleiter übernehmen sollten. Um Mehrarbeit zu verhindern, könnten Aufgaben an Sachbearbeitende abgegeben werden.

Hier kam es zu Problemen auf zwei unterschiedlichen Ebenen: Erstens würde das einen Hierarchiesprung für die Teamleitenden bedeuten, sie würden jedoch nach einem Jahr wieder auf ihre bisherige Position zurückgestuft. Das würde zu Frustration führen, da eine zeitweilige Führungsaufgabe unter anderem finanzielle Vorteile bietet. Zweitens scheint die Aufgabenübernahme der Abteilungsleitung eine Mehrarbeit zu bedeuten, da nicht immer Aufgaben aus dem eigentlichen Tätigkeitsfeld der Teamleiterinnen abgegeben werden können. Problematisch ist außerdem die Tatsache, dass die Geschäftsführung nach dem gescheiterten Versuch die Motivation für die Umsetzung weiterer ähnlicher Maßnahmen verloren hat. Ein Gespräch zwischen Geschäftsführung, Change Team und der Projektleitung wäre hier angebracht, um das Interesse am weiteren Projektverlauf sicherzustellen.

Kolleg_innen versuchen, die Anwendung der Ziele der Gleichheit zu blockieren

Die Ausgangslage war, dass eine alleinerziehende Mutter sich als Auszubildende in einem Unternehmen beworben hatte. Nach kurzer Zeit hatte sie festgestellt, dass sie zeitlich überfordert war, da sie ihr Kind nachmittags aus dem Kindergarten abholen musste. Die Geschäftsleitung hatte beschlossen, für die Auszubildende bei gleichbleibendem Lohn die Arbeitszeit täglich um 1,5 Stunden zu kürzen, um sie in der Vereinbarkeit zu unterstützen und ihr eine Ausbildung zu ermöglichen. In Einzelgesprächen wurden ihre Kolleg_innen, die anderen Auszubildenden, darüber informiert. Jedoch wurden laut Fallgeberin jeden Tag „die Augen verdreht", wenn die Mutter das Unternehmen eineinhalb Stunden früher als ihre Kolleg_innen verließ. Diskriminierung und Abwertung waren die Folge.

Die ersten drei Schritte *Awareness, Dekonstruction* und *Reframing* konnten als abgeschlossen betrachtet werden, da die Geschäftsleitung durch die Teilnahme an vorherigen Workshops für Gender-Thematiken sensibilisiert war und daraufhin eine geschlechtergerechte Strategie entworfen hatte, um der Auszubildenden trotz ihrer schweren persönlichen Situation ein Arbeitsverhältnis zu ermöglichen. Es konnte jedoch keine Akzeptanz unter den Kolleg_innen der Auszubildenden geschaffen werden.

Auch in diesem Fall konnte das Commitment der Geschäftsführung nicht in das Unternehmen getragen werden. Die Barrieren konnten bisher nicht überwunden werden, weshalb die Teilnehmergruppe nun versuchte, mit Hilfe der Methode der Kollegialen Beratung eine Lösung zu finden. Die Problemdefinition wurde von einer Teilnehmerin wie folgt gestellt:

> „...wie schafft man Akzeptanz für die Sonderbehandlung von kinderbetreuenden Eltern, und zwar Eltern, Betonung auf Eltern." (1h 40min)

Nach einer Diskussion schlug ein Teilnehmer vor:

> „Haben Sie schon mal nachgefragt, ob es eine Möglichkeit gibt, einen Bezug zu dem Kind herzustellen für die anderen? In dem sie einfach nach der Kinderkrippe zum Beispiel mit dem Kind zur Arbeit kommt?"(1h 51min)

Dieser Vorschlag wurde von der Fallgeberin angenommen, sie möchte die Auszubildende bitten, das Kind bei der nächsten Betriebsversammlung für Auszubildende mitzubringen. Dadurch sollte die Akzeptanz der anderen Auszubildenden für die Situation der jungen Mutter gestärkt werden. Wenn dieser Schritt gelingt, kann die *Implementation* vollständig abgeschlossen werden und gendersensible Regeln werden im Unternehmen nachhaltig und verbindlich implementiert. Der Transfer in den Alltag verändert langfristig die Struktur und Kultur des Unternehmens in Richtung Gleichstellung.

6.1.2 Interpretation der Ergebnisse

Es konnte festgestellt werden, dass die Teilnehmenden der Gruppendiskussion durch vorhergehende Workshops bereits für Genderthematiken sensibilisiert wurden und über umfangreiches Wissen zu alternativen gleichstellungsgerechten Praktiken verfügten. Grundsätzlich waren sie motiviert, das Erlernte umzusetzen, stießen jedoch auf Widerstände innerhalb ihrer Unternehmen von Seiten der mittleren Führungsebene, die Prioritäten auf die anstehenden Produktionsaufgaben legte, als auch von Kolleg_innen, die keine Sonderrechte für Gleichstellung dulden wollten.

Es gab offenbar einen höheren Grad der Akzeptanz der Ziele des Gender und Diversity bei den Geschäftsführungen als bei den mittleren Führungskräften. Die Geschäftsführungen waren auch diejenigen, die am schnellsten und am meisten in den Workshops lernten und sich mit den Zielen von Gleichstellung und Wertschätzung von Vielfalt identifizierten, weil sie sich davon Vorteile für ihr Unternehmen erwarteten (vgl. Ergebnisse der Feedbackfragebögen). Die mittlere Führungsebene tat sich da viel schwerer. Als Grund wurde in der Diskussion deutlich, dass sie um ihre Positionen im Unternehmen fürchteten, wenn mehr Frauen in Führungspositionen aufsteigen oder sogar, wie im Fall der Auszubildenden, Sonderrechte erhalten. Sie erlebten die mögliche Einschränkung ihrer Vorrangstellung als Männer als Herabsetzung und Gefahr. Deshalb gab es sowohl in den Workshops als auch in der Gruppendiskussion vor allem Widerstände aus dieser Gruppe, die mit Informationen und Verständnis beantwortet wurden und befriedet werden konnten.

Die ersten drei Schritte *Awareness, Dekonstruktion* und *Reframing* konnten in den Workshops erfolgreich umgesetzt werden. Zu Problemen kam es erst, wenn die individuelle Ebene verlassen wurde und das Gelernte auf Gruppen-Ebene in die Unternehmen kommuniziert werden sollte. Ohne das Commitment top down von der Geschäftsführung konnte die Akzeptanz der Führungskräfte und Mitarbeitenden nicht gewonnen werden. Da die Geschäftsleitungen der beteiligten Unternehmen aus zeitlichen Gründen weniger an den Weiterbildungsmaßnahmen des Projekts teilnehmen konnten, wurden Probleme mit Barrieren, die durch die mittleren Führungskräfte gebildet wurden, nicht ausreichend gelöst. Man müsste zukünftig die Geschäftsführungen stärker einbeziehen, die Gender- und Diversity-Thematik mit der ökonomischen Logik von Unternehmen verbinden und die Wirtschaftlichkeit von Gender- und Diversity-Maßnahmen verdeutlichen. So konnten die Akzeptanz und das Interesse an der Umsetzung der Maßnahmen gesteigert werden.

Damit ist der erste Indikator der Erreichung der Forschungsziele (Kap. 4.) angesprochen nach den Ressourcen, die für die Umsetzung der internen Ziele des Gender- und Diversity-Programms zur Verfügung standen. Nach den Aussagen der Teilnehmenden an der Gruppendiskussion fehlte es an der Zeit und den personellen Ressourcen, notwendige Kommunikationsprozesse vor allem mit den mittleren Führungskräften zu den grundlegenden auftretenden Problemen bei der Umsetzung durchzuführen. Als Argument für die mangelnde Bereitschaft der mittleren Führungseben, die Anregungen aus den Weiterbildungs-Workshops im Unternehmen umzusetzen, wurde angeführt, dass die Ressourcen fehlten, zusätzlich zu den anstehenden Produktionsaufgaben auch noch neue Maßnahmen des Gender und Diversity durchzuführen. Das deutet auf die mangelnde Ausstattung der verantwortlichen Change Teams durch die Geschäftsführungen mit Ressourcen von Zeit und Arbeitskraft hin. Man hat wohl insgeheim unterstellt, dass diese Transformationsprozesse kostenneutral zu geschehen haben.

Die Widerstände sind darüber hinaus nach Aussagen der Teilnehmer der Gruppendiskussion oft auf mangelnde Informationen und Gerüchte zurückzuführen, die aus Unkenntnis und Vorurteilen heraus entstanden sind. Diese Probleme im Projektverlauf wurden nicht ausreichend an das Projektteam kommuniziert. Es fehlte aber auch offensichtlich an einer Anleitung durch das Projektteams, diese aufkommenden Probleme konstruktiv zu lösen.

Der zweite Indikator der Erreichung der Projektziele, die förderlichen oder hinderlichen Kontextbedingungen, die die Einstellungs- und Verhaltensveränderungen, die Motivation sowie die Implementierung von Konzepten, Programmen und Dokumenten beeinflussen, kann ebenfalls im Lichte der empirischen Ergebnisse beleuchtet werden. Probleme ergaben sich speziell bei dem vierten Schritt des methodischen Lernmodells der Weiterbildung, das den Übergang von der Gruppenebene des Lernens in die organisationale Ebene markiert. Barrieren entstanden da, wo neu gelernte Inhalte des Gender und Diversity in den Unternehmensalltag implementiert werden sollten. Die hoch motivierten Teilnehmenden aus der Weiterbildung wurden in einigen hier problematisierten Fällen dran gehindert, zügig die neuen Maßnahmen umzusetzen. Es wurde von der mittleren Führungsebene sowohl den Mitarbeitenden und sogar auch der Geschäftsleitung entgegengehalten, dass die Produktion Vorrang habe und die Ressourcen für die Priorisierung des Projekts Gender und Diversity fehlten.

Des Weiteren schienen die Teilnehmer_innen der Workshops nicht über genügend Wissen zu verfügen, um mit auftretenden Widerständen und Barrieren innerhalb der Unternehmen umzugehen, bzw. diese zu überwinden. Es wäre also sinnvoll, neben den thematischen Gender- und Diversity-Workshops auch Weiterbildungen in den Bereichen Projektmanagement, Kommunikation und Konfliktlösung anzubieten.

Bemerkenswert ist, dass in der Gruppendiskussion von den Teilnehmenden betont wird, dass alle in der Intervention angestrebten Lernformen tatsächlich gelungen sind: Das individuelle Lernen, das kollektive Lernen, das organisationale Lernen und das interorganisationale Lernen. Die Chance zum Austausch in Gruppen und zwischen Unternehmen wurde sehr geschätzt und bot einen geeigneten Rahmen, um neues Wissen und neue Regeln für diversitysensibles Handeln zu erproben.

6.1.3 Zusammenfassung

Zusammenfassend lässt sich sagen, dass die Anwendung des Sechs-Schritte-Modells eine sehr gute Möglichkeit zur Sensibilisierung für Gleichstellung und Vermittlung von Gender-Wissen und Gender-Kompetenz in Unternehmen ist. Die Einhaltung der verschiedenen Schritte wird zu einer nachhaltigen Implementierung von geschlechtergerechten Praktiken führen.

Bei der Durchführung muss jedoch vor allem auf den Schritt *Negotiation* geachtet werden, bei dem das individuell erlernte Wissen in die Organisation kommuniziert wird. Hier kann es innerhalb der Unternehmen zu Barrieren kommen, auf die möglichst unverzüglich eingegangen werden sollte um sie abzubauen, bevor sie sich verfestigen und zu unüberbrückbaren oder schwer zu revidierenden Hindernissen bei der Einführung von Gender und Diversity in Unternehmen werden können.

Die Kollegiale Beratung wurde zur Überprüfung des beruflichen Handelns der Teilnehmenden sowie der Wirksamkeit von eingeführten Prozessen genutzt. Sie ist ein gutes Kontrollinstrument, das gerade zur Überprüfung der Implementierung diffiziler Konzepte und Prozesse angewendet werden konnte.

6.2 Artefaktanalyse

Um die Wirkung des Projekts Future is Female und seiner Weiterbildung empirisch zu belegen, wurde der Status quo post nach Beendigung der Intervention auch mit dem Erhebungsinstrument Artefaktanalyse zur Umsetzung der Idee des Gender und Diversity in den Unternehmen dokumentiert und ausgewertet. Dadurch konnte vor allem empirisch belegt werden, in welchem Grad die normativen feministischen Ziele und Vorgaben der Strategie Gender und Diversity tatsächlich in den Unternehmen zu einer Wandlung der Kultur geführt haben. Der Output an neuen Handlungsanweisungen wurde erfasst und ebenso der Outcome an Kulturveränderungen sichtbar gemacht. Es konnte auch ein Vergleich mit den Daten der Dokumentenanalyse in der Phase 1 gezogen werden, zum Teil liegen die gleichen Dokumente vor, die unter dem Einfluss der Weiterbildung mit Gender und Diversity verändert wurden.

Die Artefaktanalyse wird als interpretatives Verfahren zur Rekonstruktion von Bedeutungen und Sinngenerierungsprozessen in sozialen Systemen genutzt (Truschkat 2008; Froschauer 2009; Lueger 2009). Artefaktanalyse hat das Ziel, anhand von materialisierten Produkten menschlichen Handelns eine interpretativ orientierte Organisationsanalyse durch Rekonstruktion derjenigen latenten Strukturen vorzunehmen, die Entscheidungen der Organisation steuern. Damit werden latente Sinndimensionen der sozialen Systeme verstehbar.

Im Rahmen der Artefaktanalyse wurden unterschiedliche Artefakte und Dokumente aus den Unternehmen im Projekt Future is Female als wichtige Datenquelle analysiert, die „Objektivationen sozialer Beziehungen in Organisationen" und „materialisierte Produkte kommunizierter Entscheidungen" darstellen (Froschauer 2009: 329; Lueger 2000: 141). Mit ihnen kann man die nachhaltige Wirksamkeit der Intervention mit der Strategie Gender und Diversity empirisch belegen und damit den langfristigen Outcome im Sinne einer umfassenden Werte-, Kultur- und Strukturveränderung in den Unternehmen in Richtung Gleichstellung und Wertschätzung von Vielfalt. Die eingeführten Maßnahmen der Unternehmen zu Gender und Diversity wurden auf Dauer als Handlungsanweisung für alle Mitarbeitenden fixiert und von der Unternehmensleitung als verpflichtend vorgeschrieben. In Weiterbildungsformaten wurden zum Beispiel Gesprächsleitfäden für unterschiedliche Zusammenhänge entwickelt, so etwa für gendersensible Mitarbeiter_innengespräche oder Bewerbungssituationen, aber auch für gendersensible Stellenanzeigen oder Webseiten der Unternehmen.

Diese Materialien wurden in den Weiterbildungs-Workshops des Projekts unter Anleitung des Projektteams gemeinsam mit den jeweiligen Firmen formuliert und von den Geschäftsleitungen allgemein verbindlich im Unternehmen implementiert. So konnte die Zielsetzung und Wertigkeit der Gender- und Diversity-Strategie für die Unternehmen nach innen aufgegriffen und nach außen sichtbar kommuniziert werden. Die analysierten Artefakte machten die Auswirkungen der Strategie Gender und Diversity messbar und interpretierbar. Deshalb ist die Bedeutung der Artefakte so groß, wenn auch die Nachhaltigkeit in den Unternehmen auf Dauer nicht kontrollierbar ist.

6.2.1 Methodik

Als Artefakte werden in diesem Projekt Schriftdokumente bezeichnet, die aufgrund ihres Bedeutungsgehalts für soziales Handeln und soziale Strukturen im Rahmen einer interpretativen Analyse bedeutsam sind (Lueger 2009: 92). Die Artefakte zeugen von der unternehmensinternen Entscheidung, im Rahmen bestimmter Maßnahmen des Gender und Diversity die neuen Praktiken auf Regeln und Normen basierend gender- und diversitygerecht zu fundieren, indem zum Beispiel Leitfäden neu formuliert werden. Als Produkte kommunikativer Entscheidung der Organisation repräsentieren Artefakte Kommunikations- und Entscheidungsprozesse in ihrer Differenziertheit und Vielschichtigkeit. Gleichzeitig ermöglichen Artefakte durch ihre Existenz weitere Anschlusskommunikation. In diesem Sinn sind Artefakte nicht nur das Produkt von in der Vergangenheit kommunizierten Entscheidungen, sondern können auch als ein in die Zukunft gerichtetes Kommunikationsmittel bezeichnet werden, durch das selektive Informationen an potenzielle Adressaten mitgeteilt werden.

Im Kontext des Projekts werden die Artefakte als normierende Setzungen schriftlicher Art verstanden, die von der Geschäftsführung für alle Mitarbeiter_innen im Unternehmen verbindlich vorgeschrieben werden. Insofern bedeuten sie auch Festlegungen für das Handeln der einzelnen Verantwortlichen, etwa in Bewerbungssituationen müssen gendersensible Fragen gestellt werden bzw. dürfen genderdiskriminierende Fragen, zum Beispiel nach dem Kinderwunsch, nicht gestellt werden. Der normierende Charakter der Artefakte ist so für das Projekt ein Indiz für die Intensität der Umsetzung der Strategie Gender und Diversity. Die Anzahl und Beschaffenheit der Artefakte stellt ein Kriteri um neben anderen für den Erfolg der Intervention dar. Dabei ist bei der Analyse der Artefakte auch der Umgang mit den Artefakten in der Organisation, hier der Unternehmen, mit einzubeziehen, also der Grad der Verbindlichkeit, die Zahl der Verantwortungsträger, die an einen Leitfaden gebunden sind und dergleichen.

Somit soll eine Analyse der diskursiven Praktiken sowie deren (re-)produzierender Faktoren innerhalb des Datenmaterial der Artefakte geleistet werden. Dies bedarf einerseits eines systematischen Auswertungsprozesses und einer ganzheitlichen Interpretation der Ergebnisse durch die Perspektive der Artefaktanalyse (Lueger 2009; Froschauer 2009), die eigene Auswertungsschritte vorschlagen.

Die im Artefakt repräsentierten Entscheidungsprozesse umfassen folgende Ebenen:

1. Ebene der Individuen
2. Gruppenebene (Gemeinsame Interaktions- und Kommunikationsprozesse)
3. Unternehmensebene (Struktur und Unternehmenskultur)

Auf den beiden erstgenannten Ebenen wurde im Rahmen des Projekts ein Prozess des Reflexions- und Wertewandels aufgrund der vorgegebenen feministischen Normen und Werte des Gender und Diversity angestoßen, der tradierte Denk- und Deutungsmuster aufbrechen sollte, um somit die Möglichkeit für neue Sinnstrukturen und soziale Praktiken zu schaffen. Vor allem die 6 Schritte der didaktischen Planung der Weiterbildung innerhalb der Unternehmen dienten zur Awareness, Dekonstruktion und Interpretation des Neuen (vgl. Kapitel 3).

Die dritte Ebene der Organisation manifestiert die Institutionalisierung des Wandlungsprozesses auf allen drei Ebenen und ist somit Ausdruck einer nachhaltigen Implementierung und Voraussetzung für eine nachhaltige Weitergabe der neuen Erkenntnisse. Dies lässt sich anhand unternehmenseigener Artefakte auswerten. Daher bedarf es einer analytischen Ausrichtung an Leitfragen zu Objektivationen, also Sichtbarkeiten und Vergegenständlichungen von Wirkungen und Mechanismen.

Auf allen drei Ebenen wurden bei der Auswertung zeitgleich stets Fragen zur Überprüfung des gesellschaftstheoretischen Kontextes gestellt, um somit Aufschluss über Entstehungsprozesse für vorhandene Machtstrukturen und Praktiken durch Dekonstruktion aufzuzeigen. Ebenso diente dieser Untersuchungsansatz auch zur permanenten Überprüfung und Erhebung der fördernden wie auch hindernden Faktoren während und nach der Intervention. Hierzu erfolgte die Ausrichtung der Untersuchung auf die „gesellschaftstheoretischen Kontextualisierungen".

Die im Artefakt repräsentierten Entscheidungsprozesse umfassten weiterhin folgende Aspekte, die es gestatteten, daran die kommunikativen Strukturen einer Organisation abzulesen (Froschauer 2009: 329):

– Logik des Anlasses: Warum wurde das Artefakt produziert, bzw. wie kam die Organisation auf die Idee, dieses Artefakt zu gebrauchen?
– Logik der Produktion: Auf welche Weise wurde das Artefakt hergestellt, bzw. wie hat die Organisation das Artefakt inkorporiert?

- Logik des Gebrauchs: Wofür wird das Artefakt in der Organisation verwendet, bzw. wie wird es verändert oder zerstört?
- Logik der Sinnhaftigkeit: Welche Bedeutung werden dem Artefakt in der Organisation zugeschrieben?
- Logik der Organisation: Welche Funktionen und Wirkungen hat das Artefakt für die Organisation? (Froschauer 2009: 329).

6.2.2 Datenerhebung und Datenauswahl der visuellen Materialien: Korpusbildung

Für sozialwissenschaftliche Analysen sind Artefakte Sonderformen von Protokollen bzw. Texten, die sie aufgrund ihrer Präsenz und zumeist relativen Stabilität einer wiederholten und distanzierten analytischen Zuwendung anbieten (oder zumindest gut dokumentarisch erfassbar sind). Die Materialien, die im Projekt aufgrund ihres Bedeutungsgehalts für soziales Handeln und soziale Strukturen im Rahmen einer interpretativen Analyse bedeutsam sind (Lueger 2009: 92), sind schriftlich fixierte oder auch digitale Artefakte unterschiedlicher Art, die Kommunikation und Handeln in bestimmten Bereichen verbindlich neu regeln und steuern. Sie sind also erst im Verlauf und unter dem Einfluss der Projektziele und -Werte entstanden und lösen ältere, noch nicht genderreflektierte Texte ab, mit denen sie verglichen werden können. Dadurch wird Entwicklung datengestützt messbar. Es sind zum Beispiel Leitfäden für unterschiedliche berufliche Situationen, Checklisten, Pressemitteilungen zur Strategie Gender und Diversity im Unternehmen, Protokolle von Sitzungen zu Gender und Diversity.

Zur Korpusbildung wurden die Materialien von den Unternehmen gezielt erhoben oder auch von öffentlich zugänglichen Quellen wie Internet-Auftritten gewonnen. Durch Vergleich mit der Dokumentenanalyse zum Status quo ante des Gender und Diversity kann der Status quo post der Unternehmen gegen Ende des Projekts ausgewertet werden.

Anhand des in Kap. 1 und 2 elaborierten Ansatzes des Transformativen Organisationalen Lernens, der auf den vier Lerntheorien und dem 4I-Modells zum organisationalen Lernen basiert, wurde die Erkenntnis formuliert, dass Organisationen nicht starr, sondern um durch Individuen und Strukturen konstruierte Realitäten sind, die in kollektiven Prozessen veränderbar sind (Argyris/ Schön 1999). Es sollen hier sowohl Strukturen wie auch Individuen in dem Wandlungsprozess analytisch begleitet und die De- und Rekonstruktion von Realitäten dokumentiert werden.

An dieser Stelle sei noch einmal auf die konzeptionelle Ausweitung des 4I-Modells nach Crossan et al. (vgl. 1999: 525) um die Machtkomponente durch Lawrence et. al (vgl. 2005: 185, wie in Kap. 2 genauer erklärt wird) hingewiesen, die vier Machtkomponenten der 1. Discipline, 2. Influence, 3. Force, 4. Domination als bestimmende Faktoren des Lernprozesses benennen. Sie bilden somit die Untersuchungskategorie des Machtaspekts innerhalb der Artefaktanalyse. Hierbei bietet die Annahme, dass jeder organisationale Lernprozess von bestimmten sozialen Energien (Macht) vorangetrieben oder aufgehalten wird, um somit zu erklären wie „these different forms of power provide [...] a basis for understanding why some insights become institutionalized while others do not" (ebd. 180) einen wichtigen Ansatzpunkt für die Artefaktanalyse:

Zur Korpusbildung wurden die Artefakte aus den Unternehmen zunächst in fünf unterschiedliche Materialsorten eingeteilt und dann exemplarisch ausgewertet:

1. Materialsorte: Unternehmens-Websites und Internet-Auftritte der Unternehmen, zum Beispiel einzelne Seiten aus der Homepage wie die Startseite des Unternehmens, Seiten zur Projektteilnahme, Auszeichnungen der Unternehmen zum Thema Gender und Diversity, die sich mit der Thematik des Projektes befassen.

2. Materialsorte: Artefakte der internen und externen Unternehmenskommunikation, die beim Status quo ante bereits vorlagen, jedoch aufgrund der Inhalte des Gender und Diversity neu bearbeitet wurden, wie zum Beispiel gender- und diversitygerechter Leitfäden für die Führung von Mitarbeiter_innengesprächen, für Vorstellungsgespräche, Checklisten für die Planung des Wiedereinstiegs für Mitarbeiter_innen, Stellenausschreibungen, Leitfäden für das Ausscheiden von Mitarbeiter_innen, Pressemitteilungen zur Projektmitarbeit von Unternehmen, Broschüren zum „Erfolgsfaktor Familie" und anderes.

3. Materialsorte: Protokolle und Fotoprotokolle aus Programmworkshops, die die Entwicklung von Programmen wie zum Beispiel High Potenzial Workshops für Frauen in Unternehmen dokumentieren.

4. Materialsorte: Sonstige Rückmeldungen wie zum Beispiel gendergerechte Stellenausschreibungen, eine Unternehmensbroschüre zum Thema „gendergerechtes Unternehmensleitbild", Angaben zum Karriereaufstieg einer Mitarbeiterin im Rahmen des Projekts, Angaben über Umstrukturierungen von Abteilungen im Sinne des Gender und Diversity. Diese Materialsorte ist so heterogen, dass es nicht möglich ist, eine komparative Analyse durchzuführen.

Die Auswahl der Artefakte für die Auswertung erfolgte zunächst entsprechend der Forschungsfrage, die Wirksamkeit der Intervention zu überprüfen. Drei Materialsorten wurden für die Artefaktanalyse ausgewählt und jeweils exemplarisch im Vergleich mit den Artefakten vor Projektbeginn analysiert, um möglichst umfassend die Wirksamkeit der Weiterbildung zu belegen: 1. Unternehmens-Webseiten, 2. Dokumente der internen und externen Unternehmenskommunikation und 3. Protokolle und Fotos aus Programmworkshops.

6.2.3 Auswertungsstrategie

Um zunächst einen Überblick über erstellte Artefakte der Unternehmen zu erhalten, wurden Angaben aus den offenen Fragen der Feedbackfragebögen II ausgewertet, die 3 Monate nach jedem Workshop erhoben wurden. Hier gab es viele Angaben zu tatsächlich in den Unternehmen verpflichtend umgesetzten oder geplanten Gender- und Diversity-Maßnahmen. Bei der Auswertung dieser Angaben aus den Feedbackfragebögen zeigte sich, dass schon im Projektverlauf mindestens 12 von 20 der beteiligten Unternehmen durch ihre Leitfäden oder andere Dokumente die Gender- und Diversity-Strategie nachhaltig im Unternehmen verbindlich für alle Mitarbeiter_innen und Führungskräfte verankert hatten.

Die Zitate aus den Feedbackfragebogen II auf die Frage nach konkreten Praktiken und Veränderungen, die durch die Intervention im Projekt Future is Female ausgelöst und angeregt wurden, dokumentieren die vielfältigen neu erstellten Artefakte bzw. die Vorarbeiten dazu. Zusammengefasst handelt es sich um diversitygerechte Veränderungen der Interaktionen und neue Praktiken, des transformativen Führungsmodells und insgesamt der Unternehmenskultur im Bereich des Themas Gender und Diversity, die sich auf die Mitarbeiter_innen-Kommunikation, die Partizipation der Mitarbeiter_innen und die Förderung von Frauen für Führungspositionen beziehen. Auch Konflikte werden anders, nämliche eher partizipativ als autoritär, angegangen und gelöst.

6.2.4 Dateninterpretation

Die Auswertung der Artefakte wurde mit dem interpretativen Verfahren der Artefaktanalyse durchgeführt, um die Rekonstruktion von Bedeutungen und Generierungsprozessen von Sinn im Unternehmen zu leisten (Lueger 2009; Froschauer 2009; Gläser/Laudel 2008; Truschkat 2009; Bührmann/Schneider 2008). Es wurden zu jeder Artefaktsorte exemplarisch 3 Dokumente ausführlich analysiert und in einem mehrstufigen Kodierverfahren mit mehreren unabhängigen Kodierern mit dem Ziel der zunehmenden Verdichtung Kategorien und Schlüsselkategorien gebildet. Dabei wurden die der Codierung zugrundeliegenden Überlegungen einerseits und andererseits die entstehenden Ideen hinsichtlich der Zusammenhänge und Interpretationsmöglichkeiten in Memos schriftlich festgehalten. Zusätzlich wurden aus den Unternehmen andere Artefakte zum Vergleich hinzugezogen.

Nach Froschauer sind zwei Analyseschritte sinnvoll (2009: 330–336), nämlich 1. die dekonstruktive Bedeutungsrekonstruktion. Dabei geht es um die Unterscheidung der Gestaltungselemente und die alltagskontextuelle Sinneinbettung sowie die Zerstörung der vorgängigen Sinngehalte durch Zerlegung des Artefakts in seine Bestandteile und die Analyse ihrer Bedeutungsmöglichkeiten, d. h. die Einheit in bearbeitbare kleinere Subeinheiten zu zerlegen.

2. Bei der distanzierend-integrativen Rekonstruktion latenter Organisationsstrukturen werden eine Strukturanalyse und eine komparative Analyse vorgenommen, der organisationale Kontext und die Erscheinung des Artefakts und seine spezifische Ausgestaltung in einem umfassenden Sinnhorizont werden daraufhin untersucht, welche sozialen Strukturen in die Herstellung und den Gebrauch eingegangen sind.

Es werden im Folgenden die drei Materialsorten mit der erarbeiteten Auswertungsstrategie in zwei Schritten exemplarisch untersucht und zusammenfassend der Ertrag dargestellt. Zunächst wird dabei ein Artefakt exemplarisch besonders detailliert und ausführlich ausgewertet, und anschließend werden Artefakte derselben Materialsorte im Vergleich darauf bezogen. Auf diese Weise stellen sich in der Interpretation Thesen zu den Inhalten der jeweiligen Materialsorte her, die anschließend auch untereinander verglichen werden.

6.2.5 1. Materialsorte; Artefakt 1: Unternehmens-Homepage: „Aktuelles – Testsieger Unternehmen NN"

Dekonstruktive Bedeutungsrekonstruktion

Das Artefakt stellt eine schriftlich fixierte und mit Bildmaterial unterlegte digitale Information dar. Die Logik des Anlasses ist, dass unter dem Menüelement „Aktuelles" das Unternehmen darüber informiert, dass eines ihrer Produkte, eine Leiter, Testsieger in dem Produkttest eines Magazins wurde. Dies wird mit zwei Fotografien zu dem Text veranschaulicht, auf denen eine Frau bei der Nutzung einer sehr großen Leiter gezeigt wird. Der Beitrag erschien im Frühjahr 2013 auf der Homepage des Unternehmens. Die Auswertung in zwei Schritten ergibt folgende Analyse des Artefakts:

Die Logik des Anlasses: Das Artefakt ist als Unternehmens-Webseite Teil des öffentlich zugänglichen Internetauftritts eines der am Projekt beteiligten Unternehmen. Besondere Beachtung finden sollen auch die verwendeten Fotografien. Die Logik der Produktion beinhaltet die Herstellung des Artefakts: Es wurde offenbar von einer Marketing-Abteilung zu Werbezwecken erstellt

Das Webdokument mit Text und Fotos ist wie folgt aufgebaut: Am linken oberen Rand befindet sich das Logo des Unternehmens, rechts daneben sowie in der linken Spalte ist die Navigationsleiste der gesamten Website angebracht. Direkt unter der oberen Menüleiste sind sechs Kopfbilder zu sehen. Eins der Kopfbilder zeigt eine Frau, die in einem Haus auf eine Leiter steigt, um ein Dachfenster zu schließen oder zu öffnen. Weitere Bilder präsentieren eine Leiter, eine Feuerleiter und ein Baugerüst aus jeweils unterschiedlichen Perspektiven. Außerdem gehören zwei Fotografien von Arbeitsbühnen zu den Kopfbildern. Von diesen zwei Fotografien zeigt eines eine Arbeitsbühne, die an einem Zug angebracht ist. Das andere Bild zeigt eine Arbeitsbühne, auf der ein Mann in Arbeitskleidung steht.

Direkt unter den sechs Kopfbildern beginnt der Hauptinhalt der Internetseite auf pastellfarbenem Hintergrund mit einem Obertitel in der Firmenfarbe Lila. Darunter sind die beiden besonders zu analysierenden Fotografien angebracht. Sie zeigen jeweils dieselbe Person weiblichen Geschlechts – vermutlich ein Fotomodell – die Berufsschutzkleidung eines Handwerks trägt, bei der Nutzung einer großen und offenbar schweren Leiter. Die Frau ist schlank, hat lange blonde Haare und entspricht auch ansonsten dem weiblichen Schönheitsideal. Auf dem linken Foto bringt sie die Leiter auf unprofessionelle Weise vor einer Toreinfahrt in Position, denn sie lächelt dabei gleichzeitig in die Kamera und widmet sich nicht der wegen der Größe und des Gewichts schwierigen und anstrengenden Arbeit. Das Tor gehört aufgrund seiner Größe vermutlich zu einer Werkshalle. Auch auf der rechten Aufnahme, die etwas größer ist, lächelt die Frau frontal zum/r Betrachter_in, während sie dieselbe Leiter mit nur einer Hand zu dem gleichen Tor transportiert. Auf dem rechten Foto ist darüber hinaus das Testsieger-Logo des Magazins angebracht. Bei beiden Bildern ist der Fokus der Kamera auf die Frau und nicht auf das mit dem Preis ausgezeichnete Produkt gerichtet.

Darunter ist der eigentliche Text in schwarzer Schriftfarbe und strukturiert im journalistischen Lead-Stil angebracht: Nach der Überschrift folgen Untertitel, ein fett gedruckter Vorspann und schließlich der eigentliche Bericht. Der Text informiert die Leser_innen darüber, dass eine von dem Unternehmen produzierte Leiter bei einem Produkttest eines Magazins „Testsieger" geworden ist. Am unteren Rand ist die Fußzeile angebracht, in der unter anderem die Adresse des Unternehmens zu sehen ist.

Im Zentrum des Webdokuments steht der Inhalt, der transportiert werden soll, nämlich die Information über den erfolgreich bestandenen Produkttest sowie die beiden Produkt-Fotografien, die diesen Text illustrieren. Das Unternehmens-Logo, die Navigationsleisten, die Kopfbilder und die Fußzeile bilden lediglich den Rahmen der Website. Dieser Rahmen ist in kräftigem Orange und Lila, den Firmenfarben, gehalten, während der eigentliche Hauptinhalt auf pastellfarbenem Rot dargestellt wird. Auf Grund dieser farblichen Gestaltung sind das Logo, die Navigationsleisten und die Kopfbilder jedoch ebenfalls dominante Elemente der Internetseite. Auch ist deshalb nicht auf den ersten Blick zwischen Hauptinhalt und Rahmen des gesamten Internetauftritts zu unterscheiden.

Text

Der Text des Webdokuments ist in Obertitel, Überschrift, Untertitel sowie fettgedruckter Einleitung und Hauptteil gegliedert und fasst jeweils den Inhalt in unterschiedlichem Umfang zusammen. Der Text informiert die Leser_innen darüber, das Modell der Leiter schneide in den überprüften Kategorien „Ausstattung, Handhabung, Stabilität und Beschaffenheit sowie Sicherheit" insgesamt am besten ab. Dabei steche vor allem die Ausstattung der Leiter positiv hervor, da diese im Vergleich zu anderen getesteten Produkten „besonders Rücken schonend" sei bzw. den „Kraftaufwand beim Transport um fast 50%" reduziere.

Alltagskontextuelle Sinneinbettung: Grenzziehung

Die Logik der Produktion: Die Webseite ist unter dem Navigationselement „Aktuelles" angeführt. Die Rubrik „Aktuelles" zielt darauf ab, Neuigkeiten im Unternehmen nach innen zu den Mitarbeitenden und nach außen an die Kunden zu kommunizieren. Hier werden vor allem neue Produkte vorgestellt; es finden sich aber auch Beiträge über die steigenden Marktanteile des Unternehmens, über eine Auszeichnung des Unternehmens durch die Bayerische Staatsregierung sowie über die Einführung einer betriebsinternen Bildungseinrichtung. Diese Informationen werden mit entsprechenden Bildern auf einer jeweils eigenen Internetseite bzw. Detailseite präsentiert. Dabei werden nur die aktuellsten Einträge über die Navigation der Website angezeigt. Der jüngste Beitrag ist über die Startseite der Website sichtbar und somit sehr prominent platziert.

Grundsätzlich sind Unternehmens-Websites ein Ort der Selbstdarstellung, da hier Interessenten, wie (potentielle) Kunden, Geschäftspartner und Bewerber_innen, aber auch Konkurrent_innen Informationen über das Unternehmen einholen. Der Internet-Auftritt zielt daher in erster Linie auf Marketing und Image des Unternehmens, seiner Produkte und Leistungen ab. Websites gehören zum Unternehmensbereich Öffentlichkeitsarbeit bzw. Marketing, insofern werden hier auch die Werte, Ziele und Normen des Unternehmens, seine

Dienstleistungen und Produkte die Aussagen tragen, um das Unternehmen in einem modernen Licht zu präsentieren. Auch die analysierte Webseite berichtet über ein Ereignis, das die Marke des Unternehmens stärken und die Vorteile der eigenen Produkte kommunizieren soll.

Allgemeine Bedeutung

Die Logik des Gebrauchs des Artefakts beleuchtet, wofür das Artefakt in der Organisation verwendet wird, bzw. wie es verändert wird (s.u.). Sowohl in den beiden Überschriften als auch im Untertitel und im Haupttext wird immer wieder der Begriff „Testsieger" genannt. Auch ist auf der rechten Fotografie das Testsieger-Logo des Magazins angebracht. Text und Bilder betonen somit die herausragende Qualität der von dem Unternehmen produzierten Leiter. Aus diesem Grund wird das Internetdokument von alltagskompetenten Rezipient_innen auf den ersten Blick dem Marketing bzw. der Werbung zugeordnet. Die farbliche Gestaltung der Webseite und die verwendetet Fotografien führen bei Betrachter_innen darüber hinaus zu einer Assoziation mit Werbebroschüren von Baumärkten oder mit einem Katalog für Berufskleidung.

Die Website unterstellt in Verbindung mit den Fotografien, dass das Produktmodell so sicher und leicht zu handhaben sei, dass „sogar Frauen" sie problemlos verwenden könnten. Damit werden in Bild und Text traditionelle Vorurteile bedient, Leitern und Handwerk allgemein seien eine männliche Domäne, Frauen könnten allenfalls besonders leichte Produkte handhaben, da sie zu schwach und durch Ablenkung zur Betonung ihrer körperlichen Attraktivität in jeder, auch arbeitsbezogenen Situation, gehandicapt seien. Die alberne und situationsangemessene Mimik betont das Klischee vom „fremden Blick", Frauen müssten jederzeit auf ihre körperliche Performance achten, so dass sie dadurch schwach werden.

Organisationseinbettung

Es ist nicht ungewöhnlich, dass ein Unternehmen in seinem Webauftritt unter der Rubrik „News" oder „Pressemitteilung" aktuelle Informationen nach innen und außen kommuniziert, welche die Stärken des Unternehmens, seiner Dienstleistungen und Produkte hervorheben. Auch auf der Website dieses Unternehmens finden sich zahlreiche Beiträge, die das Unternehmen positiv darstellen und dies jeweils mit Fotos illustrieren. Die Webseite und die verwendeten Fotografien entsprechen also in Aufbau und Gestaltung weiteren Informationsbeiträgen auf der Unternehmens-Website.

Die beiden Fotografien hingegen sind ungewöhnlich, insofern sie eine Frau in Arbeitsschutzkleidung und bei der Verwendung einer Leiter zeigen. Ansonsten sind im gesamten Internetauftritt nur männliche Personen beim Verrichten technischer oder handwerklicher Tätigkeiten abgebildet. Die einzige weitere Frau steht auf einer Leiter, um ein Dachfenster zu erreichen. Da sie Alltagskleidung trägt und sich in einem Haus oder einer Wohnung befindet, suggeriert das Bild, die Frau würde einer klassischen Haushaltstätigkeit nachgeht.

Distanzierend-integrative Rekonstruktion latenter Organisationsstrukturen
Strukturanalyse: Produktionsgeschichte

Der Beitrag ist sehr prominent platziert, er ist direkt über die Startseite sichtbar sowie über die Navigation der Website abrufbar gewesen. Im Laufe der Zeit ist die Seite von aktuelleren Beiträgen `verdrängt` worden. Gegenwärtig ist der Informationsbeitrag über das Archiv der Hauptseite „Aktuelles" zu finden. Im kommenden Jahr wird dieser Beitrag wahrscheinlich nicht mehr im Internetauftritt des Unternehmens zu finden sein. Vermutlich ist das Webdokument nach der Bekanntgabe der Ergebnisse des Produkttests im Frühjahr 2013 von einem/einer für Marketing des Unternehmens zuständigen Mitarbeiter_in erstellt worden. Die Qualität der verwendeten Bilder deutet darauf hin, dass diese von einem/einer professionellen Werbefotograf/in bzw. Produktfotograf_in erstellt wurden.

Gebrauch/Funktion

Das Besondere des Produkts ist, dass die Leiter sich *„auch rollend und damit besonders Rücken schonend fortbewegen"* lasse. Dies soll mit Fotos einer Frau in Arbeitsschutzkleidung illustriert werden. Die Fotografien sind auch bei verschiedenen Online-Händler_innen veröffentlicht, die dasselbe Produktmodell anbieten, hier sind ausschließlich Männer in Arbeitskleidung und Bauschutzhelm tätig. Das sehr gute Abschneiden in dem Produkttest hat vermutlich positive Auswirkungen auf die Absatzzahlen dieser Leiter, da Informationen über Bestnoten bei einem objektiven Produkttest deutlich glaubwürdiger und überzeugender auf potentielle Kund_innen wirken als Werbeanzeigen.

Soziale Bedeutung

Die Logik der Sinnhaftigkeit beleuchtet die Bedeutung, die dem Artefakt in der Organisation zugeschrieben werden. Die Webseite und die beiden Werbefotografien brechen auf den ersten Blick Geschlechterstereotype über Berufsrollen auf, wenn sie eine Frau in der Arbeitskleidung eines typischen Männerhandwerks darstellen, während sie eine große und schwere Leiter an der Hauswand eines Gebäudes anbringt. Dass das Produkt mit Rollen ausgestattet mit wenig Kraftaufwand fortbewegen lasse, wird jedoch dadurch demonstriert, dass eine Frau bei dieser Arbeit strahlend in die Kamera blickt. Es geht also weniger um die selbstverständliche Darstellung einer Frau in einem typisch männlichen Arbeitsfeld, sondern vielmehr um die diskriminierende Aussage, das Produkt sei sogar vom „schwachen Geschlecht" handhabbar. Da die abgebildete Frau jedoch in einer professionellen Arbeitssituation gezeigt wird und dort semi-professionell agiert, indem sie widersprüchliche mimische Signale sendet, werden Geschlechterstereotype und Rollenklischees reproduziert. Nur an der Oberfläche wird Frauen gendergerechte Professionalität zugesprochen. Durch den immanenten Widerspruch zwischen Kleidung, Aktion auf der einen sowie Körperhaltung und Mimik der Frau auf der anderen Seite wird in Frage gestellt, dass Frauen sich mehr als halbprofessionell kompetent betätigen können. Vielmehr wird das Klischee von der weiblichen handwerklichen Inkompetenz zitiert, da die Betonung von Hübschheit vor Professionalität rangiert. Man will zwar auf die Möglichkeit, dass Frauen heute auch handwerkliche Tätigkeiten ausführen, eingehen, aber die ausgeführten Vorurteile verhindern eine gendergerechte Ausdrucksform. Insbesondere der Blick in die Kamera oder auf den Betrachter insinuiert, dass Frauen beständig und sogar bei der Arbeit auf den Betrachter und nicht die Arbeit konzentriert sind. Die Ausrichtung an dem fremden Blick wird so als Einverständnis der Frau gewertet, sich dem fremden Blick und seiner Bewertung auszusetzen.

Komparative Analyse: Organisationsinterne Vergleiche

An dieser Stelle werden die zu analysierenden Fotos weiteren vergleichbaren Artefakten aus dem Unternehmen gegenübergestellt. Die Leiter, die in Fotografien abgebildet ist, wird im Internetauftritt des Unternehmens in einem anderen Webdokument mit drei weiteren Werbefotografien beworben. Im Folgenden werden diese Fotos, die ausschließlich Männer bei der Verwendung der Leiter zeigen, mit den obengenannten verglichen (Vergleichsartefakte 2). Zunächst werden die zu analysierenden Fotos jedoch einem Bild, welches eine Mitteilung auf der Unternehmens-Website aus dem Jahr 2009 illustriert, gegenübergestellt (Vergleichsartefakt 1).

Vergleichsartefakt 1

Die Logik der Organisation, Funktion und Wirkung: In dem Beitrag aus dem Jahr 2009 wird über die erfolgreiche Präsentation von zwei neuen Leitermodellen des Unternehmens auf einer Messe berichtet. Eine dieser beiden neuen Leitern habe eine spezielle Griffzone, die den Anwender_innen ein „besonders Rücken schonendes Tragen" ermögliche. Das zweite von dem Unternehmen produzierte Produktmodell sei mit Rollen ausgestattet, welche den Kraftwand beim Transport „um fast die Hälfte gegenüber dem Tragen" reduzieren.

Der Texteintrag wird mit einem Foto veranschaulicht, auf dem ebenfalls eine Frau, die dem weiblichen Schönheitsideal entspricht, eine Leiter durch einen Garten trägt. Die Frau geht auf einen Swimming-Pool zu und dreht den Betrachter_innen den Rücken zu. Dabei blickt sie jedoch über ihre Schulter, so dass ihr lächelndes Gesicht zu sehen ist. Sie trägt als Arbeitskleidung eine blaue Arbeitslatzhose ohne Oberteil darunter, so dass ihr nackter Rücken zu sehen ist. Die Bildunterschrift zu dieser Werbefotografie lautet: „*Egal, ob Hausfrau oder Heimwerker: Beim Tragen der Leiter XY [anonymisiert] können jetzt alle eine gute Figur machen und gleichzeitig ihren Rücken schonen.*"

Die Verbindung von Text und Bild reproduziert traditionelle sexistische Schönheitsnormen und Klischees von der handwerklichen Inkompetenz von Frauen auf diskriminierende Weise durch die sexistische nackte Körperdarstellung in einer professionell beruflichen Situation. Die Mimik der Frau suggeriert, dass sie dieses Labeling als erotisch und inkompetent selbst teile und somit damit einverstanden sei, als Sexobjekt benutzt und ausgebeutet zu werden. Dies ist eine semantische Figur, die bis in die Pornographie hinein der Ausbeutung und Erniedrigung von Frauen dient.

Im Unterschied zu den beiden Fotos aus dem Jahr 2013 wird das Fotomodell jedoch in einem privaten Garten gezeigt. Die Bildunterschrift *„Egal, ob Hausfrau oder Heimwerker"* impliziert, dass sie Hausfrau ist. In diesem Beitrag werden Geschlechterstereotype und Rollenklischee auch insofern verfestigt, als mit der Unterstellung gearbeitet wird, Frauen seien selbstverständlich dem privaten Lebensbereich bzw. der Hausarbeit zugeordnet. Das Rollenklischee der Hausfrau geht mit dem Klischee der Frau als erotisches Objekt eine Verbindung ein. Die Verknüpfung spielt mit sexistischen Assoziationen. Die Logik der Organisation eines Artefakts stellt die Frage, welche Funktionen das Artefakt für die Organisation hat. Der Frauenkörper fungiert als Blickfang, um die Aufmerksamkeit der Betrachter_innen auf ein handwerkliches Produkt zu lenken, das Produkt damit zu erotisieren und somit Frauen als Objekt zu degradieren und abzuwerten. Diese sehr populäre Werbestrategie reduziert Frauen auf ihren Körper bzw. ihre sexuellen Reize, da sie nicht als aktiv handelnde kompetente Individuen präsentiert werden, sondern zum Eye-Catcher bzw. zur erotischen Dekoration des beworbenen Produkts instrumentalisiert werden (McRobbie 2010).

In den beiden zu analysierenden Werbetexten und -fotografien, die drei Jahre später und zum Ende des Projekts im Internetauftritt des gleichen Unternehmens erfasst worden sind, trägt das Fotomodell hingegen Arbeitskleidung, wie es in Berufen in Handwerk, Industrie, Metall oder Elektronik üblich ist und agiert in einem beruflichen Kontext vor einem Tor, das vermutlich in eine

Werkstatt oder Gewerbehalle führt. Die hier abgebildete Frau wird somit zum einen nicht mehr im Privaten oder als Hausfrau dargestellt, sondern als kompetente Frau in einem „typisch männlichen" Berufsfeld. Zum anderen wird die Frau hier nicht als erotischer Eye-Catcher instrumentalisiert, da sie vollständig bekleidet ist. Die bildliche Darstellung von Frauen auf der Website dieses Unternehmens hat sich somit zu Projektende insofern deutlich verbessert, als diese gegenwärtig nicht mehr als sexistisch zu bezeichnen ist und darüber hinaus Geschlechterstereotype über Berufsrollen aufbricht. Allerdings sind die oben analysierte Ambivalenz und der verdeckte Appell an weibliche Stereotype zu beachten, der weiterhin besteht.

Vergleichsartefakte 2

Als weitere Vergleichsartefakte der zu analysierenden Bilder wurden zwei Werbefotografien ausgewählt, die dasselbe Leitermodell bewerben und die ebenfalls im Internetauftritt des Unternehmens – jedoch in einem anderen Webdokument – veröffentlich worden sind. Die zwei Fotos illustrieren einen Textbeitrag, der die leichte Handhandhabung der großen und schweren Leiter, die kraftsparendes und somit effizienteres Arbeiten ermögliche, in Überschrift und Fließtext thematisiert. Ferner wird ausführlich darüber informiert, dass das Produktmodell vielseitig –sowohl als Anlehne- als auch als Stehleiter – verwendbar sei.

Zur Veranschaulichung sind in dem Webdokument drei Fotos abgebildet: Eins dieser Bilder präsentiert ein technisches Detail über die Ausstattung des Produkts, während auf den anderen beiden Werbefotografien jeweils zwei Personen männlichen Geschlechts im blauen bzw. roten Arbeitsoverall und mit Bauschutzhelm bei der Nutzung der Leiter gezeigt werden. Auf einem Bild ist zu sehen, wie ein Mann auf der Leiter steht, um einer Tätigkeit an einem Vordach über einem Hauseingang nachzugehen. Er benutzt die Leiter dabei als Stehleiter. Links davon lehnt ein weiterer Mann die gleiche Leiter an demselben Haus an – vermutlich einem Bürokomplex. Der Mann nutzt das gleiche Produktmodell also nun als Anlehne- bzw. Schiebleiter. Beide Personen wenden den Rezipient_innen dabei den Rücken zu und sind auf die Ausübung ihre Tätigkeiten konzentriert. Das Bild illustriert, dass das Produktmodell auf vielfältige Weise nutzbar ist – wie auch die Bildunterschrift verdeutlicht.

Das andere Foto demonstriert hingegen, dass sich die Leiter mit wenig Kraft fortbewegen lasse. So ist in der Bildunterschrift zu lesen. Auf diesem Foto ist zu sehen, wie ein Mann in rotem Overall die Leiter rollend fortbewegt, während der Mann in blauer Arbeitskleidung die gleiche Leiter transportiert, indem er sie unter seinem Arm trägt. Im Hintergrund ist eine Gewerbe- oder Industriehalle zu sehen. Die Personen auf dem Foto blicken nicht direkt in die Kamera, vielmehr ist ihr Blick auf ihre Tätigkeit bzw. auf den vor ihnen liegenden Fußweg gerichtet. Da sie darüber hinaus weit vom Kameraobjektiv entfernt sind und Bauschutzhelme tragen, ist Gesicht bzw. Mimik der Männer kaum erkennbar.

Die Qualität beider Fotografien legt nahe, dass ein/e Mitarbeiter_in des Unternehmens, der/die für das Marketing zuständig ist, diese Bilder selbst erstellt hat und darüber hinaus tatsächliche Mitarbeiter des Unternehmens (und nicht Fotomodelle) gezeigt werden.

Bei den Bildern der Frau scheint es sich hingegen um Aufnahmen beauftragter Werbefotograf_innen zu handeln. Auf jenen Fotos ist das Gesicht der Frau deutlich zu erkennen, da sie den Betrachter_innen selbst bei der Handhabung der Leiter nicht den Rücken zukehrt. So greift sie auf dem linken Bild – wahrscheinlich um ihr Gesicht der Kamera zuwenden zu können – die Leiter nur mit einer Hand und kehrt Hauswand und Leiter dabei den Rücken zu. Aufgrund dieser Körperhaltung wirkt der Vorgang unangemessen spielerisch, die Kraft der beiden Hände wird nicht eingesetzt und insofern auch unrealistisch und unprofessionell – sicherlich stellt eine solche Handhabung eine Leiter sogar eine Sicherheitsgefährdung dar. Die in den Vergleichsartefakten dargestellten Männer greifen die Leiter hingegen mit beiden Händen und ihr Blick richtet sich dabei auf die Leiter bzw. ihre Tätigkeit und nicht auf das Objektiv der Kamera. Dadurch werden die Personen männlichen Geschlechts als kompetenter, sachlicher und professioneller als die Frau dargestellt. Darin besteht eine Manipulation durch die Verwendung stereotyper Vorurteile.

Ein weiterer Unterschied zwischen der Darstellung von Personen männlichen und weiblichen Geschlechts ist, dass bei den Werbefotografien der Kamerafokus auf die Frau gerichtet ist, während bei den Bildern, die Männer zeigen, kein Fokus eingestellt worden ist. Bei den Fotos ist die Frau, als attraktiv mit blonden langen offenen Haaren karikiert. Da der Fokus das beworbene Produkt nicht miteinschließt, wird das Aussehen bzw. die Attraktivität der Frau in den Vordergrund gestellt – und weniger das beworbene Produkt oder der Nutzen des Produkts. Auch trägt das Fotomodell zwar Arbeitsschutzkleidung, aber – im Gegensatz zu den männlichen Personen – keinen Bauschutzhelm, so dass ihr Gesicht und ihre Haare deutlich zu sehen sind. Es zeigen sich bei der Gegenüberstellung der zu analysierenden Bilder also weiterhin traditionelle Geschlechterstereotype, die sich entlang bestimmter Dichotomien manifestieren:

Weiblichkeit:	Männlichkeit:
Spielerisch	Tatkräftig
Packt bei körperlicher Arbeit nur mit einer Hand an	Packt bei körperlicher Arbeit mit beiden Händen an
Passiv	Aktiv
Attraktivität steht im Vordergrund: − Lacht in die Kamera − Trägt Haare offen und lang, ohne Helm	Professionalität steht im Vordergrund − Blick auf Tätigkeit konzentriert; − Tragen Bauschutzhelm
Ausrichtung am „fremden Blick"	Ausrichtung auf die Arbeit

Die Gegenüberstellung der zu analysierenden Website mit unterschiedlichen vergleichbaren Artefakten aus dem Unternehmen hat also gezeigt, dass sich die Darstellung von Frauen zu Projektende deutlich verbessert hat. Im Gegensatz zu der erfassten Fotografie aus dem Jahr 2009 werden Frauen nicht mehr mit sexistischen Darstellungen zur Dekoration des beworbenen Produkts genutzt. Auch werden Frauen nicht mehr selbstverständlich dem privaten Bereich der Hausarbeit zugeordnet, sondern darüber hinaus in Arbeitskleidung in Ausübung eines Berufs gezeigt.

Allerdings zeigt ein Vergleich mit zwei weiteren Werbefotografien, die dasselbe Produktlinie bewerben, indem jeweils zwei Männer in Arbeitskleidung bei der Verwendung des Produkts gezeigt werden, dass in den Fotos dennoch traditionelle geschlechterspezifische Stereotype und Rollenklischees vorherrschen. So steht die Attraktivität des lachenden Fotomodells im Fokus und verhindert echte Professionalität und Glaubwürdigkeit der Arbeitssituation einer Frau, während die Vergleichsartefakte Männer zeigen, die auf ihre Arbeit konzentriert sind, mit beiden Händen anpacken und die professionell auftreten. Gesicht und Mimik der Personen männlichen Geschlechts sind – im Gegensatz zu dem der Frau – für die Rezipient_innen nicht oder kaum erkennbar, sie spielen bei der Arbeit keine Rolle.

Organisationsexterne Vergleiche

Auch in Websites anderer Unternehmen wurden ähnliche Machtkonstellationen abgebildet und patriarchale Klischees der Abwertung spieltn eine Rolle: Frauen als sexualisierte Objekte im Marketing, Frauen als inkompetente Heimwerkerinnen, Frauen als hübsch und inkompetent, die unfähig sind, sich auf eine handwerkliche Arbeit zu konzentrieren. Die Dominanz der Männer in den meisten dieser Darstellungen ist übermächtig. Auch in Büros sind Frauen in unterlegener Position dargestellt, die Macht der Führungskräfte wird in Bild und Text überwiegend durch Männer repräsentiert. Die Fotos und Illustrationen stehen dabei oft im Widerspruch zum Text, als sie noch weit mehr Vorurteile eines überholten traditionellen ungleichen Frauen- und Männerbildes abbilden. Kennzeichnend ist auch, dass jede Anspielung an einen Diversity-Aspekt fehlt: es werden weder Ältere noch Migrant_innen noch Behinderte einbezogen.

Die weiteren Analysen zeigen diese Ähnlichkeit, denn einerseits werden Frauen mit Bauschutzhelmen gezeigt, andererseits sind sie nur unscharf im Bildhintergrund zu erkennen und im Fokus stehen weiterhin Männer in Ausübung einer handwerklichen Tätigkeit, angemessen bekleidet mit Arbeitsschutzkleidung mit Bauschutzhelm. Es gibt einen Widerspruch zwischen Textaussagen und Bildgestaltung: Die Sprache ist sachlicher als die Bilder, sie repräsentieren öfter unbewusste traditionelle geschlechtsspezifische Vorurteile. Gleichwohl ist ein deutlicher Fortschritt festzustellen.

In der soeben exemplarisch dargestellten ausführlichen Analysetechnik wurden auch die anderen Materialsorten ausgewertet, die nun in knapper Form wiedergegeben werden.

6.2.6 1. Materialsorte; Artefakt 2: Unternehmens-Homepage: Unternehmen NN „Was wir bieten"

Dekonstruktive Bedeutungsrekonstruktion

Logik des Anlasses: Das Artefakt wurde hergestellt, um Bewerber_innen, Kund_innen und Mitarbeitende über interne Leistungen und Angebote des Unternehmens für seine Mitarbeitenden zu informieren. Es stellt einen Teil einer öffentlich zugänglichen Webseite dar im Rahmen des offiziellen Internetauftritts des Unternehmens, (unter: „Home/Jobs & Karriere/Arbeiten bei NN/ Was wir bieten").

Struktur

Die Webseite umfasst Bilder, Symbole und Texte, die Seite ist primär in den Farben Weiß und Blau gehalten. Der Kopfteil der Seite im oberen Fünftel besteht aus drei Bilddarstellungen, dem Logo des Unternehmens, einer Navigationsleiste, sowie einer Sprachauswahl. Innerhalb der Navigationsleiste steht von links nach rechts in weißer Schrift: „Home", „Unternehmen", „Branchen", „Leistungsspektrum", „Jobs & Karriere", „News & Presse", „Kontakt", „deutsch, englisch". Jeder der Begriffe ist verlinkt. Befindet sich der Mauszeiger über einem der Begriffe, öffnet sich in den meisten Fällen nach unten hin ein blauer Kasten mit weiteren Menü- und Navigationspunkten. Die Bilder im

Kopfteil sind verhältnismäßig klein und zeigen Szenen aus dem Arbeitsalltag: Sitzende und stehende Menschen in Büros. Die abgebildeten Personen befinden sich in einem Gespräch. Auf dem ersten Bild von links sind vier Personen abgebildet, zwei Männer, eine Frau sowie eine Person unklaren Geschlechts, ein Mann steht in aufrechter Position und blickt den vor ihm am Schreibtisch sitzenden Frauen über die Schulter, ein anderer Mann sitzt halb auf dem Schreibtisch der Frau in einer dominanten Haltung, eine Anweisung gebend. Das zweite Bild zeigt eine menschenleere Sitzecke, das dritte Bild zeigt drei Männer, die rund um einen Tisch sitzen und miteinander im Gespräch zu sein scheinen.

Ganz rechts innerhalb des Kopfteils befindet sich das Logo des Unternehmens. Es besteht aus einem Schriftzug mit dem Namen des Unternehmens wiedergibt aus schwarzen Großbuchstaben einer serifenlosen, minimalistischen Schriftart. Über dem Schriftzug des Logos befinden sich zwei blaue Bögen, davon ist der untere dünner als der andere. Über die ganze Breite hinweg und unter den Fotos und dem Logo zieht sich eine schmale, tiefblaue Navigationsleiste. Das intensive Blau der Navigationsleiste strukturiert und rahmt die Webseite, es ist ein Rahmen aus blauen Schatten. Unter der Navigationsleiste ist in relativ kleiner Schrift der Pfad der Webseite dargestellt: „Jobs & Karriere – Arbeiten bei NN: Was wir bieten". Wiederum darunter ist in blauer, relativ großer Schrift der Titel der Webseite: „Was wir bieten" abgedruckt. Unterhalb des Titels sind zwei Spalten Fließtext angeordnet, der wiederum durch drei Zwischenüberschriften gegliedert wird. Rechts daneben befindet sich eine weitere Spalte Text, die jedoch durch einen hellblauen Grund und eine relativ große blaue Überschrift von den beiden Spalten links abgetrennt ist.

Im unteren Viertel der Webseite, auf einem mittelblauen Streifen, wechselt der Inhalt ca. alle 18 Sekunden zwischen insgesamt drei Varianten, die jeweils ähnlich aufgebaut sind. In allen drei Fällen stehen zwei Spalten Text neben dem Foto einer Person. Die Personen sind jeweils bis zur Brust abgebildet und blicken lächelnd zur Betrachter_in hin: Es sind zwei Frauen und ein Mann. Je nach der Variation im Wechsel befindet sich das Bild der Person ganz rechts, ganz links oder zwischen den zwei Textspalten. Unterhalb des eben beschriebenen Streifens und im unteren Siebtel der Webseite ist ein schmalerer hellblauer Streifen abgebildet, in dem auf externe Auftritte des Unternehmens verwiesen wird (Facebook, Xing).

Text

Logik der Produktion: Der Text wurde von der Marketing-Abteilung des Unternehmens professionell hergestellt. Er verwendet das Logo und die Farben des Unternehmens. Der Text ist in Schwarz auf Weiß gehalten. Die Navigation besteht aus weißer Schrift auf blauem Grund. Die Überschriften lauten „Was wir bieten. Vielfältige Herausforderungen. Ausgezeichnet Perspektiven. Familie und Beruf im Einklang." Der Inhalt gibt Aufschluss über die Leistungen für Mitarbeiter_innen, die das Unternehmen anbietet. Im ersten Kapitel wird zum Beispiel der Weg neuer Mitarbeitender_innen ins Unternehmen und die umfangreichen Hilfestellungen in der Einarbeitungsphase beschrieben: „Einarbeitung durch ein Team von erfahrenen Mitarbeitern", „von Anfang an übernehmen Sie Verantwortung", „Unsere Philosophie baut auf den eigenen Mitarbeiter". Das zweite Kapitel beschreibt unter „Perspektiven" die Dynamik des Unternehmens und die Hilfen bei der Karriereplanung. In beiden Kapiteln werden sprachlich nur männliche Mitarbeiter adressiert. Im dritten Kapitel zur Vereinbarkeit wird von der Vereinbarkeit von Privat- und Berufsleben gesprochen. In diesem Kapitel werden Frauen und Männer angesprochen.

In der rechten Spalte werden 14 Leistungen des Unternehmens für die Mitarbeitenden unter der Überschrift „Damit können Sie rechnen" aufgeführt. Diese reichen von geschlechterunabhängigen Vergütung und 40-Stunden-Woche über flexible Arbeitszeit- und Ortmodelle, Kinderbetreuungszuschuss, Förderprogramme für Frauen und Anderes und bilden eine Liste aller empfehlenswerten Unterstützungsmaßnahmen für Eltern und Mitarbeitende, Frauen und Nachwuchs.

In der unteren Spalte werden die Angaben durch Einzelportraits von Männern und Frauen belegt, die sich positiv zu den Angaben äußern, indem sie im Unternehmen ihre beruflichen Ziele gut verwirklichen können.

Zusammenfassend kann man die Angebote als sinnvolle und überzeugende Betonung der Bedeutung der Mitarbeitenden im Unternehmen kennzeichnen, wie es der Philosophie entspricht, die knapp umrissen wird. Als Marketingvorteil werden die Leistungen zur Mitarbeiter_innenrekrutierung und –Bindung genutzt. Informationen aus dem Projekt Future is Female wurden umfassend umgesetzt.

Alltagskontextuelle Sinneinbettung

Die Webseite ist Teil des umfangreichen Web-Auftritts des Unternehmens und damit eine von vielen Seiten. Ausgehend vom Titel der Webseite („Was wir bieten"), richtet sie sich an Personen, die an einer Beschäftigung im Unternehmen interessiert sind und sich über die Arbeitsbedingungen des Unternehmens informieren möchten. Auch die Überschrift des zweiten Textelements im rechten mittleren Drittel der Seite („Damit können Sie rechnen:") verspricht eine Aufzählung von Leistungen, die gegenwärtige und zukünftige Mitarbeiter_innen des Unternehmens genießen. Im selben Sinne scheinen sich die Texte und

Bilder des dritten Elements im unteren Viertel der Seite zuerst an Beschäftigungsinteressierte zu richten.

Im Textteil dieses Elements wird in je wechselnder Variation eine Person mit Namen und Position benannt. Darauf folgt ein Text in Anführungszeichen, der verspricht, ein Zitat der zuvor genannten Person zu sein. Im selben Element ist je Variation außerdem eine Person als Porträt abgebildet. Dies suggeriert, dass es sich jeweils um die/den namentlich genannte/n und zitierte/n Mitarbeiter_in handelt. Das gesamte Element im unteren Viertel der Seite präsentiert sich so nicht als direkte Aussage des Unternehmens, sondern als Statement der dort beschäftigten Personen.

Distanzierend-integrative Rekonstruktion latenter Organisationsstrukturen
Strukturanalyse

Sprachlich wurde überwiegend bis auf ein Kapitel die männliche Form gewählt, damit wendet sich das Unternehmen in den Kapiteln hauptsächlich an männliche Bewerber. Auch in diesem Artefakt finden sich Abbildungen von Männern und Frauen. Sie drücken die Dominanz der männlichen Mitarbeiter aus, wie bei der Bildbeschreibung deutlich wurde. Insofern widersprechen auch hier die Visualisierungen dem Ziel des Unternehmens, Gleichheit durch gleiche Chancen für beide Geschlechter zu fördern. Die Botschaft der Leistungskataloge und des dritten Kapitels werden durch die Bildlichkeit konterkariert, da Männer in verantwortlicher Position dargestellt sind, Frauen in abhängiger Position. Selbst die porträtierte Frau scheint in der Karriere nicht fortgeschritten zu sein.

Der Text ist vermutlich entstanden unter Aufsicht bzw. mit letzter Kontrolle der Unternehmensleitung, da er offizielle Aussagen enthält. Er ist operativ gestaltet im Rahmen einer Zusammenarbeit von Design-, Kommunikations- und Web-Fachkräften, denn er drückt die Ziele der Organisation aus, Recruiting und Bindung von Mitarbeiter_innen durch Angebote an Förderung von Frauen, flexibler Arbeitszeit sowie finanzielle Angebote zu erreichen und sich auf dem Markt durch dieses Marketing zu behaupten.

Logik des Gebrauchs, Funktion, soziale Bedeutung

Die Zielgruppe sind zuerst Bewerber_innen, Interessierte und Kunden, aber auch die Öffentlichkeit insgesamt. So wirkt das Versprechen eines positiven Arbeitsumfelds nicht nur auf potentielle Mitarbeiter_innen, sondern auch auf aktuelle Mitarbeiter_innen, Geschäftskund_innen, Mitbewerber_innen usw. Das offensiv präsentierte Arbeitsumfeld und die versprochenen Leistungen des Unternehmens für die Mitarbeiter_innen dienen nicht nur der Rekrutierung neuer Mitarbeiter_innen, sondern auch der Öffentlichkeitsarbeit und dem Marketing mit all ihren Funktionen und Adressat_innen.

Logik der Sinnhaftigkeit und Funktion

Im Vergleich mit dem ersten Artefakt dieser Materialsorte findet sich ein deutliches konkretes und kompetentes Bemühen, Mitarbeiter_innen gute Arbeitsbedingungen zu verschaffen und Vereinbarkeit zu unterstützen. Die Widersprüche zwischen inhaltlichen Aussagen, Sprache und Bildlichkeit lassen erkennen, dass die Werte der Geschlechtergleichheit erst an der Oberfläche eingedrungen sind und hier zu sehr konkreten weitreichenden Angebote geführt haben. Die Tiefenstruktur der Diskriminierung ist in Bild und Schrift noch nicht gegendert. Es fehlen jedoch sexistische Anklänge.

Auch im Vergleich mit anderen Artefakten des Unternehmens zeigt zum Beispiel eine Website zur Teilnahme am Projekt Future is Female, dass die Inhalte der Strategie Gender und Diversity aufgenommen und unterstützt werden. Es wird berichtet, dass man von den Workshops profitiert. Im Vergleich der Homepage von 2013 mit der von 2015 sind Bild und Text wesentlich mehr gendergerecht gestaltet, Frauen in verantwortlichen Führungspositionen sichtbar und die Sprache ist ebenfalls gendergerecht weiterentwickelt.

6.2.7 1. Materialsorte; Artefakt 3: Unternehmens-Homepage: Unternehmen NN

Dekonstruktive Bedeutungskonstruktion

Der dritte ausgewählte Text der Materialsorte Homepage der Unternehmen enthält unter dem Button „Über uns" an zweiter Stelle eine Website mit dem Titel des Projekts Future is Female. Das Artefakt ist Teil einer Homepage eines der am Projekt beteiligten Unternehmens. Es umfasst eine Seite unter der Domain des Unternehmens. Es ist ein digitales Textdokument im Format DinA4 mit Bild- und Textgestaltung.

Die Logik des Anlasses: Die Seite der Homepage steht als ein Punkt unter der Rubrik „Wir über uns" mit unterschiedlichen Informationen über die Firma direkt unterhalb der Website „Philosophie". Damit wird dem Projekt rein räumlich von der Platzierung her ein zentraler Rang in seiner Bedeutung für das Unternehmen eingeräumt. Die zentrale Aussage zum Unternehmen selbst wird erst später sichtbar.

Die Seite selbst ist farbig insgesamt in blau-grün-weiß, den Farben der Firma und die obere Bildspalte ist in grün-weiß-gelb, den Farben des Projekts Future is Female, gestaltet, wie es der Farbigkeit der Homepage des Unternehmens sowie auch der des Projekts Future is Female entspricht. Die blau-gelb-weiß eingefärbten Elemente sind auf der ersten Spalte situiert, die weiß-blau-grün gefärbten Elemente hingegen oben auf der Seite. Die Seite umfasst sowohl Bild- als auch Symbolelemente – die Logos des Unternehmens und des Projekts – als auch Textelemente. Der Hintergrund ist weiß, das Logo der Firma am oberen linken Rand stellt ein lachendes weißes Tier auf blauem Hintergrund dar und in einem Kasten in weißer Schrift in Großbuchstaben oben der Name des Unternehmens mit Ausrufezeichen und unter dem Bild mit blauer Schrift auf weiß der Name der beiden Firmengründer und -eigner sowie die Zeile: „Zu Ihrem Vorteil. Für unsere Umwelt."

Die Logik der Produktion: Die Seite ist wie folgt untergliedert: Das rechteckige Logo der Firma in blauweiß sowie ein Schriftzug „Zu Ihrem Vorteil. Für unsere Umwelt" sind ganz oben links auf der Seite platziert. Daneben finden sich die Einzelelemente der Homepage der Firma, als Buttons zum Anklicken verzeichnet. Diese Angaben werden durch einen feinen Strich von der Seite getrennt.

Links läuft eine Spalte von oben nach unten mit den einzelnen Inhalten der Homepage in blau, die etwa ein Fünftel der Seite einnimmt: 1. Home, 2. News in schwarzer Schrift mit jeweils Untertiteln. Diese sind mit feinen gestrichelten Linien markiert und dadurch von dem übrigen Inhalt der Seite abgegrenzt.

Im oberen Viertel der Seite befindet sich unter den oben geschilderten Buttons der Homepage eine abgesetzte rechteckige bunte Spalte, die mit dem Titel des Projekts Future is Female in gelber Schrift und in der zweiten Zeile „Wir machen mit" in blauer Schrift und in der dritten Zeile in weißer Schrift vor dem blauen Bildhintergrund: „zu Ihrem Vorteil für unsere Company!" wirbt. Mit dem Bild von einer lächelnden, aber auch nachdenklichen Frau und dem Logo des Projekts FIF in gelb-blau-weiß ist diese Spalte außerdem versehen. Der bildliche Hintergrund ist verschwommen und unklar, es handelt sich wahrscheinlich um weitere Menschen unterschiedlicher Geschlechter im Gespräch.

Im Weiteren findet sich auf der Seite eine Rubrik, die „Über das Projekt" betitelt ist. Hier wird ein Text von einem Flyer des Projekts Future is Female abgedruckt, der inhaltlich über die finanzielle Förderung, die Zielgruppe, nämlich 20 KMU aus Bayern und die Ziele des Projekts Auskunft gibt. Mittels der Strategie G&D sollen „maßgeschneiderte Konzepte zur Fach- und Führungskräftesicherung entwickelt werden", indem personalpolitische Ist-Zustände vor Ort analysiert werden. Die Textpassagen sind um das vergrößerte Logo des Projekts herum gruppiert.

Die Logik des Gebrauchs: In blauer Schrift werden schließlich weiter unten auf der Seite die eigenen Ziele und Feinziele des Unternehmens, die im Rahmen des Projekts bearbeitet werden, aufgeführt unter der Überschrift: „In diesem Kontext verfolgen wir folgende Feinziele". Im Einzelnen werden dabei genannt: Die Rekrutierung von Fachkräften, die Erhöhung des Frauenanteils in Führungspositionen und der Chancengleichheit allgemein.

Auffallende Merkmale der Seite sind das Logo der Firma und das Logo des Projekts, das 2 Mal abgebildet wird. Das Logo der Firma ist jedoch wesentlich kleiner und wirkt gegenüber dem des Projekts gleichzeitig naiv und im Kontext der Seite zurückhaltend. Auffallend ist weiter in der rechteckigen Bildspalte das Bild der freundlichen, aber auch nachdenklichen Frau. Sie wirkt sehr dominant auf der Seite, ebenfalls jedoch die beiden Logos des Projekts. In der Kombination von Frau und Projektlogo ist das Projekt Future is Female auf der Seite dominant. Die beiden unterschiedlich farbigen Schriftzüge „wir machen mit" und „zu Ihrem Vorteil für unsere Company" betten textlich und bildlich die Firma in das Projekt ein. Das Symbol des Firmenlogos ordnet sich dem des Projekts unter, insbesondere durch die Dominanz der Frau, die ein bildliches Symbol für die Thematik der Förderung von Frauen im Projekt darstellt. Das Logo der Firma ist sehr konkret mit einem lachenden Tier, es bezieht sich auf Umwelt, Tiere und durch die blaue Farbe auch im weiteren Sinne auf das Klima als Geschäftsfeld der Firma. In den aufgeführten Feinzielen mit der Überschrift „Wir verfolgen folgende Feinziele" drückt sich eine Verpflichtung der beiden Unternehmenseigner gegenüber Kunden und Mitarbeiter_innen aus.

Die Logik der Organisation, Funktion und Wirkung: Bildlichkeit und Sprache stellen hier eine thematische Einheit dar. Die abgebildete Frau wirkt kompetent und der Text gibt die Inhalte des Projekts ungekürzt direkt wieder. Die Ziele des Unternehmens, die aus den übergeordneten gendergerechten Zielen des Projekts für das Unternehmen verbindlich abgeleitet werden, sind abschließend auf der Seite verzeichnet. Sie reichen von der Rekrutierung von Fachpersonal über die Erhöhung des Frauenanteils in Führungspositionen, die Verbesserung des Zugangs qualifizierter Frauen zur Beschäftigung, Erhöhung der Chancengleichheit durch Vereinbarkeit bis zur Verringerung von Diskriminierung. Das Unternehmen schließt sich ganz an den Sprachduktus des Projekts zur geschlechtsspezifischer Segregation und seine allgemeinen Werte an.

Ein Vergleich mit anderen Teilen der Website, zum Beispiel der Seite „Aktuelle Stellenanzeigen" (abgerufen 3.7.2015) zeigt in Bild und Schrift eine gegenderte Sprache im Text und ausgewogene Bilddarstellungen mit Männern und Frauen in gleichberechtigter Positionierung. Die Ankündigung ist sehr zurückhaltend, sie bedient sich des Originaltextes aus dem Projekt und gibt lediglich in eigenen Worten die Unternehmensziele wieder.

Distanzierend-integrative Rekonstruktion latenter Organisationsstrukturen
Die Logik der Sinnhaftigkeit: Der Text zeigt eine Akzeptanz der Projektinhalte und Ziele, aber auch eine Zurückhaltung in Bezug auf die Umsetzung. Im Vergleich mit konkreten Leitfäden zeigt sich jedoch in der Bildsprache und Visualisierung der Texte schon hier eine deutliche Betonung weiblicher Kompetenz. Die feministischen Ziele von Partizipation und Gleichberechtigung von Männern und Frauen sind prominent ins Bild gesetzt durch dominante Frauen und Männer, die eher im Hintergrund bleiben. Die Sprache ist sachlich und informativ und genau in Bezug auf Gendergerechtigkeit.

Die beiden Firmeneigner und Gründer vertreten auf der Homepage einen integrativen und partizipativen Führungsstil, der die Mitarbeiter_innen respektiert und wertschätzt. Als Technologie-Unternehmen im Klimabereich sind humane Werte dennoch hoch angesiedelt, ebenso das Betriebsklima. Auch die Kund_innenbedeutung wird sehr hoch angesetzt. Sexistische Sprache und Bildgestaltung fehlen gänzlich.

Zusammenfassend kann man konstatieren, dass die Homepages der am Projekt beteiligten Unternehmen nach dem Projekt eine deutlich andere und gendergerechte bildliche Gestaltung, gendergerechte Sprache und frauenfördernde Maßnahmen repräsentieren. Die Bewerber_innen, Mitarbeiter_innen und Kund_innen werden darauf hingewiesen, dass die Unternehmen sich den Zielen und Werten des Projektes verpflichten und daraufhin neue Verpflichtungen gegenüber den Mitarbeiter_innen eingehen, um das Arbeitsklima zu verbessern und ausdrücklich Frauen zu fördern. Die Ziele und Werte der Strategie Gender und Diversity sind jetzt überall sichtbar prominent vertreten. Das zeigt, dass mittelständische Unternehmen werteorientiert arbeiten und in den Mitarbeitenden ein Potenzial sehen, dass sie würdigen, wertschätzen und zu unterstützen bereit sind, vor allem bei der Vereinbarkeit.

Allerdings gehen nur wenige Unternehmen auf die Aspekte von Diversity ein. Die Besuche in Unternehmen haben zwar ergeben, dass in Unternehmen der IT-Branche häufig Migrant_innen als Mitarbeitende anzutreffen sind, aber die Probleme der Integration wurden zwar in den Weiterbildungs-Workshops thematisiert, finden jedoch noch keinen Niederschlag in Artefakten.

6.2.8 2. Materialsorte: Artefakte der internen und externen Unternehmenskommunikation

In diesem Kapitel werden Artefakte der internen und externen Unternehmenskommunikation ausgewertet, die beim Status quo ante des Projekts bereits vorlagen, jedoch aufgrund der Inhalte des Gender und Diversity neu bearbeitet wurden, wie zum Beispiel gender- und diversitygerechter Leitfäden für die Führung von Mitarbeiter_innengesprächen, für Vorstellungsgespräche, Stellenausschreibungen, Checklisten für die Planung des Wiedereinstiegs für Mitarbeiter_innen, für das Ausscheiden von Mitarbeiter_innen, Pressemitteilungen zur Projektmitarbeit von Unternehmen, Broschüren zum „Erfolgsfaktor Familie" und anderes.

Es werden wiederum exemplarisch drei Artefakte aus der Fülle der vorliegenden Dokumente ausgewählt und interpretiert, die die gesamte Breite der Artefakte dieser Materialsorte repräsentieren. Dies sind 1. eine „gendergerechte Checkliste zur Planung des beruflichen Aus- und Wiedereinstiegs" und 2. eine Stellenausschreibung sowie 3. ein Leitbild eines Unternehmens.

2.Materialsorte, Artefakt 4: Eine „Checkliste zur Planung des beruflichen Aus- und Wiedereinstiegs"

Dekonstruktive Bedeutungskonstruktion

Die Logik des Anlasses: Das Artefakt „Checkliste zur Planung des beruflichen Aus- und Wiedereinstiegs" (vom 21.5.2013) ist ein Text von insgesamt 7 Seiten zum internen Gebrauch für Führungskräfte. Es wird eingesetzt, um den beruflichen Aus- und Wiedereinstieg von Müttern oder Vätern nach der Geburt von Kindern und zur Beantragung von Elternzeit zu planen und zu begleiten, es stellt also eine Art von Zielvereinbarung zwischen dem Unternehmen und den Müttern oder Vätern dar. Der Text ist gegliedert in die Überschrift sowie eine linksbündige Spalte mit vorgegebenen Stichworten in der Art eines Fragebogens mit vorgegebenen Antwortmöglichkeiten, in den die Führungskraft, die das Gespräch mit den Eltern leitet, wichtige Daten zum Mutterschutz, Geburt und Planung eintragen kann. In der rechten Spalte hingegen sind auf blauem Hintergrund unter der Überschrift „gut zu wissen" grundlegende Informationen, Tipps und Hinweise zu rechtlichen Bedingungen, Ansprüchen und Angeboten des Unternehmens für die Gesprächspartner wiedergegeben. Inhaltlich werden nach den Daten zur Geburt die zentralen Aufgaben des gegenwärtigen Aufgabengebiets erfragt, mögliche Vertretungen während Abwesenheit und die Notwendigkeit, diese zu schulen, langfristige Projekte, Organisation der Arbeitsvorgänge für die Vertretungen, Urlaubsanspruch und Überstunden. Die Fragen zu Mutterschutz und Elternzeit sind nur vorläufig, Entscheidungen können auch noch nach der Geburt geändert werden, geben aber beiden Vertragspartnern eine ungefähre Richtung vor, ob und wann der Wiedereinstieg der Mutter/des Vaters geplant ist, wie sich der Partner beteiligt und die möglichen Kontaktmedien während der Elternzeit (e-mail, Telefon). Es wird das Angebot gemacht, einen Paten zu gewinnen, um Informationen aus dem Unternehmen zu übermitteln. Auch der Wunsch, während der Elternzeit im geringen Umfang zu arbeiten, an Projekten mitzuwirken oder Urlaubsvertretungen zu übernehmen, wird thematisiert mit Zeitplan und Stundenvolumen. Die Möglichkeit, Weiterbildung zu besuchen, wird angeboten. Das Stundenvolumen nach der Elternzeit wird festgehalten und eine stufenweise Eingliederung geplant. Schließlich wird auch die Kinderbetreuung angesprochen.

Die Logik der Produktion: Der Sprachduktus ist sachlich, stellt aber das Interesse des Unternehmens an für beide Seiten fairen Lösungen dar. Es finden sich zahlreiche Hinweise aus der Erfahrung des Unternehmens mit der Situation der Erziehungszeit, die die betroffenen Mütter und Väter zu ihrer eigenen Sicherheit bedenken sollten, zum Beispiel: „Erfahrungsgemäß kommt der letzte Arbeitstag in der Praxis oft schneller als erwartet. ... Bedenken Sie diese Tatsache bei der Planung der Übergabe ... Ihres Arbeitsgebietes". Oder „Bitte bedenken Sie bei Ihren Überlegungen, dass die Dauer Ihrer Auszeit längerfristige Folgen für Ihre berufliche Perspektive haben kann. Längere Elternzeiten sind mit mittelfristig geringeren Berufs- und Aufstiegschancen sowie nachhaltigen Lohneinbußen verbunden". Hier sieht man das Unternehmensinteresse ausgedrückt, auch Mütter rational an langfristige Planung zu binden. Andererseits ist auch die Interessenlage der Mütter als Hauptbetroffene verbalisiert, dass die Altersvorsorge von Auszeiten betroffen ist und es werden auch Informationen für Väter zum Thema Beruf und Familie gegeben.

Nicht nur durch das Projekt wurde das Bewusstsein für die neue Orientierung jüngerer Mitarbeitenden und Führungskräfte der „Generation Y" geschärft, die mehr Lebensqualität fordern. Durch die Programmworkshops als Teil der Weiterbildung zu Gender und Diversity wurden neue Wege gefunden, auf die Interessen der Beschäftigten einzugehen und damit zugleich dem Unternehmen durch Mitarbeiter_innenbindung und Corporate Identity zu dienen.

Distanzierend-integrative Rekonstruktion

Die Logik des Gebrauchs: Der Kontext ist, dass im Projekt Future is Female das Thema Wiedereinstieg als wichtiges Gender- und Diversity-relevantes Feld in Programmworkshops unternehmensübergreifend bearbeitet wurde, weil mit Müttern und Vätern durch Planung der Kontakt zum Unternehmen während der Elternzeit gehalten, wichtige Informationen übermittelt und der Wiedereinstieg nach der Pause erleichtert werden kann. Das ist für beide Seiten ein Vorteil, denn die Eltern können ihre Planung absichern und ihre Karriere-Ansprüche nach der Elternzeit bekannt geben, so dass sie mehr Sicherheit gewinnen, dass der Aufstieg durch die Unterbrechung nicht abbricht. Sie erhalten Aufschluss über die finanziellen Folgen der Unterbrechung in Bezug auf Alterssicherung und im Falle von Scheidung.

Die Logik der Sinnhaftigkeit und Bedeutung: Die Unternehmen nehmen mit diesem Angebot eine neue Position als Arbeitgeber gegenüber ihren Mitarbeitenden ein: Sie halten nicht länger die traditionelle Trennung zwischen Beruf und Privatleben aufrecht, sondern nehmen Bedürfnisse der Mitarbeitenden auf und versuchen, sie gemeinsam unter Beteiligung aller Betroffenen zu realisieren. Damit wurde im Rahmen des Projekts manchmal erstmalig eine neue Führungskultur implementiert, nämlich die partizipative und lebenslauforientierte Bewältigung von Vereinbarkeit. Dies zeigt sich auch in Modellen der Flexibilisierung von Arbeitszeit und Ort, in Frauenförderprogrammen, in unternehmensinterner Kinderbetreuung usw. Das Arbeitsklima wird zum Unternehmensanliegen, damit wird den Mitarbeitenden signalisiert, dass sie als Menschen wichtig sind und das Humankapital des Unternehmens darstellen, das man unterstützen möchte. Dabei liegt natürlich der Nutzen im Marketing sowie in der Mitarbeiter_innenbindung.

Die Logik der Organisation, Funktion und Wirkung: Die Hierarchie der Macht wird mit diesem Führungsstil transparenter, auch wenn klare Führungsstrukturen bleiben, aber Kritik und Wünsche durch die Mitarbeitenden anzumelden wird eher möglich und die Bedürfnisse der Mitarbeitenden-Ebene werden gehört. Es zeigt sich, dass sich heute die Wünsche vom Lohn weg verlagern auf die individuelle Gestaltung des Lebens und dass vielfach geäußert wurde, nicht mehr Geld sei das Ziel von Mitarbeiter_innen und Führungskräften, sondern mehr Lebensqualität und Vereinbarkeit.

Im interunternehmerischen Dialog waren diese Aspekte, zum Beispiel beim Austausch in den Konferenzen, ein hervorstechendes Merkmal, dem das Projekt dienen konnte.

2. Materialsorte, Artefakt 5: Eine Stellenausschreibung
Dekonstruktive Bedeutungskonstruktion

Die Logik des Anlasses: Im Rahmen des Projekts wurden Stellenanzeigen gegendert, das heißt, auf sprachliche Gestaltung und die Konnotation von verwendeten Begriffen hin untersucht und verändert. Anzeigentexte werben oft mit unzulässigen Diskriminierungen wie „Belastungsfähigkeit", „Körperkraft" oder Durchsetzungsfähigkeit, die Frauen von vorne herein abschrecken. Dabei sind in allen Sparten wie dem Logistik-Bereich Maschinen in Verwendung, die Bezugnahme auf männlich konnotierte Kraft und Ausdauer entspricht oft einem traditionellen Vorurteil in Bezug auf Arbeit. Als Beispiel für die in diesem Sinne veränderten Ausschreibungstexte dient das Artefakt Nr. 5. Es ist ein Stellenausschreibungstext für Auszubildende als Mechatroniker/Mechatronikerin. Er ist gegliedert in eine Kopfzeile in Blautönen mit dem Logo des Unternehmens, einer lächelnden Frau und dem verschwommenen Porträt eines

Mannes im Hintergrund. Neben den Fotos wirbt eine Textzeile der Website: „NN Karriere. Wir sorgen für bestes Arbeitsklima!". Darunter befindet sich der Text zunächst mit einer Werbung für das Betriebsklima des Unternehmens wie „wir sind uns sicher, dass Sie sich bei uns wohlfühlen werden, denn wir sorgen ... für das richtige Betriebsklima in unserem Unternehmen. Der Mensch ist uns wichtig." „Ein gemeinschaftliches und freundschaftliches Miteinander, Fairness und Humor gehören ebenso zu unseren Grundwerten wie Engagement und Verantwortungsbewusstsein". Der eigentliche Ausschreibungstext beschreibt die Tätigkeit und die Aufgaben der/s Mechatroniker_in in gendergerechter Sprache und die Ausbildungsdauer.

Die Logik der Produktion: Die Aufgaben im Technikbereich werden genau spezifiziert unter: „Was Sie lernen". Darunter steht „Ihr Profil" mit Angaben zu den persönlichen Voraussetzungen: „Sie haben Humor, eine positive Ausstrahlung und sind freundlich im Umgang mit Menschen", weiterhin Dienstleistungsverständnis, Teamfähigkeit, Einsatzbereitschaft und Flexibilität. Es fehlen hier die im Technikbereich früher verbreiteten Konnotationen an männliche Eigenschaften. Aufgenommen werden neu die früher als weiblich benannten Eigenschaften wie positive Ausstrahlung, Freundlichkeit, Teamfähigkeit. Die Firmen erkennen, dass die so genannten weiblichen Fähigkeiten allgemein im Kundenkontakt sinnvoll sind.

In der vierten Rubrik: „Wir bieten Ihnen": werden die Leistungen des Unternehmens für die Beschäftigten aufgelistet, insbesondere das hervorragende Betriebsklima, Unterstützung der Vereinbarkeit, flexible Arbeitszeitmodelle, kooperativer Führungsstil, Weiterbildung und individuelle Förderung.

Distanzierend-integrative Rekonstruktion

Die Logik des Gebrauchs: Die Anzeige ist gendergerecht formuliert und verzeichnet eine Reihe von Unternehmensleistungen. Es wird also ein partizipatives Führungskonzept deutlich, das Mitarbeiter_innen-Bedürfnisse einbezieht und individuelle Lösungen anstrebt. Im Kontext der anderen Projektunternehmen ist auch hier eine Wandlung hin zur Berücksichtigung von Arbeitnehmerinteressen bei hohen Leistungsforderungen deutlich. Neben der Orientierung an der Wertschöpfung tritt der Mensch immer mehr in den Vordergrund als Potenzial, das durch Flexibilität erst seine volle Leistungskraft und Kreativität entfalten kann. Dies gilt sehr stark für die kleinen mittelständischen Unternehmen, deren Produktidee eine Nische darstellt, die sich sehr schnellem Wandel ausgesetzt sieht. Ohne hohe persönliche Verantwortung kann eine Mitarbeiterin/ein Mitarbeiter in diesem Sektor nicht an der beständigen Entwicklung der Produkte mithalten.

Die Logik der Sinnhaftigkeit und Bedeutung: Die Strategie Gender und Diversity mit ihren Werten passte von daher sehr gut in das Konzept der KMU. Sie lernten, sprachlich und inhaltlich die Bewerber_innen so anzusprechen, dass die Anforderungen und Leistungen abgewogen dargestellt werden können, so dass sie auch Frauen interessieren. Migrant_innen wurden im ersten Schritt nur selten angezielt.

2.Materialsorte, Artefakt 6: Ein Unternehmens-Leitbild
Dekonstruktive Bedeutungskonstruktion

Die Logik des Anlasses: Das Unternehmens-Leitbild wurde im Rahmen des Projekts Future is Female ganz neu entwickelt, weil das alte Leitbild nicht mehr dem gewachsenen Bewusstsein für die zukünftigen Aufgaben der Unternehmen in Bezug auf Corporate Identity entsprach. Es besteht aus zwei Web-Sites der Homepage des Unternehmens unter dem Button „Menschen". Die Seiten sind graphisch und farbig sehr vielfältig gestaltet: Auf der ersten Seite ist das Unternehmens-Logo in Gestalt des Firmennamens mit dem Slogan verbunden „Creating safety. With passion" in blauer Schrift auf weißem Grund, das durch das Foto einer Kugel noch illustriert wird, die von zwei (weiblichen) Händen umschlossen wird: Ein Symbol für die menschlich-bergende oder fürsorgliche Haltung des Unternehmens. Darunter „Welcome @ (Firmenname). Ein Unternehmen mit Persönlichkeiten." Diese Seite wird mit Personen und Produkten des Unternehmens illustriert, die gemeinsam bei einer Freizeitaktivität auf Bänken sitzen, dazwischen ein Spielzeug-Pferd. Die linke Spalte dieser Site enthält ein Foto von Männern am Computerbildschirm sowie einen Text, der mit drei Überschriften gegliedert ist, der mit zwei Stichworten die Entwicklung des Unternehmens skizziert: „Vom Dienstleister zum Systemhaus" beschreibt technologische Entwicklungen, der zweite „Innovationskraft und Systemfähigkeit" beschreibt Optimierungen für den Kunden im Produktbereich, jeweils mit Fotos unterlegt. Während die erste Seite der Homepage Werte und Wandlungen im Produktbereich anspricht, ist die zweite Seite dem Betriebsklima und den Angeboten für Mitarbeiter_innen gewidmet.

Die Logik der Produktion: Die zweite Seite ist in drei Stichworte mit jeweils zwei Unterpunkten gegliedert: Sicherheit auf allen Ebenen, Vertrauen in Ihre Fähigkeiten und Leidenschaft bei der Arbeit. Unter Sicherheit wird ein Foto des Geschäftsführers (im Sakko) mit einem Mitarbeiter (im Hemd) abgebildet, beide lächelnd. Darunter stehen Texte zum Stichwort „Offenheit" des Unternehmens: „Es stehen alle Türen offen. Wir sind immer an neuen Ideen interessiert, die frische Impulse ins Unternehmen bringen. Wir schätzen Eigeninitiative und Menschen, die bereit sind, Verantwortung zu übernehmen". Das zweite Stichwort ist zum Thema Gesundheit als Bedürfnis der Mitarbeiter_innen. Ein optisch hervorgehobener Kasten informiert unter der Überschrift „Work-Life-Balance" über kreative Urlaubs- und Arbeitsmodelle sowie als „Zusatzleistungen" zum Beispiel Bezuschussung von Mahlzeiten, Kindergartenkosten, vermögenswirksame Leistungen sowie betriebliche Altersvorsorge. Unter dem nächsten Punkt „Vertrauen" wird „Diversity-Management" thematisiert mit einer Information über Potenzialentwicklung von Mitarbeiter_innen durch Weiterbildung. Dafür gibt es einen firmeneigenen Campus. „Karriere" ist der nächste Punkt, der die Beratung bei der Führungslaufbahn aus den eigenen Reihen mit einem ganzheitlichen Konzept anspricht. Unter „Leidenschaft" wird durch Zitate und Bewertungen von Mitarbeiter_innen die Teambetonung gerühmt, das gute Betriebsklima hervorgehoben sowie die guten Chancen durch hauseigene Weiterbildung. Auch die gemeinsame Begeisterung und Leidenschaft werden betont, untermalt von einem Foto eines Mannes und einer Frau.

Distanzierend-integrative Rekonstruktion

Die Logik des Gebrauchs: Das Leitbild setzt neue Schwerpunkte in Bezug auf das „Humankapital" der Menschen im Unternehmen und berücksichtigt mit den Themen Work-Life-Balance, Diversity Management und Unterstützung der Karrieren von Frauen auch vielfältige Gender- und Diversity-Aspekte aus dem Projekt Future is Female. Zudem wird auf gendergerechte Sprache geachtet und Vielfalt als wichtiger Aspekt prominent platziert. Die Gestaltung der Website mit Fotos ist ausgewogen, sowohl Männer wie auch Frauen und auch Teams werden in verantwortlichen Positionen abgebildet. Die Farbgestaltung ist harmonisch-kühl, die Texte zeugen von dem Bemühen, die Mitarbeiter_innen und Führungskräfte zu integrieren, durch firmeninterne Weiterbildung zu fördern und zu binden. Die Stichworte Sicherheit, Vertrauen, Leidenschaft signalisieren, dass eine Unternehmensphilosophie und Werte vertreten werden, die über Effektivität und Effizienz hinausgehen und die Bedürfnisse der Mitarbeitenden berücksichtigen möchten, wie es auch die Website „Philosophie des Unternehmens" unterstützt:

> „Der Maßstab unserer Arbeit ist die Zufriedenheit unserer Kunden und die damit verbundene hohe Qualität unserer Leistungen. Unsere Kundenprojekte profitieren davon, dass unsere Mitarbeiter ihre Aufgaben ganzheitlich betrachten und daran orientierte Lösungswege finden. Die Zusammenarbeit im Team und der menschliche Umgang miteinander stehen für uns immer an erster Stelle."

Die Logik der Sinnhaftigkeit und Bedeutung im Unternehmen: Auch hier wie im vorherigen Artefakt und weiteren Unternehmens-Leitbildern ist die Wandlung von der neo-liberalen Unternehmensphilosophie hin zu einem partizipativen Führungsmodell und einer Betonung von humanen Werten, das sich in dem Ausdruck „Menschen" bündelt, zu verzeichnen. Ein gutes Betriebsklima ist Voraussetzung für Mitarbeiter_innenbindung und damit auch Kontinuität in den Arbeitsvollzügen. Transformative Führungsmodelle begünstigen Kreativität und die Potenzialentwicklung der Beschäftigten, beides ein hohes Ziel im Unternehmen (vgl. Pressemitteilung vom 19.4.2013 in der Südwest-Presse). Arbeit ohne unnötigen Druck fördert die Motivation und die Identifikation mit dem Unternehmen. Menschen werden nicht mehr nur als Ressource angesehen, sondern werden in der Breite ihrer Begabungen und Talente eingesetzt – zum Wohle des Unternehmens. Dabei sind „Kreativität, Fantasie, Verantwortungsbewusstsein, lösungsorientiertes Denken und Teamgeist" zu entfalten (ebd.). Vertrauensarbeitszeit ist die Bedingung dafür. Der Betrieb funktioniere „wie ein Verein mit engagierten Mitgliedern" (ebd.).

Die Logik der Organisation, Funktion und Wirkung: Ähnliche Leitbilder mit der neuen Firmenphilosophie wurden auch in anderen Unternehmen neu entworfen. Hier finden sich Stichworte wie: „Einander helfen", „Mitweltbewusst handeln", qualitätsbewusste und zufriedene Mitarbeiterinnen und Mitarbeiter", „Familienfreundlichkeit", „Orientierung an den Bedürfnissen der Mitarbeiterinnen und Mitarbeiter" und auch die Berücksichtigung von Vielfalt in Bezug auf Integration von Behinderten und Menschen mit Migrationshintergrund. Die Bedeutung der Gestaltung eines neuen Führungsstils mit Betonung flacher Hierarchien und mehr Vertrauen in die Mitarbeitenden konnte im Projekt verbreitet werden.

3. Materialsorte: Protokolle und Fotoprotokolle aus Programmworkshops
Dekonstruktive Bedeutungskonstruktion

Die Logik des Anlasses: Die dritte Materialsorte, Protokolle des Projektteams und ergänzende Fotoprotokolle zum Verlauf von Weiterbildungs-Programmworkshops der Intervention bilden eine eigene Kategorie. Programmworkshops dienten dazu, unternehmenseigene Maßnahmen zu Gender und Diversity zu planen und später von der Unternehmensleitung genehmigen zu lassen und durchzuführen. Es nahmen delegierte Gruppen aus den Unternehmen teil, dabei waren jeweils bis zu 10 Unternehmen vertreten.

Die Logik der Produktion: Die Materialien bilden den sehr anspruchsvollen Prozess der konkreten Veränderung der Unternehmen durch Maßnahmen des Gender und Diversity ab, indem die Implementierung der neuen Erkenntnisse in die Unternehmen hinein konkret nachvollzogen werden kann. Die Themen waren zum Beispiel „Entwicklung geschlechtergerechten Gesprächsleitfäden für Mitarbeitergespräche", „Entwicklung eines strategischen, genderorientierten Personalmanagements" oder „Flexible Arbeitszeitmodelle und

Kinderbetreuung". Die Themen wurden aus den Zielen der Unternehmen, die im Kick-off-Workshop formuliert wurden, abgeleitet und mit Power Point-Präsentationen vorbereitet. Sie stellen Ergänzungen zu den Interviews dar.

Die Logik des Gebrauchs: In den Programmworkshops wurde jeweils zunächst eine allgemeine Einführung zu dem gewählten Thema gegeben sowie zu Möglichkeiten, unternehmerische Maßnahmen aufgrund des Bedarfs zu planen. Die Umsetzung erfolgte dann direkt im Anschluss an die Einführung in unternehmenseigenen Arbeitsgruppen. Die Arbeit der Unternehmensvertreter_innen wurde durch Fotoprotokolle dokumentiert. Die ausführlichen Protokolle zum Verlauf des Workshops von den jeweiligen Trainer_innen ergänzen die Befunde der Fotoprotokolle detailliert.

Im ersten Arbeitsschritt wurden die Unternehmen gebeten, ihre Ziele für den Workshop auf Karten zu schreiben und an eine Metaplanwand zu heften. Diese Beiträge wurden thematisch gebündelt. Es ergab sich so ein thematisches Themenspektrum, auf dem die Arbeitsgruppen aufbauten.

Das hier ausgewählte Beispiel betrifft den Workshop „Entwicklung eines Wiedereinstiegsprogramms". Es nahmen 7 Unternehmen teil mit insgesamt 9 Personen. Nach Präsentation der Namen und Ziele der Teilnehmenden wurde eine Information der Projektleiterinnen zum Thema vorgestellt. Daraus ergab sich ein Erfahrungsaustausch der Firmenvertreter_innen zu bisherigen Angeboten und neuen Bedarfen zum Wiedereinstieg von Eltern, der wiederum auf Metaplan thematisch gebündelt wurde. Gründe für ein Wiedereinstiegsprogramm wurden gesammelt wie zum Beispiel Vermeidung von Kosten bei Verlust einer Arbeitskraft und Abfindungen, bessere Re-Integration von Eltern ins Unternehmen, Bindung von Eltern. Auch die Problematik von Führungspersonen in Elternzeit wurde diskutiert und bezweifelt, dass Führung in Teilzeit möglich sei. Dem standen jedoch schon positive Erfahrungen mit Jobsharing bei Führungskräften entgegen. Ein konkretes Best-Practice-Beispiel eines Wiedereinstiegsprogramm eines Unternehmens wurde vorgestellt und traf auf große Begeisterung. Notwendige Aspekte und Phasen wurden erörtert vor, während und nach der Elternzeit für die Wiedereingliederung.

In der nächsten Arbeitsphase wurden im Workshop in Kleingruppen für die drei Phasen geeignete Maßnahmen firmenspezifisch geplant. Dazu wurden Bündel von Maßnahmen zum Thema „Elternzeit" zusammengestellt, die später der Geschäftsführung als Konzept zur Genehmigung vorgelegt werden sollten. Es wurden dabei die Verantwortlichen – Personalabteilung oder Fachabteilung, die Phasen (vor, während, nach Elternzeit) und die einzelnen Maßnahmen mit Zeitplan aufgeführt. Beginnend mit der Änderung der Stellenausschreibungen wurden diese Maßnahmen auch firmenintern in den internen Medien als Angebot kommuniziert. Die Maßnahmen reichten von Gratulationsschreiben des

Unternehmens mit Gesprächstermin vier Wochen nach Schwangerschaftsmeldung mit strukturiertem Fragebogen (vgl. Artefaktsorte 2., s. o.) über einen Nachfolgetermin 12 Wochen vor der Entbindung, einem Firmenpräsent zur Geburt, Eröffnung eines digitalen Intranetzugangs und Infomaterial nach der Geburt. In der zweiten Phase wurden Einladungen zu Firmenfesten und Weiterbildung sowie 6 Monate vor der geplanten Rückkehr Rückkehrgespräche angeboten. Die Phase des Wiedereintritts wurde begleitet mit einem Einarbeitungsplan sowie einem Mitarbeiter_innenordner mit Informationen aus dem Unternehmen. Es wurde ein Paten- oder Mentor_innenmodell während der drei Phasen vorgeschlagen, eine Checkliste (s. o.) sowie ein enger Kontakt während Phase 2. Auch die Schulung der Führungskräfte in Bezug auf das Wiedereinstiegsprogramm wurde angeregt. Ein Unternehmen wollte einen Familienbeauftragten ernennen und finanzielle Unterstützung für die Kinderbetreuung leisten. Es wurden auch Modelle der Gründung einer gemeinsamen Kinderbetreuung mehrerer Firmen bedacht.

Distanzierend-integrative Rekonstruktion

Die Logik der Sinnhaftigkeit und Bedeutung: Im Kontext des Projekts nahmen die Programmworkshops eine herausragende Bedeutung ein. Es wurde hier von Unternehmensdelegierten an dem Entwurf konkreter Gleichstellungsmaßnahmen gearbeitet, die den Zielen und dem Bedarf der Unternehmen entsprachen. Insofern war die Unternehmensleitung willens, die Programme auch einzuführen. Die Dokumentation zeigte das Engagement der Unternehmen für diese konkrete Arbeit. Sie alle hatten schon Einzelaspekte von Wiedereinstieg als dringend notwendige Bedarfe erkannt und sie begrüßten es, Anleitung für die Erstellung eines umfassenden Wiedereinstiegsprogramms zu erhalten. Zudem wurde der interunternehmerische Austausch sehr gelobt, kamen doch hier viele Erfahrungen von Best-Practice-Beispielen zusammen und auch Probleme oder Barrieren wurden offen thematisierbar und Lösungen gemeinsam gefunden. Das sorgte für viel Unterstützung und Wertschätzung aller Anstrengungen. Die Rückmeldung der Unternehmensvertreter_innen war sehr positiv, weil die Inhalte praktisch nutzbar und unmittelbar anwendbar waren.

Die Logik der Organisation, Funktion und Wirkung: Kontextuell zeigt diese Artefaktsorte den Prozess der Vermittlung zwischen der Weiterbildung im Projekt und der Implementation neuer Programme der Gleichstellung direkt in den Unternehmen. Es ist somit ein positives Beispiel einer Methode, die Innovation im Unternehmen fördert. Die Umsetzung des didaktischen Modells des Transformativen Organisationalen Lernens in 6 Schritten wurde hier ebenfalls angewendet.

6.2.9 Zusammenfassende Auswertung der Artefaktanalyse

Die Forschungsfrage nach der Wirksamkeit der Intervention mit Gender und Diversity kann aus der Sicht der Artefaktanalyse dahingehend beantwortet werden, dass die Nachhaltigkeit der Veränderungen belegt werden kann. Die Forschungsziele, das Wissen zu den Inhalten des Gender und Diversity auch auf der organisationalen Ebene der Unternehmen zu verbessern, die Sensibilisierung der Führungskräfte in Unternehmen für Gender und Diversity zu leisten, die Handlungsoptionen zur Herstellung von mehr Gleichstellung zu erweitern und Kulturveränderungen in den Unternehmen in Richtung Gleichstellung zu erreichen, können nun aufgrund dieser Evaluationsmethode überprüft werden.

Die in Kapitel 4 aufgestellten Indikatoren für die organisationale Ebene der Lernprozesse und systemischen Transformation können anhand der empirischen Ergebnisse bestätigt werden: Der Umfang der entwickelten Konzepte, Programme und Dokumente in den Unternehmen hinsichtlich Gender und Diversity sowie der Grad der Implementierung von neu entwickelten Programmen, Konzepten und Dokumenten (z. B. verbindlich, optional, anerkannt, oberflächlich, durchgreifend etc.) kann anhand der vorliegenden Artefakte belegt werden. Der Umfang der im Rahmen des Projekts neu erstellten diversitysensiblen Artefakte entspricht dem Umfang der vor Projektstart evaluierten Dokumente. Zahlenmäßig kann keine vollständige Erfassung des Datenkorpus Artefakt geleistet werden, da interne Artefakte oft wegen des Datenschutzes oder aus anderen Gründen nicht an das Projektteam gemeldet wurden. Dennoch zeigt die Fülle der Artefakte, dass die Unternehmen sehr aktiv waren bei der Umsetzung der Ideen des Projekts. Die Auswertung bestätigt auch, dass oft erst im Prozess der Intervention ein grundlegendes Verständnis der Diversity-Ziele erarbeitet wurde, wie das Beispiel des Artefakts 1 zeigt. Es gab Zwischenstadien der Entwicklung in den Unternehmen, die früh im Projektverlauf erstellten Dokumente wurden dann wiederum überprüft und revidiert. Infolgedessen wurde Gender-Wissen und Gender-Kompetenz stetig verbessert, Handlungsoptionen erweitert und diese flossen schließlich in die Kulturveränderung der Unternehmen ein.

Damit wird der Prozess des Change Management in sechs Schritten, der im Transformativen Organisationalen Lernen angestrebt wurde (vgl. Kapitel 2 und 3), in den Unternehmen tatsächlich absolviert. Die Kulturveränderung ist tiefgreifend, nachhaltig und der Outcome an Wirkungen über einen langen Zeitraum von zwei Jahren geht weit über den Output an direkten Wirkungen des Input in den Weiterbildungsformaten hinaus. Wenn Unternehmen sich an ihre Mitarbeitenden richten und Bericht erstatten darüber, was diese vom Unternehmen an Leistungen erwarten können (Beispiel Artefakt 3 der 2. Materialsorte), zeigt das einen ideologischen Wandel der Einstellung der Geschäftsführung gegenüber den Mitarbeitenden und Führungskräften: Das Unternehmen ist sich bewusstgeworden, das Mitarbeitende die wichtigste Ressource sind und dass Mitarbeiter_innenbindung dem Unternehmen nützt. Die Ideologie dahinter ist in Diversity begründet, dass nämlich Führung eine Sorgepflicht für die (privaten und beruflichen) Bedürfnisse von Mitarbeiter_innen hat. Die angewandte Führungsthematik der transformativen Führung, die mit der Diversity-Strategie vermittelt wurde, wurde hierdurch unterstützt, wobei auch externe Einflüsse wirksam waren. Aber die Geschäftsleitung hat die Anregungen begierig aufgegriffen.

7. Bewertung der Kulturveränderung in den Unternehmen und der Wirksamkeit des Programms

In der Gesamtauswertung wird nun versucht, die komplexe Struktur des Projekts zusammenzufassen und einen Überblick und Vergleich herzustellen zwischen den Evaluationszielen und den Ergebnissen der einzelnen Evaluationsinstrumente (vgl. Kap. 4). Dabei sind sowohl der Bezug zu den drei Phasen der Evaluation zu beachten – Status quo ante, Prozess und Status quo post – als auch zu den Forschungsfragen. Es wird also abschließend eine zusammenfassende Bewertung des durchgeführten Weiterbildungs-Programms des Projekts Future is Female, seiner Wirksamkeit und Effektivität sowie seiner zentralen Ergebnisse vorgenommen. Dabei zeigt sich, dass im Evaluationsdesign jedes Evaluationsinstrument einen anderen Ausschnitt der Realität beleuchtet und eine eigene Reichweite an Aussagen zur Wirksamkeit besitzt, so dass durch die drei Evaluationsphasen jeweils eine große Bandbreite der Wirksamkeit der Intervention gemessen werden konnte. Die Indikatoren zur Zielerreichung wurden jeweils bei der Auswertung berücksichtigt, sie sind der Maßstab, ob die angegebenen Ziele erreicht werden konnten und bis zu welchem Grad.

In der zusammenfassenden Auswertung wird auch der Ertrag des gesamten Projekts herausgearbeitet. Dabei stellen sich folgende wissenschaftstheoretische Fragen, die nach Würdigung der Zielerreichung beantwortet werden sollen (Kap. 7.2): Waren die Theorie der Transformativen Organisationsforschung und die Analysen der Genderforschung eine gute Basis für die Intervention und Evaluation? Gelang es, die theoretischen Annahmen in ein tragfähiges methodisches Lernkonzept zu überführen, das Transformative Organisationale Lernen? Konnten die Ziele der Intervention und die Ziele der Unternehmen im Rahmen des Projekts erreicht werden? Abschließend wird beurteilt, ob die Theorie der Transformationsforschung mit dem durchgeführten Interventionsverfahren an der Praxis überprüft werden konnte und mit welchem Ergebnis.

Es wird dabei das Verhältnis von Input, Output und Outcome in den Blick genommen (vgl. Kap. 4). Dabei wird eine Wirkungskette mit folgenden vier Wirkungsebenen gebildet: Input wird definiert als die Menge der investierten Ressourcen (finanziell, personell, sachlich) von Projektmitarbeiter_innen, Trainer_innen sowie Teilnehmenden, auch die zeitlichen Ressourcen für die Planung der Interventionen, das konkrete Vorgehen bei der Steuerung des Lernprozesses und der eingesetzten Methodik und Didaktik. Output meint hingegen die konkreten Aktivitäten und Ergebnisse in Bezug auf die Steigerung der Wissens- und Handlungskompetenzen der Teilnehmer_innen auf das Gender- und Diversity-Wissen und die Steigerung der Motivation zum Transfer des Gelernten in das Unternehmen und der Partizipation der Stakeholder. Outcome/Impact beschreibt den direkten Nutzen und die Effekte, die durch das Projekt für die Organisationen und Zielgruppen erreicht werden sowie die eigentlich intendierten Wirkungen einer Intervention, diese beruhen in der Regel auf mehreren Outcomes: 1. Short Term (learning: awareness, knowledge, skills, motivations), 2. Medium Term (action: behavior, practice, decisions, policies), 3. Long Term (consequences: social, economic, environmental etc.). Outcome/Impact wird definiert als die Veränderungen, die als Konsequenz des Input und Output auf Dauer die Strukturen, die Prozesse und die Kultur in den Unternehmen in Richtung auf die Ziele von mehr Chancengleichheit und der Anerkennung der Potenziale von Vielfalt verändern. Relevant ist dabei der organisationale sowie gesellschaftliche Kontext mit seinen machtvollen Kontextbedingungen aus hinderlichen und förderlichen Faktoren. Der Impact lässt auch eine Aussage zur Programmeffizienz zu.

Abschließend werden alle Bezugsgrößen miteinander ins Verhältnis gesetzt. Der Input an eingesetzten Ressourcen und Interventionsmaßnahmen, die erzielten Wirkungen der Lernprozesse auf Personen- und Gruppenebene sowie nicht zuletzt die bewirkten Ergebnisse hinsichtlich der Kulturveränderung in den Unternehmen. Kontextualisiert werden sämtliche Interventions- und Evaluationsergebnisse gemäß den erhobenen Ausgangsbedingungen sowie förderlicher und hinderlicher Bedingungen.

Die leitende Forschungsfrage nach der Wirksamkeit des Weiterbildungs-Programms auf den drei Ebenen Individuum, Gruppe und Organisation lautete (vgl. Kap. 4):

Die Wirksamkeit der Intervention mit Gender und Diversity (mit der Methode des Transformativem Organisationalen Lernens) soll empirisch überprüft werden. Das bedeutet, die Praktiken des *doing gender* und *doing difference* sowie die *inequality regimes* bewusst zu machen und aufzudecken, zu dekonstruieren, neue Regeln für diversitygerechtes Handeln zu generieren und in den Unternehmen zu implementieren.

Dabei ergaben sich folgende Einzelziele:

- Überprüfung der Wirksamkeit der Weiterbildung mit der Methode des Transformativen Organisationalen Lernens
- Überprüfung der Qualität der Lernprozesse
- Überprüfung der Programmwirksamkeit in Bezug auf die Multiplikatorenfunktion der Gruppen (Change Team, Arbeitsgruppe
- Überprüfung der Transformation der Unternehmenskultur
- Überprüfung der Zielerreichung der Projektziele

Die 6 methodisch-didaktischen Schritte der Intervention im Unternehmen wurden dabei zu Soll-Normen, die bei den Teilnehmenden erreicht werden sollten: *Awareness, Deconstruction, Reframing, Negotiation, Implementation und triple loop learning/Lernstufe III* (siehe ausführlich im Kap. 2 und 3).

Die Inhalte der Gender- und Diversity-Strategie ermöglichen Lernprozesse auf den vier Ebenen der Intervention, sie sollten kontrolliert und überprüft werden:

– Der individuelle Lernprozess der an den Weiterbildungs-Workshops Teilnehmenden führt zu Einstellungswandel und alternativen Handlungsoptionen
– Der kollektive Lernprozess in und durch die Gruppe (Peergroup oder Change Team) drückt sich in gegenseitigem Austausch, gegenseitiger wertschätzender Unterstützung und der Ko-Konstruktion von Werten und Praktiken des Gender und Diversity aus
– Der organisationale Lernprozess des einzelnen Unternehmens führt zum Kulturwandel, welcher u. a. in Artefakten sichtbar wird (vgl. Kap. 1 und 2)
– Der interorganisationale Lernprozess der Unternehmen verstärkt das Verständnis und vertieft den Kulturwandel.

7.1 Auswertung zum empirischen Prozess während der Intervention

Die Ziele, die im Rahmen des Projekts angestrebt wurden, bilden zugleich die thematischen Kapitel in diesem Abschnitt (s. o.):

7.1.1 Resümee der Evaluation zur Wirksamkeit der Weiterbildung zu Gender und Diversity im Prozess

Die Überprüfung der Wirksamkeit der Weiterbildung zu Gender und Diversity im Prozess der Intervention stellt zugleich eine empirische Überprüfung der Theorien des transformativen Lernens dar (Bateson, Mezirow, Argyris): Konnten durch das theoriegeleitete planmäßige Vorgehen mit der Strategie Gender und Diversity, das mit der Methode des Transformativen Organisationalen Lernens vermittelt wurde (Input), das Wissen und die Einstellungen der Teilnehmenden sowie die Handlungskompetenz zur Gleichstellung verändert und die Sensibilisierung der Führungskräfte in Unternehmen geleistet werden (Output)?

Die Intervention wird in Bezug auf den Output an Wissen und Handlungsoptionen bei den Teilnehmenden geprüft. Insofern wurden die Projektziele auch daraufhin evaluiert, was und in welcher Lernstufe in den Weiterbildungsworkshops gelernt wurde.

Durch einen Vergleich der Ergebnisse aus den Feedback-Fragebogen zu den Workshops mit den Ergebnissen der Expert_inneninterviews wird deutlich, dass die Strategie G&D mit TOL das Bewusstsein der Teilnehmenden in Bezug auf Gender und Diversity sowie das Wissen und die Handlungskompetenz veränderte. Die Feedbackfragebogen ergaben hohe Prozentzahlen in Bezug auf den Umfang und die Qualität des gelernten Wissens zu Gender und Diversity und die Qualität der didaktischen Planung der Trainer_innen. Auch wurde von einer großen Zahl von Probanden geäußert, dass sie den Wusch hatten, dieses Wissen in ihrem Arbeitsumfeld anzuwenden. Insofern kann man auf eine hohe Wirksamkeit der Lernprozesse während der Weiterbildung schließen, dies stellte also einen Output an Wissen und Handlungskompetenz dar.

Die Kontrastierung der Artefaktanalyse mit diesen anderen empirischen Daten wiederum ergab zum Beispiel, dass ein Output an Wissen, Inhalten und Handlungskompetenzen ganz konkret zu neuen Praktiken in den Unternehmen geführt hat. In den Programmworkshops lernten die Teilnehmenden, diversitysensible Programme zu schreiben, schrittweise von der Geschäftsführung genehmigen zu lassen und verbindlich einzuführen. Dies wurde in jedem Unternehmen in großem Umfang geleistet (vgl. Kap. 6.2).

Das methodische Instrumentarium der sechs didaktischen Schritte des TOL war angemessen und funktionierte bei den Workshops in der gewünschten Weise, wie die Aussagen der Feedbackfragebogen ergaben. Allenfalls wurde die zu anspruchsvolle inhaltliche Information bemängelt. Die Lernformen, die theoretisch erarbeitet und intendiert worden waren, konnten mit den sechs Schritten tatsächlich erreicht werden. Die komplexen Lernprozesse des *triple loop learning* bzw. der Lernstufe III wurden immer wieder von den Trainerinnen beobachtet und in den Protokollen der Trainerinnen von den Workshops dokumentiert, wenngleich sie nicht systematisch empirisch ausgewertet werden konnten. Sie führten jedoch zu tiefen transzendenten Lernerfahrungen in den Workshops und wurden auch in der Gruppendiskussion dokumentiert, so dass es zu der beschriebenen Ko-Konstruktion von neuen gleichstellungspolitischen Werten und Zielen der Unternehmen kam (vgl. Kap. 6.1).

Insofern kann man abschließend das Resümee ziehen, dass die Methode des Transformativen Organisationalen Lernens effektiv war und gut geeignet, um individuelles und Gruppenlernen zu unterstützen und Räume für das organisationale Lernen zu öffnen. Die theoretischen Konzepte (Schilling-Kluge u. a.) boten dafür eine gute Grundlage.

7.1.2 Resümee zu der Qualität der Lernprozesse

Es wurde noch weitergehend mit dem Evaluationsinstrument der Feedback-Fragebögen und der Gruppendiskussion evaluiert, ob in den Lernprozessen der einzelnen Teilnehmenden und bei den Gruppen alle angestrebten Stufen des Lernens erreicht wurden (vgl. Kap. 2.) und ob sie weitreichend und tiefgreifend waren. Damit wird zugleich eine Bewertung der Methoden des didaktischen Modells des Transformativen Organisationalen Lernens möglich. Das Fazit aus den empirischen Ergebnissen ergibt, dass die wissenschaftliche Fundierung durch die Theorie für die Teilnehmer_innen an Weiterbildungs-Workshops sehr wichtig war und sehr geschätzt wurde, auch wenn sie in Einzelfällen davon überfordert wurden. Sie diente der Ermächtigung der Teilnehmenden im Prozess, die damit den wissenschaftlichen Hintergrund selbst erfassen und verstehen lernten. Dies war für die folgende Analyse der Diskriminierungsstrukturen ausschlaggebend, denn ohne wissenschaftliche Analysekriterien konnten die Führungskräfte tradierte und habitualisierte Praktiken der Exklusion nicht erkennen und dekonstruieren (Schritt 1 und 2).

Zunächst wurde die Perspektive auf das individuelle Verstehen und Lernen in Selbstreflexion gelegt. Die einzelnen Individuen konnten in der Diskussion und vor allem in den nachfolgenden angeleiteten Übungen in einem Lernen mit biographischem Bezug die Prinzipien der Diversity erfassen, verstehen und in einer Selbstreflexion ihren eigenen Bezug dazu finden. So konnte bei vielen Teilnehmenden ein Perspektivenwechsel hin zu einem diversitygerechteren Bewusstsein stattfinden. Diese Effekte werden in den Feedbackfragebogen dadurch belegt, dass „die Workshop-Inhalte in Bezug auf den Lerntransfer von den Teilnehmenden im Durchschnitt als anwendbar, praktisch umsetzbar und hilfreich beschrieben" wurden (vgl. Kap. 5). 70% bezeichneten die Workshops inhaltlich als „gut" oder „sehr gut". 77% der Teilnehmer_innen gaben an, sie hatten die im Training erworbenen Kenntnisse und Fähigkeiten in ihrer Arbeit anwenden und umsetzen können. 79% geben an, die Workshops hätten ihnen viel für ihre berufliche Praxis gebracht, die statistische Auswertung ergab eine Durchschnittsnote von 2.51, d. h. die Mehrheit der Teilnehmer_innen war der Meinung, dass der Transfer der Veranstaltungsinhalte in die Berufspraxis relativ gut funktioniert hat. Die individuelle Höhe und Qualität der erreichten Lernstufen kann durch diese Angaben abgeschätzt werden.

Erst im dritten Schritt wurde eine gemeinsame Gruppenperspektive eröffnet: Die Gruppe reflektierte im Anschluss an die Übungen gemeinsam neue diversitygerechtere Regeln für unterschiedliche berufliche Situationen wie Bewerbungs- oder Zielvereinbarungsgespräche. Dabei gelang es trotz auftretender Widerstände, Überzeugungen für die Ziele des Gender und Diversity zu wecken. Bemerkenswert sind die empirischen Ergebnisse der Gruppendiskussion zu den intensiven emergenten Lernstufen in den Gruppen, wenn auf höchstem Niveau gemeinsam reflektiert und Einsichten zu Diskriminierung und dem Wagnis zu neuen diversitysensiblem Umgang untereinander diskutiert wurden.

Die didaktisch-methodische und inhaltliche Arbeit der Trainerinnen in diesen komplexen Lernprozessen wird in den Feedback-Fragebögen einhellig als sehr positiv und hilfreich bewertet (vgl. Kap. 5).

7.1.3 Überprüfung der Programmwirksamkeit in Bezug auf die Multiplikator_innenfunktion der Gruppen

Es wurde evaluiert, ob die Multiplikator_innen in den Change Teams und unternehmensinternen Arbeitsgruppen das erworbene Wissen und die Handlungskompetenz zu G&D in die Unternehmen hereintrugen und verbreiteten. Hier sind der Output und Outcome der Effekte der Intervention angesprochen. Im Evaluationsinstrument Expert_inneninterviews wurde zugleich auf die Lernerfolge und auch die Barrieren hingewiesen, die zum Teil der Umsetzung der Lernergebnisse entgegenstanden, sei es durch die ideologischen Widerstände von Gremien im Unternehmen, sei es durch beharrliche und unbewusst tradierte Strategien der Exklusion bestimmter Gruppen. Die Wirkung der Lernprozesse erstreckte sich bei den Change Team-Mitgliedern nicht nur intern auf die Gruppe, sondern sie schufen zunächst in ihren Teams und Abteilungen „Inseln" der Diversity-Kompetenz, die sich im Projektverlauf verbreiteten. Dies geschah durch die Kommunikation der Ideen und Aktivitäten mit unternehmenseigenen Medien und durch die Arbeitskreise mit konkreten Zielvorgaben in jedem Unternehmen.

Die Funktion der Geschäftsleitungen war dabei, Ressourcen zu gewähren und die Ziele der Arbeitsgruppen zu genehmigen. Sie mussten insofern die neue ideologische Sicht des Gender und Diversity mit ihren Werten und Zielen übernehmen, sich der Kultur der Gleichstellung öffnen und sie unterstützen, um dann mit den Change Teams gemeinsam die selbst definierten unternehmerischen Ziele und Arbeitsgruppen zu definieren und umzusetzen.

Im Feedbackfragebogen 2 wurde von den Probanden angegeben, dass sie hochmotiviert das Gelernte anwenden wollten, zum Beispiel gleichstellungsgerechte Kommunikationsstrategien oder partizipative Führungsstile, und dass das auch oft gelang, dass aber manche Vorgesetzten die Umsetzung blockierten oder Hindernisse in den Weg legten. Das führte zu großen Frustrationen und zu Ratlosigkeit. An dieser Stelle wünschten sich die Multiplikatoren eine engmaschige Hilfe von Seiten des Projektteams, die aber aus personellen und organisatorischen Gründen oft nur telefonisch gegeben werden konnte.

In der Gruppendiskussion wurde intensiv auf diese Problematik eingegangen. Die Teilnehmenden schilderten, dass die ersten drei Schritte des methodischen Instrumentariums TOL *(Awareness, Deconstruction, Reframing)* durch die präzise didaktische Vermittlung gut gelungen sind, dass aber der 4. Schritt, *Negotiation,* bei dem neue gender- und differenzsensible Regeln und Praktiken verhandelt und im Commitment für das Unternehmen vereinbart werden sowie anschließend im Unternehmen die *Implementation* vorgenommen werden sollte, bisweilen zu großen Schwierigkeiten geführt habe. Hier wurde von einem Bruch berichtet, der dadurch entstand, dass u. a. Abteilungsleiter die Umsetzung der neuen Strategien nicht mittrugen, sondern blockierten, manchmal sogar gegen den Willen der Geschäftsleitung. Das Phänomen des Widerstands der mittleren Führungsebene wurde hier deutlich. Die Argumente und Ziele der Gleichstellung wurden von den Workshopteilnehmern zunächst gut aufgenommen, aber von der höheren Führungsebene nicht immer akzeptiert, wohingegen die Geschäftsleitungen sehr unterstützend waren. Leider war im Projekt erst gegen Ende dieses Faktum hinreichend durch die Evaluationsdaten bekannt geworden, so dass man erst zu spät gegensteuern konnte.

7.1.4 Resümee zur Transformation der Unternehmenskultur

Mit dem Projekt Future is Female wurde die Theorie der Transformativen Organisationsforschung (Schilling/Kluge 2008, Elkjaer 2004) empirisch in der Praxis erprobt. Damit wurde geprüft, ob sie praxistauglich ist und sich im Alltag einer Organisationsentwicklung bewährt Die besondere Leistung des Projekts für die Wissenschaft besteht darin, eine Theorie-Praxis-Vermittlung zu leisten und die Bedingungen und Effekte zu evaluieren. Es wurde empirisch geprüft, ob sich die Kultur der Unternehmen nachhaltig hinsichtlich G&D veränderte: Sind Effekte in Bezug auf die Unternehmenskultur durch die Intervention erreicht worden, also ein Output und Outcome/Impact? Hierzu kann ein Fazit gezogen werden: Die Nachhaltigkeit und der Outcome der Intervention mit Gender und Diversity sind über die Indikatoren der Zielerreichung hinaus als Wissensbestände in die Organisationen hinein nachhaltig verankert worden. Dies belegte die Artefaktanalyse, weil vielfältige vergegenständlichte Dokumente mit diversitygerechten Inhalten aus allen Unternehmen zugrunde lagen. Die Artefaktanalyse wurde verwendet, um mit den neu erstellten diversitygerechten Dokumenten einen objektivierbaren Beleg für den Kulturwandel zu gewinnen. Dies kann in allen Unternehmen belegt werden, denn jedes Unternehmen hat im Rahmen des Projekts an der Konkretion der neuen Ideologie und Strategie gearbeitet und Dokumente zur neuen Diversity-Kultur ausgearbeitet sowie dauerhaft umgesetzt.

Auch die Expert_inneninterviews zeigten den Bewusstseinswandel bei den teilnehmenden Führungskräften, selbst wenn die Interviewpartner_innen u.U. nicht das ganze Ausmaß der Transformation überblicken und der Grad der Umsetzung neuer Ideen im Einzelnen von der Geschäftsführung und der Change Team-Leitung abhingen, sind doch viele neue diversity-gerechtere Praktiken erreicht worden. Außerdem wurden als Erfolgsfaktoren die Personen der Geschäftsführung sowie die Change Team-Leitungen empirisch eruiert. In Zukunft können diese Ergebnisse sinnvoll einbezogen werden.

Wie tief die Kulturveränderung in den Alltag der Unternehmen eingedrungen ist, kann man anhand der Interviews realisieren. Es ist gelungen, in jedem Unternehmen die Geschäftsführung und zumindest einige Abteilungen für die Ideen und Werte zu gewinnen.

7.1.5 Resümee zur Zielerreichung der Projektziele

Die Programmeffizienz wurde ebenfalls evaluiert, es wurde eine Zielevaluation zur Überprüfung der Erreichbarkeit der Projektziele und der Unternehmensziele und zur Relation von Input zu Output und Outcome durchgeführt mit der Frage, ob die Ziele der Unternehmen erreicht wurden.

Es wird dafür ein Vergleich der Daten des Status quo ante (Dokumentenanalyse, Online-Fragebogen I und II) mit dem Status quo post (Artefaktanalyse, Gruppendiskussion,) geleistet. Aufgrund der evaluativ erhobenen Datenbasis zum Status quo ante und zum Status quo post kann nun ein Resümee gezogen werden: Die Dokumentenanalyse und Fragebogen I und II vor Projektbeginn hatte ergeben, dass nur ein geringes Gender-Wissen und Gender-Kompetenz in den Unternehmen vorhanden war: Es gab eine männlich dominierte Sprache und Bildgestaltung auf den Web Sites und in den internen Dokumenten. Es waren kaum Maßnahmen von Gender und Diversity vorhanden und Männer dominierten in den Leitungspositionen.

Nach dem Projekt ergibt die Artefaktanalyse, dass nun ein Bewusstsein für gendergerechte Sprache auf allen Websites der Unternehmen besteht. Die Bildlichkeit der Homepages in Bezug auf die Darstellung der gleichberechtigten Teilhabe von Frauen und Männern hat sich grundlegend verändert. Die Veränderungen auf den Websites von männlich dominierten Sparten wie Leitertechnik, Logistik usw. sind besonders bemerkenswert. Zwar sind nach wie vor die Produkte wie Leitern, Transportfahrzeuge, Internettechnik, Klimatechnik sachlich dargestellt. Aber die diversitysensiblen Fotos und Inhalte in Bezug auf Mitarbeiter_innen haben sich durchgesetzt. Insbesondere die gleichstellungssensible

Norm in Sprache und Bild ist gewährleistet: Mitarbeiter und Mitarbeiterinnen werden gleichberechtigt gewürdigt und die Leistungen der Unternehmen für ihre Mitarbeitenden werden an prominenter Stelle aufgeführt. Die Bedeutung von Mitarbeiter_innen und Führungskräften als Humankapital ist bei den KMU immer schon deutlich im Fokus, wird nun insgesamt noch höher bewertet und betont als unabdingbare und wertvollste Ressource der Unternehmen.

In Unternehmen, die Produkte wie Maschinen herstellen oder Dienstleistungen anbieten (Gesundheitsbranche, Klimatechnik, Verlage, Medienunternehmen), sind ebenfalls deutliche Änderungen im Sprachgebrauch und in der Bildgestaltung zu konstatieren. Auch die Leitlinien der Unternehmen wandeln sich durch das Projekt Future is Female. Die neue Situation des Fachkräftemangels gibt den Zielen der Gleichstellung sowie den Ansprüchen an Lebensqualität der *„Generation Y"* neue Bedeutung. Sie wünschen eine Balance zwischen Beruf und Familie bzw. Privatleben, die den Zielen des Projekts übereinstimmen. Es besteht oft erstmalig das Bestreben der Unternehmen, neue partizipative Leitlinien zu entwerfen und ins Unternehmen hinein zu kommunizieren, die auf der Gleichstellung basieren, aber auch noch weit darüber hinausgehen, vielmehr eine neue partizipative Führungskultur etablieren. Insofern kann man gesellschaftliche kontextuelle Einflüsse nicht von den Zielen der Intervention des Projekts trennen, aber die Einflüsse ergänzen sich.

7.2 Die Theorie der Transformativen Organisationsforschung als Fundierung der Intervention mit Gender und Diversity

Zuletzt soll eine Reflexion über den angestrebten Zusammenhang zwischen der im Projekt zugrunde gelegten Theorie der Transformativen Organisationsforschung, der Intervention in der Praxis und den Ergebnissen der Evaluation geleistet werden. Die Theorie der Transformativen Organisationsforschung mit Gender und Diversity wurde entwickelt aufgrund der grundlegenden theoretischen Analysen und daraus abgeleiteten Annahmen, die zu Zielen und Indikatoren der Zielerreichung führten (vgl. Kap.2.). Für die Fundierung der Intervention wurde die Theorie wiederum genutzt, indem auf ihrer Basis das methodische Instrumentarium des Transformativen Organisationalen Lernens (TOL) mit Gender und Diversity entworfen wurde. Die Integration von Gender- und Diversityforschung und Gleichstellungs- und Diversitypolitik in die Unternehmen war die Grundlage für die Ziele der Intervention. Der Anspruch, Gleichstellung im Unternehmen gegen die zu erwartenden Widerstände der patriarchal-hierarchischen und frauendiskriminierenden Organisationen einzuführen und durchzusetzen, wurde zielgerichtet umgesetzt, indem entsprechende gleichstellungsorientierte Ziele erstellt wurden und Inhalte der Weiterbildungsformate geplant wurden.

Nach Abschluss der Intervention und der begleitenden Evaluation kann folgendes Fazit gezogen werden: Die theoretische Fundierung war insgesamt sehr gut geeignet, Ziele für die Praxis-Intervention abzuleiten und zu überprüfen, indem die theoretischen Annahmen die Praxis vorstrukturierten. Es gelang im Projekt Future is Female von Anfang an, die Unternehmen für das Thema zu interessieren und den Anspruch an ideologische Normen der Gender- und Diversityforschung plausibel und einleuchtend zu begründen. Das war ein erster Erfolg, der sich gleich zu Anfang, bei den ersten Kick-off-Workshops einstellte und zur eigenständigen Zielbestimmung der Unternehmen führen konnte.

Das Projektteam wiederum war durch die theoretischen Analysen sehr gut auf die Strukturen, Funktionsweisen und Widerstände der Unternehmen vorbereitet. Die Akzeptanz des Projektteams und der Inhalte der Weiterbildung war sehr gut. Die Theorie konnte offenbar sehr gut in der Weiterbildung vermittelt werden. Das methodisch-didaktische Instrumentarium des Transformativen Organisationalen Lernens mit den 6 Schritten der Weiterbildung war dem Ziel der Intervention angemessen. Es gelang in den Workshops immer, alle 6 Schritte mit den Teilnehmenden gleich gut zu durchlaufen. Widerstände konnten gut aufgenommen und bearbeitet werden. Die Lernstufen waren oft vertieft und es kam zu Ko-Konstruktionen von neuen diversitysensiblen Zielen und Praktiken. Dadurch wurden viele Multiplikator_innen für die einzelnen Unternehmen gewonnen.

Es gelang jedoch den Multiplikator_innen nicht immer, die Parallelität der 6 Schritte, die zunächst in den individuellen und gruppenbezogenen Lernprozessen und dann auch im Unternehmen absolviert werden sollten, zu implementieren. Gleichwohl haben alle Unternehmen entscheidende Fortschritte gemacht. Die Barrieren und Widerstände, die von der mittleren Führungsschicht aufgebaut wurden, ergaben sich erst im Projektverlauf. Sie konnten nicht immer sofort adäquat beantwortet bzw. abgebaut werden.

Zum Schluss wird noch einmal die Frage aufgegriffen, ob die Theorie der Transformativen Organisationsforschung und der Genderforschung mit dem durchgeführten Interventionsverfahren an der Praxis überprüft werden konnte und mit welchem Ergebnis. Die Antwort lautet, dass der Anspruch der Aktionsforschung auf Veränderung der Praxis durch die Transformative Organisationsforschung besser einzulösen ist, da sie die Prozesse und Strukturen der Veränderung und die Barrieren beschreibt. Das didaktische Instrument des Transformativen Organisationalen Lernens war wiederum ausschlaggebend für den Erfolg der Intervention, wie die Evaluation belegt.

8. Literaturverzeichnis

Acker, Joan (1989). Doing comparable worth: gender, class, and pay equity. Philadelphia: Temple University Press.
Acker, Joan (1990): Hierarchies, Jobs, Bodies: A Theory of Gendered Organizations. In: Gender & Society, 4, 2, S. 139–158.
Acker, Joan (1995): Class, Race, Gender in Women's Organizing. In: Marx Feree, Myra/Martin, Patricia Y. (Hrsg.): Feminist Organizations. Philadelphia: Temple University Press.
Acker, Joan (1998): The Future of „Gender and Organizations": Connections and Boundaries. In: Gender, Work and Organizations, 5, 4, S. 195–206.
Acker, Joan (2006): Inequality Regimes: Gender, Class, and Race in Organizations. In: Gender & Society 20, 4, S. 441–464.
Acker, Joan (2009): From glass ceiling to inequality regimes. In: Sociologie du travail 51, S. 199–217.
Acker, Joan (2013): Hierarchies, Jobs, Bodies. In Müller, Ursula/Riegraf, Birgit/Wilz, Sylvia M. (Hrsg.): Geschlecht und Organisation. Wiesbaden: Springer VS für Sozialwissenschaften, S. 86–102.
Alvesson, Mats/Billing, Yvonne Due (1997): Understanding Gender and Organizations. London: Thousand Oaks.
Anna Froese/Martina Schraudner (2010): Diversity Management-Strategien US-amerikanischer und australischer Universitäten: Konzepte, Modelle und Erfahrungen im internationalen Kontext. In: Schraudner, Martina (Hrsg.): Diversity im Innovationssystem. Stuttgart: Fraunhofer Verlag.
Argyris, Chris (1996): On Organizational Learning. Cambridge/Oxford: Blackwell Publishers.
Argyris, Chris (2002): Double Loop Learning, Teaching, and Research. In: Learning & Education, 1, 2, pp. 206ff.
Argyris, Chris/Schön, Donald A. (1978): Organizational learning: a theory of action perspective. Boston: Addison-Wesley.
Argyris, Chris/Schön, Donald A. (1996): Organizational learning II: Theory, method and practice Reading. Boston: Addison-Wesley.
Argyris, Chris/Schön, Donald A. (2008): Die lernende Organisation. Grundlagen, Methode, Praxis. Stuttgart: Schäffer-Poeschel.
Autorengruppe Bildungsberichterstattung (Hrsg.) (2010): Bildung in Deutschland 2010. Ein indikatorengestützter Bericht mit einer Analyse zu Perspektiven des Bildungswesens im demografischen Wandel. Bielefeld: Bertelsmann Verlag
Baltes-Löhr, Christel/Schneider, Erik (2013): Normierte Kinder – Effekte der Geschlechternormativität auf Kindheit und Adoleszenz. Bielefeld: transcript Verlag.
Bateson, Gregory (1973): Steps to an Ecology of Mind: Collected Essays in Anthropology, Psychiatry, Evolution, and Epistemology. Chicago: University of Chicago Press.
Bateson, Gregory (1979): Mind and Nature. Glasgow: Fontana/Collins.
Bateson, Gregory (2014): Ökologie des Geistes. Anthropologische, psychologische, biologische und epistemologische Perspektiven. Frankfurt am Main: Suhrkamp TB Wissenschaft.

Bayerisches Staatsministerium für Arbeit und Soziales, Familie und Integration (2014): Frauen in Führungspositionen – Frauenquote. www.stmas.bayern.de/frauen/beruf/index.php [Zugriff 20.12.2015].

Bayerisches Staatsministerium für Arbeit und Sozialordnung, Familie und Frauen (2010): Soziale Lage in Bayern 2010. http://www.stmas.bayern.de/sozialpolitik/sozialbericht/lage2010.php [06.05.2014].

Becker-Schmidt, Regina (1987): Die doppelte Vergesellschaftung – die doppelte Unterdrückung: Besonderheiten der Frauenforschung in den Sozialwissenschaften. In: Unterkirchen, Lilo/Wagner, Ina (Hrsg.): Die andere Hälfte der Gesellschaft. Österreichischer Soziologentag 1985. Wien: ÖGB-Verlag.

Berger, Peter L./Luckmann, Thomas (1969): Die gesellschaftliche Konstruktion der Wirklichkeit. Eine Theorie der Wissenssoziologie. Frankfurt am Main: Fischer Taschenbuch Verlag.

Beywl, Wolfgang (2000): Standards for Evaluation: On the Way to Guiding Prinicples in German Evaluation. In: Russon, Craig (Hrsg.): The Program Evaluation Standards in International Settings. Kalamzoo: The Evaluation Center, pp. 60–66.

Blickhäuser, Angelika/von Bargen, Henning (2001): Gendertrainings als Instrument der Personalentwicklung und Profilentwicklung von Einrichtungen. In: Landesinstitut für Schule und Weiterbildung (Hrsg.): Mit der Genderperspektive Weiterbildung gestalten. Bönen: Verlag für Schule und Weiterbildung, S. 125–136.

Bortz, Jürgen/Döring, Nicola (2006): Forschungsmethoden und Evaluation für Human- und Sozialwissenschaftler. Berlin: Springer Verlag.

Bortz, Jürgen/Döring, Nicola (2009): Forschungsmethoden und Evaluation für Human- und Sozialwissenschaftler: Limitierte Sonderausgabe: Für Human- und Sozialwissenschaftler. Berlin: Springer Verlag.

Brinkmann, Ralf (2008): Techniken der Personalentwicklung: Trainings- und Seminarmethoden. Frankfurt am Main: Verlag Recht und Wirtschaft.

Bronfenbrenner, Urie/Morris, Pamela A. (2006): The bioecological model of human development. In: W. Damon & R. M. Lerner (Hrsg.): Handbook of child psychology, Vol. 1: Theoretical models of human development, New York: John Wiley, pp. 793–828.

Bruchhagen, Verena/Koall, Iris (2005): Die Verbindung zwischen Gender(forschung) und Managing Diversity. Berlin: Heinrich- Böll- Stiftung. http://www.migration-boell.de/web/diversity/48_282.asp [17.06.2013].

Bührmann, Andrea D. (2009): Intersectionality – ein Forschungsfeld auf dem Weg zum Paradigma? Tendenzen, Herausforderungen und Perspektiven der Forschung über Intersektionalität. In: GENDER – Zeitschrift für Geschlecht, Kultur und Gesellschaft, 1, 2, S. 28–44.

Bührmann, Andrea D. (2013): Un/gleich besser – Zur Dialektik von Forschung und Praxis im Umgang mit Diversität. In: CEWSjournal, 88, 04/13, S. 5. http://www.gesis.org/cews/fileadmin/cews/www/download/cews-journal88.pdf [Zugriff 13.06.2013].

Bührmann, Andrea D./Schneider, Werner (2008): Vom Diskurs zum Dispositiv – Eine Einführung in die Dispositivanalyse. Bielefeld: transcript Verlag.

Bundesministerium für Familie, Senioren, Frauen und Jugend: Familienreport 2012 – Leistungen, Wirkungen, Trends. http://www.bmfsfj.de/RedaktionBMFSFJ/Broschuerenstelle/Pdf-Anlagen/Familienreport-2012,property=pdf,bereich=bmfsfj,sprache=de,rwb=true.pdf [Zugriff: 20.12.2015].

Bundesministerium für Familie, Senioren, Frauen und Jugend: Familienreport 2014– Leistungen, Wirkungen, Trends. http://www.bmfsfj.de/RedaktionBMFSFJ/Broschuerenstelle/Pdf-Anlagen/Familienreport_202014,property=pdf, bereich=bmfsfj,sprache=de,rwb=true.pdf [Zugriff 20.12.2015].

Bundesministerium für Familie, Senioren, Frauen und Jugend: Neue Wege – Gleiche Chancen – Gleichstellung von Frauen und Männern im Lebenslauf. Erster Gleichstellungsbericht. http://www.bmfsfj.de/RedaktionBMFSFJ/Broschuerenstelle/Pdf-Anlagen/Erster-Gleichstellungsbericht-Neue-Wege-Gleiche-Chancen,property=pdf,bereich=bmfsfj,sprache=de,rwb=true.pdf [Zugriff 20.12.2015].

Butler, Judith (1991): Das Unbehagen der Geschlechter. Gender Studies. Berlin: Suhrkamp Verlag.

Butler, Judith (1993): Körper von Gewicht. Die diskursiven Grenzen des Geschlechts. Berlin: Suhrkamp Verlag.

Catalyst (2007): The Bottom Line: Corporate Performance and Women's Representation on Boards. http://www.catawit.ca/files/PDF/CATALYST_The_Bottom_Line_Women_Representation_on_Boards2.pdf [14.8.2015].

Charta der Vielfalt (2011): Diversity als Chance – Die Charta der Vielfalt der Unternehmen in Deutschland. http://www.charta-der-vielfalt.de/charta-der-vielfalt/die-charta-im-wortlaut.html [Zugriff 20.12.2015].

Cremer, Christa/Klehm, Wolf R. (1978): Aktionsforschung-Wissenschaftshistorische und gesellschaftliche Grundlagen – methodische Perspektiven. Weinheim: Bertz Verlag.

Crossan, Mary M./Lane, Henry W./White, Roderick E. (1999): An Organizational Learning Framework: From Intuition to Institution. In: The Academy of Management Review, 24, 3, pp. 522–537.

DeStatis – Statistisches Bundesamt (2014): https://www.destatis.de/DE/PresseService/Presse/Pressemitteilungen/zdw/2014/PD14_013_p002.html [Zugriff 20.12.2015].

Destatis-Statistisches Bundesamt (2013): Teilzeitquote von Frauen in Deutschland über EU-Durchschnitt. https://www.destatis.de/DE/PresseService/Presse/Pressemitteilungen/2012/03/PD12_078_132.html [Zugriff 20.12.2015].

Destatis-Statistisches Bundesamt (2014): Frauen in Führungspositionen. https://www.destatis.de/DE/ZahlenFakten/Indikatoren/QualitaetArbeit/Dimension1/1_4_FrauenFuehrungspositionen.html [Zugriff 20.12.2015].

Drescher, Ulrich M. (1998): Großformen der Moderation. In: Dolender, Sabina (Hrsg.): Managementtrainer: Adressen, Referenzen, Honorare. Frankfurt am Main: Campus-Verlag, S. 120–145.

Eikeland, Olav/Nicolini, Davide (2011): Turning Practically: Broadening the Horizon. Introduction to the Special Issue. In: Journal of Organizational Change Management, 24, 2, pp. 16–174.

Elkjaer, Bente (2004). The Learning Organization. An Undelivered Promise. In: Grey, Chris (Hrsg.) Essential Readings in Management Learning. London: Sage.

Elkjaer, Bente (2009): Pragmatism : A learning theory for the future. In: Illeris, Knut (Hrsg.): Contemporary Theories of Learning: Learning Theorists – In Their Own Words. London: Routledge.

Ernst & Young (2015): Empowering women: uncovering financial inclusion barriers – Steering trends to serve the goal. http://www.ey.com/Publication/vwLUAssets/EY-empowering-women-uncovering-financial-inclusion-barriers/$FILE/EY-empowering-women-uncovering-financial-inclusion-barriers.pdf [Zugriff 20.12.2015]

Europäische Kommission (Hrsg.) (2006): Entrepreneurship and Small und medium-sized enterprises (SMEs). http://ec.europa.eu/enterprise/policies/sme/files/sme_definition/sme_user_guide_de.pdf [Zugriff 31.07.2013].

Fahrenwald, Claudia (2011): Erzählen im Kontext neuer Lernkulturen. Eine bildungstheoretische Analyse im Spannungsfeld von Wissen, Lernen und Subjekt. Wiesbaden: VS Verlag für Sozialwissenschaften.

Faulstich, Peter/Zeuner, Christine (2010): Erwachsenenbildung. Weinheim und Basel: Beltz Verlag.

FIDAR – Frauen in die Aufsichtsräte: Women on Board-Index 2016. http://www.fidar.de/wob-indizes/wob-index/uebersicht.html

Flick, Uwe (2007): Qualitative Sozialforschung: Eine Einführung. Reinbek: rororo Verlag.

Foucault, Michel (1977): Überwachen und Strafen. Die Geburt des Gefängnisses. Frankfurt am Main: Suhrkamp Verlag.

Foucault, Michel (1983): Sexualität und Wahrheit I: Der Wille zum Wissen. Frankfurt am Main: Suhrkamp Verlag.

Froschauer, Ulrike (2009): Artefaktanalyse. In: Kühl, Stefan/Strodtholz, Petra/Taffertshofer, Andreas (Hrsg.): Handbuch Methoden der Organisationsforschung: Quantitative und qualitative Methoden. Wiesbaden: VS Verlag für Sozialwissenschaften, S. 326–347.

Geißler, Harald (2000): Organisationspädagogik: Umrisse einer neuen Herausforderung. München: Vahlen Verlag.

Georgi, Viola (2015): Integration, Diversität, Inklusion: Anmerkungen zu aktuellen Debatten mit der deutschen Migrationsgesellschaft. In: DIE Zeitschrift für Erwachsenenbildung 2/2015: Migration. S. 25–27.

Gherardi, Silvia (1995): Gender, Symbolism and Organizational Cultures. London: Sage Publications.

Gherardi, Silvia (2001): From organizational learning to practice-based knowing. In: Human Relations 54, pp. 131–139.

Gherardi, Silvia (2012): Is Organizational Learning Possible without Participation? In: Weber, Susanne Maria/Göhlich, Michael/Schröer, Andreas/Fahrenwald, Claudia/Macha, Hildegard (Hrsg.): Organisation und Partizipation. Organisation und Pädagogik, Bd. 13. Wiesbaden: Springer VS Verlag für Sozialwissenschaften, S. 29–44.

Gherardi, Silvia (2013): How to Conduct a Practice-Based Study. Problems and Methods. Cheltenham/Northampton: Edward Elgar.

Gherardi, Silvia/Nicolini, Davide (2001): The Sociological Foundations of Organizational Learning. In: Dierkes, Meinolf/Antal, Ariane Berthoin/Child, John/Nonaka, Ikujiro: Handbook of Organizational Learning and Knowledge. Oxford: University Press, pp. 35–60.

Gherardi, Silvia/Poggio, Barbara (2001): Creating and Recreating Gender in Organizations. In: Journal of World Business 36, 3, pp. 245–259.

Gläser, Jochen/Laudel, Grit (2010): Experteninterviews und qualitative Inhaltsanalyse als Instrumente rekonstruierender Untersuchungen. Berlin: Springer Verlag.

Gnambs, Timo/Batinic, Bernad (2011): Qualitative Online Forschung. In: Balzer, E./Naderer, G. (Hrsg.): Qualitative Marktforschung in Theorie und Praxis. Wiesbaden: Springer Gabler Verlag, S. 343–362.

Göhlich, Michael/Hopf, Caroline/Sausele, Ines (Hrsg.) (2005): Pädagogische Organisationsforschung. Organisation und Pädagogik, Bd. 3. Wiesbaden: VS Verlag für Sozialwissenschaften.
Göhlich, Michael/Zirfas, Jörg (2007): Lernen. Ein pädagogischer Grundbegriff. Stuttgart: Kohlhammer Verlag.
Göhlich, Michael/Tippelt, Rudolf (2008): Pädagogische Organisationsforschung. Themenheft der Zeitschrift für Pädagogik, 5/2008.
Göhlich, Michael/Weber, Susanne/Wolff, Stefan (2009): Organisation und Erfahrung. Beiträge der AG Organisationspädagogik. Wiesbaden: Springer VS Verlag für Sozialwissenschaften.
Göhlich, Michael/Weber, Susanne/Seitter, W./Feld, T. (2010): Organisation und Beratung. Beiträge der AG Organisationspädagogik. Wiesbaden: VS Verlag.
Göhlich, Michael/Weber, Susanne/Schiersmann, Christiane/Schröer, Andreas (2011): Organisation und Führung. Beiträge der Kommission Organisationspädagogik. Wiesbaden: Springer VS Verlag für Sozialwissenschaften.
Göhlich, Michael/Weber, Susanne/Öztürk, Halit/Engel, Nicolas (2012): Organisation und kulturelle Differenz. Diversity, Interkulturelle Öffnung, Internationalisierung. Wiesbaden: Springer Verlag.
Göhlich, Michael/Weber, Susanne/Schröer, A./Fahrenwald, Claudia/Macha, Hildegard (2013): Organisation und Partizipation. Beiträge der Kommission Organiationspädagogik. Wiesbaden: Springer VS für Sozialwissenschaften.
Göhlich, Michael/Weber, Susanne Maria/Schröer, Andreas/Schwarz, Jörg (Hrsg.) (2014): Organisation und das Neue – Beiträge der Kommission Organisationspädagogik. Berlin: Springer Verlag.
Göhlich, Michael/Weber, Susanne M./Schröer, Andreas (2014): Forschungsmemorandum der Organisationspädagogik. In: Erziehungswissenschaft. Mitteilungen der Deutschen Gesellschaft für Erziehungswissenschaft, 49, S. 96–105.
Gorli, Mara/Scaratti, Giuseppe/Nicolini, Davide (2010): From Awareness to Authorship: Using the Interview to the Double and other Ethnonarrative Methods to Foster Transformative Action. Paper presented at the OKLC International Conference Boston.
Gramespacher, Elke/Melzer, Kerstin (2010): Dual-Career-Strategien als Teil gender- und diversitygerechter Personalentwicklung an Hochschulen. In: Gender: Zeitschrift für Geschlecht, Kultur und Gesellschaft, Heft 3/10, 2, S. 123–133.
Habermas, Jürgen (1985): Der philosophische Diskurs der Moderne. Frankfurt am Main: Suhrkamp Verlag.
Hagemann-White, Carol (1989): Wir werden nicht zweigeschlechtlich geboren ... In: Rerrich, Maria (Hrsg.); FrauenMännerBilder. Männer und Männlichkeit in der feministischen Diskussion, Bielefeld: AJZ.
Hager, Willi/Patry, Jean-Luc/Brezing, Hermann (Hrsg.) (2000): Evaluation psychologischer Interventionsmaßnahmen. Standards und Kriterien: Ein Handbuch. Bern: Huber.
Harding, Sandra (1991): Feministische Wissenschaftstheorie. Zum Verhältnis von Wissenschaft und sozialem Geschlecht. Hamburg: Argument.
Harding, Sandra (1994): Das Geschlecht des Wissens. Frauen denken die Wissenschaft neu. Frankfurt am Main/New York: Campus Verlag.

Hochschild, Arlie (1998): Der Arbeitsplatz wird zum Zuhause, das Zuhause wird zum Arbeitsplatz. Total Quality Management bei der Arbeit, Taylorismus im Familienalltag – kann das auf Dauer gut gehen? Harvard Business Manager, 3, S. 29–41.

Holst, Elke/Busch-Heizmann, Anne/Wieber, Anna (2015): Der anliegende Führungskräfte-Monitor 2015 (Update 2001-2013) des DIW Berlin.

Holst, Elke/Kirsch, Anja (2015): Weiterhin kaum Frauen in den Vorständen großer Unternehmen – auch Aufsichtsräte bleiben Männerdomänen. DIW Wochenbericht 4/2015, S. 47–60.

Holst, Elke/Friedrich, Martin (2016): Hohe Führungspositionen: In der Finanzbranche haben Frauen im Vergleich zu Männern besonders geringe Chancen. In: DIW Wochenbericht 37, Berlin, S. 827–838.

Institut für Demoskopie Allensbach (2015): Weichenstellung für die Aufgabenteilung in Familie und Beruf – Untersuchungsarbeit zu einer repräsentativen Befragung von Elternpaaren im Auftrag des Bundesministeriums für Familie, Senioren, Frauen und Jugend. http://www.ifd-allensbach.de/uploads/tx_studies/Weichenstellungen.pdf [Zugriff: 11.12.2015].

Kahlert, Heike (2004): Gender Mainstreaming als neues Prinzip soziologischer Beratung: das Beispiel Hochschulentwicklung. In: Sozialwissenschaften und Berufspraxis, 27, 4, S. 387–398.

Kahlert, Heike (2009): Die Reflexivität von Frauen- und Geschlechterforschung und Gleichstellungspolitik. Wissenssoziologische Annäherungen an ein Spannungsverhältnis. In: Riegraf, Birgit/Plöger, Lydia (Hrsg.): Geschlecht zwischen Wissenschaft und Politik. Perspektiven der Frauen- und Geschlechterforschung auf die „Wissensgesellschaft". Opladen: Barbara Budrich Verlag, S. 49–65.

Kirkpatrick, Donald L./Kirkpatrick, James D. (2006): Evaluating Training Pro-grams. The Four Levels. San Francisco: Berrett-Koehler Publishers

Kitchenham, Andrew (2008): The Evolution of John Mezirow's Transformative Learning Theory. In: Journal of Transformative Education 6, pp. 104ff.

Koall, Iris (2001): Managing Gender & Diversity – von der Homogenität zur Heterogenität in der Organisation der Unternehmung. Münster: LIT Verlag.

Köppel, P./Yan, J./Lüdicke, J. (2007): Cultural Diversity Management in Deutschland hinkt hinterher. Gütersloh: Bertelsmann Stiftung-Kompetenzzentrum Unternehmenskultur/Führung.

Köppel, Petra/Yan, Junchen/Lüdicke, Jörg (2007): Cultural Diversity Management in Deutschland hinkt hinterher. Gütersloh: Bertelsmann Stiftung -Kompetenzzentrum Unternehmenskultur/Führung.

Krell, Gertraude (2014): Diversity: Vielfältige Verständnisse – und auch Missverständnisse. In: Nutzenberger, Stefanie/Welskopp-Deffaa, Eva M. (Hrsg.): Aufregend bunt, vielfältig normal! Managing Diversity in Betrieb und Verwaltung, Hamburg: VSA, S. 20–31.

Krell, Gertraude/Riedmüller, Barbara/Sieben, Barbara/Vinz, Dagmar (Hrsg.) (2007): Diversity Studies. Grundlagen und interdisziplinäre Ansätze. Frankfurt am Main: Campus Verlag.

Krell, Gertraude/Ortlieb, Renate/Sieben, Barbara (Hrsg.) (2011): Chancengleichheit durch Personalpolitik. Gleichstellung von Frauen und Männern in Unternehmen und Verwaltungen. Wiesbaden: Springer Gabler Verlag.

Krislin, Carolin/Köppel, Petra (2008): Diversity Management durch die Hintertür – Über das wirtschaftliche Potenzial von kultureller Vielfalt im Mittelstand. Gütersloh: Bertelsmann Stiftung – Kompetenzzentrum Unternehmenskultur/Führung.

Kromrey, Helmut (2000): Empirische Sozialforschung: Modelle und Methoden der standardisierten Datenerhebung und Datenauswertung. Stuttgart: UTB Verlag.

Kühl, Stefan/Strodtholz, Petra/Taffertshofer, Andreas (Hrsg.) (2009): Handbuch Methoden der Organisationsforschung: Quantitative und qualitative Methoden. Wiesbaden: Springer VS Verlag für Sozialwissenschaften.

Kuper, Harm (2004): Innovation der Erziehung und der Erziehungswissenschaft. In: Hessische Blätter für Volksbildung, Heft 3, S. 195–206.

Lassey, Peter (1998): Developing a Learning Organization. London: Kogan Page.

Lawrence, T.B./Mauws, M.K./Dyck, B./Kleysen R.F. (2005): The Politics of Organizational Learning: Integrating Power into the 4I Framework. The Academy of Management Review. 30, 1, pp. 180–191.

Leigh Star, Susan/Griesemer, James R. (1989): Institutional Ecology, ‚Translations' and Boundary Objects: Amateurs and Professionals in Berkeley's Museum of Vertebrate Zoology. In: Social Studies of Science, 19, 3, pp. 387–420.

Lewin, Kurt (1963): Feldtheorie in den Sozialwissenschaften. Bern: Klett Verlag.

Liebig, Brigitte (2007): ‚Tacit Knowledge' und Management. Ein wissenssoziologischer Beitrag zur qualitativen Organisationskulturforschung. In: Bohnsack, Ralf/Nentwig-Gesemann, Iris/Nohl, Arnd-Michael (Hrsg.): Die dokumentarische Methode und ihre Forschungspraxis. Grundlagen qualitativer Sozialforschung. Wiesbaden: Springer VS Verlag für Sozialwissenschaften, S. 147–165.

Lueger, Manfred (2000): Grundlagen qualitativer Feldforschung. Methodologie – Organisierung – Materialanalyse. In: Forum Qualitative Sozialforschung/Forum: Qualitative Social Research 3/2002, 1.

Lueger, Manfred (2009): Interpretative Sozialforschung. Die Methoden. Stuttgart: UTB Verlag.

Macha, Hildegard (2006): Work-Life-Balance und Frauenbiographien. In: Schlüter, Anne (Hg.): Bildungs- und Karrierewege von Frauen. Opladen: Barbara Budrich Verlag, S. 17–32.

Macha, Hildegard (2007): Transformation der Organisation durch Potenzialentwicklung und Netzwerkbildung. In: Tomaschek, Nino (Hrsg.): Die bewusste Organisation. Steigerung der Leistungsfähigkeit, Lebendigkeit und Innovationskraft. Heidelberg: Carl-Auer-Verlag, S. 63–79.

Macha, Hildegard (2011): Gender in Academia. In: Macha, Hildegard/Fahrenwald, Claudia/Bauer, Quirin: Gender and Education. Stuttgart: Holtzbrink Verlag, S. 79–86.

Macha, Hildegard (2013): Organisation und Partizipation aus pädagogischer Sicht – eine Einführung. In: Weber, Susanne Maria/Göhlich, Michael/Schröer, Andreas/Fahrenwald, Claudia/Macha, Hildegard (Hrsg.): Organisation und Partizipation. Beiträge der Kommission Organisationspädagogik. Wiesbaden: Springer VS Verlag für Sozialwissenschaften, S. 45–58.

Macha, Hildegard (2016): Die Forschungsmethodologie des Transformativen Organisationalen Lernens in Unternehmen. In: Göhlich, Michael/Weber, Susanne Maria/Schröer, Andreas/Paetzold, Henning (Hrsg.): Organisation und Theorie. Beiträge der Kommission Organisationspädagogik. Wiesbaden: Springer VS Verlag für Sozialwissenschaften.

Macha, Hildegard (2016): Zur Einheit von Verändern und Forschen. Interventionsmethoden und die Methodologie der Transformativen Organisationsforschung. In: Göhlich, M./Weber, S. M./Schröer, A./Schemmann, M. (Hrsg.): Organisation und Methode. Beiträge der Kommission Organisationspädagogik, Bd. 19. Wiesbaden: Springer, S. 169–178.

Macha, Hildegard/Lödermann, Anne-Marie/Bauhofer, Wolfgang (2010): Kollegiale Beratung in der Schule: Theoretische, empirische und didaktische Impulse für die Lehrerfortbildung. Weinheim/München: Juventa Verlag.

Macha, Hildegard/Handschuh-Heiß, Stephanie/Magg-Schwarzbäcker, Marion/Gruber, Susanne (2010): Gleichstellung und Diversity an der Hochschule. Implementierung und Analyse des Gender Mainstreaming-Prozesses. Opladen: Budrich UniPress.

Macha, Hildegard/Struthmann, Sandra (2011): Controlling von Gleichstellungspolitik als Organisationsentwicklung der Hochschule. Die Gender Balanced Scorecard. In: Gender, 3, 1, S. 126–135.

Macha, Hildegard/Gruber, Susanne/Struthmann, Sandra (2011): Die Hochschule strukturell verändern. Gleichstellung als Organisationsentwicklung an Hochschulen. Opladen: Budrich UniPress.

Macha, Hildegard/Brendler, Hildrun (2014a): Gleichstellung und Diversity im quartären Bildungssektor – Transformatives Organisationales Lernen im Unternehmen. In: Freiburger Zeitschrift für Geschlechterstudien, 20, 1, S. 81–96.

Macha, Hildegard/Brendler, Hildrun (2014b): „Transformatives Organisationales Lernen in Unternehmen". In: Weber, Susanne Maria/Göhlich, Michael/Schröer, Andreas/Schwarz, Jörg (Hrsg.): Organisation und das Neue. Beiträge der Kommission Organisationspädagogik. Wiesbaden: Springer VS für Sozialwissenschaften, S. 331–340.

Macha, Hildegard/Hitzler, Stefanie (2016 i.V.): Transformative Organisationsforschung mit Gender und Diversity in Unternehmen. In: Genkova, Petia/Ringeisen, Tobias (Hrsg.): Handbuch Gegenstandsbereiche der Diversity Kompetenz. New York: Springer Verlag.

Macha, Hildegard/Brendler, Hildrun/Hitzler, Stefanie/Spiegler, Elena (2017 i. V.): Verändern und Forschen – Interventionsprozesse mit Gender und Diversity im Unternehmen steuern und messen. In: Schemme, D./Novak, H. (Hrsg.): Gestaltungsorientierte Forschung in Innovations- und Entwicklungsprogrammen – Potenzial für Praxisgestaltung und Wissenschaft BIBB. Bonn.

Macha, Hildegard/Hitzler, Stefanie/Spiegler, Elena (2016): Weiterbildung in Unternehmen mit der Strategie Gender und Diversity. In: Schurt, Verena/Waburg, Wiebke/Mehringer, Volker/Strasser, Josef (Hrsg.): Heterogenität in Bildung und Sozialisation. Wiesbaden: VS-Verlag, S. 199–215.

Macha, Hildegard (2016): Zur Einheit von Verändern und Forschen. Interventionsmethoden und die Methodologie der Transformativen Organisationsforschung. In: Göhlich, Michael/Weber, Susanne M./Schröer, Andreas/Schemmann, Michael (Hrsg.): Organisation und Methode. Beiträge der Kommission Organisationspädagogik. Wiesbaden: Springer V, S. 169–178.

Macharzina, Wolf (2008): Unternehmensführung: Das internationale Managementwissen – Konzepte – Methoden – Praxis. Wiesbaden: Springer Gabler Verlag.

March, James G. (1991): Exploration and exploitation in organization learning. Organisation Sience, 2, pp. 71–87.

Mayerhofer, Wolfgang/Grusch, Leila/Mertzbach Martina (2008): Corporate Social Responsibility – Einfluss auf die Einstellung zu Unternehmen und Marken. Wien: Facultas Verlag.

Mayring, Philipp (1983): Qualitative Inhaltsanalyse. Grundlagen und Techniken. Weinheim: Beltz Verlag.

Mayring, Philipp (2002): Qualitative Analyseansätze in der Lehr-Lern-Forschung. In: K. Spreckelsen, K. Möller & A. Hartinger (Hrsg.): Ansätze und Methoden empirischer Forschung zum Sachunterricht. Bad Heilbrunn: Klinkhardt, S. 59–70.

Mayring, Philipp (2010): Qualitative Inhaltsanalyse. In: G. Mey & K. Mruck (Hrsg.): Handbuch Qualitative Forschung in der Psychologie. Wiesbaden: Springer VS Verlag für Sozialwissenschaften, S. 601–613.

McKinsey & Company (2010): Women Matter 3 – Women leaders, a competitive edge in and after the crisis. https://www.mckinsey.de/sites/mck_files/files/women_matter_3_brochure.pdf [Zugriff 20.12.2015].

McRobbie, Angela (2010): Top Girls. Feminismus und der Aufstieg des neoliberalen Geschlechterregimes. Wiesbaden: Springer VS Verlag für Sozialwissenschaften.

Merkens, Andreas (Hrsg.) (2004): Antonio Gramsci: Erziehung und Bildung, Studienband auf Grundlage der kritischen Gesamtausgabe der Gefängnishefte. Hamburg: Argument.

Merx, Andreas/Vassilopoulou, Joana (2007): Das arbeitsrechtliche AGG und Diversity-Perspektiven. In: Koall, Iris/Bruchhagen, Verena/Höher, Friederike (Hrsg.): Diversity Outlooks. Diversity zwischen Antidiskriminierung, Ethik und Profit, S. 354–385.

Meuser, Michael (2004): Geschlecht und Arbeitswelt – Doing Gender in Organisationen. Halle: Deutsches Jugendinstitut.

Meuser, Michael (2009): Humankapital Gender. Geschlechterpolitik zwischen Ungleichheitssemantik und ökonomischer Logik. In: Andresen, Sünne/Lüdke, Dorothea/Koreuber, Mechthild (Hrsg.): Gender und Diversity: Albtraum oder Traumpaar? Interdisziplinärer Dialog zur „Modernisierung" von Geschlechter- und Gleichstellungspolitik. Wiesbaden: Springer VS Verlag für Sozialwissenschaften, S. 95–109.

Mezirow, J. (2012): Learning to think like an adult: Core concepts of transformation theory. In: Taylor, E./Cranton, P. (Hrsg.): The Handbook of Transformative Learning: Theory, Research and Practise. San Francisco: Jossey-Bass, pp. 73–96.

Mezirow, Jack (1996): Contemporary Paradigms of Learning. In: Adult Education Quarterly, 46, 3, pp. 158–172.

Mezirow, Jack (2000): Learning as transformation: Critical perspectives on a theory in progress. San Francisco: Jossey Bass.

Morris, Pamela/Bronfenbrenner, Urie (1998): The ecology of developmental processes. In: Damon, W./Lerner, R. M. (Hrsg.): Handbook of child psychology, Vol. 1: Theoretical models of human development. New York: John Wiley, pp. 993–1023.

Morris, Pamela/Bronfenbrenner, Urie (2006): The bioecological model of human development. In: Damon, W./Lerner, R. M. (Hrsg.): Handbook of child psychology, Vol. 1: Theoretical models of human development. New York: John Wiley, pp. 793–828.

Moser, Heinz (1978): Aktionsforschung als kritische Theorie der Sozialwissenschaften. München: Kösel Verlag.

Müller, Ursula/Riegraf, Birgit/Wilz, Sylvia M. (Hrsg.) (2013): Geschlecht und Organisation. Wiesbaden: Springer VS für Sozialwissenschaften.
Nicolini, Davide (2009): Articulating Practice through the Interview to the Double. In: Management Learning, 40, 2, pp. 195–212.
Nonaka, Ikujiro (1994): A Dynamic Theory of Organizational Knowledge Creation. In: Organization Science, 5, 1, pp. 14–37.
Olfert, Klaus (2009): Organisation. Herne: Friedrich Kiehl Verlag.
Österreichische Gesellschaft für Umwelt und Technik (Hrsg.) (2007): Argumente für die Implementierung von Gender Mainstreaming: Positionspapier. Online verfügbar unter: http://www.imag-gmb.at/cms/imag/attachments/2/3/2/CH0574/CMS1314623038972/argumenteimplementierunggm.pdf. Zuletzt abgerufen am: 01.08.2013.
Pfetzing, Karl/Rohde, Adolf (2009): Ganzheitliches Projektmanagement. Gießen: Verlag Dr. Götz Schmidt.
Polacek, Laura Isabella (2014): Die Kollegiale Beratung als Weiterbildungsmaßnahme im Gender Mainstreaming. Bachelor-Arbeit Göttingen: Georg August-Universität.
Prengel, Annedore (2007): Diversity Education – Grundlagen und Probleme der Pädagogik der Vielfalt. In: Krell, Gertraude/Riedmüller, Barbara/Sieben, Barbara/Vinz, Dagmar (Hrsg.): Diversity Studies. Grundlagen und interdisziplinäre Ansätze. Frankfurt am Main: Campus, S. 49–67.
Raasch, Sibylle/Rastetter, Daniela (2009): Das Allgemeine Gleichbehandlungsgesetz (AGG) als Sparversion – Ergebnisse einer Unternehmensbefragung, in: Arbeit. Zeitschrift für Arbeitsforschung, Arbeitsgestaltung und Arbeitspolitik, 18, 3, S. 186–199.
Reinmann, Gabi (2005): Individuelles Wissensmanagement – ein Rahmenkonzept für den Umgang mit personalem und öffentlichem Wissen. Arbeitsbericht Nr. 5. Augsburg: Universität Augsburg/Medienpädagogik.
Ridgeway, Cecilia (2001): Gender, Status, and Leadership. In: Journal of Social Issues, 57, 4, pp. 637–665.
Riegraf Birgit/Plöger Lydia (Hrsg.) (2009): Gefühlte Nähe-Faktische Distanz. Geschlecht zwischen Wissenschaft und Politik. Perspektiven der Frauen- und Geschlechterforschung auf die „Wissensgesellschaft". Opladen: Barbara Budrich Verlag.
Riegraf, Birgit (1996): Geschlecht und Mikropolitik. Das Beispiel betrieblicher Gleichstellung. Opladen: Barbara Budrich Verlag.
Riegraf, Birgit (2008): Geschlecht und Differenz in Organisationen: Von Gleichstellungspolitik und erfolgreichem Organisationslernen. In: WSI-Mitteilungen 7, S. 400–405.
Rohrschneider, Uta/Friedrichs, Sarah/Lorenz, Michael (2010): Erfolgsfaktor Potenzialanalyse: Aktuelles Praxiswissen zu Methoden und Umsetzung in der modernen Personalentwicklung. Wiesbaden: Springer Gabler Verlag.
Sander, Alfred (2006): Liegt Inklusion im Trend? In: Vierteljahresschrift für Heilpädagogik und ihre Nachbargebiete 75, S. 51–53.
Sausele-Bayer, Ines (2011): Personalentwicklung als pädagogische Praxis. Wiesbaden: Springer VS Verlag für Sozialwissenschaften.
Scharrer, Katharina (2012): Ursachen für die Einmündungsschwierigkeiten junger Menschen mit Migrationshintergrund in die berufliche Ausbildung. In: Scharrer, Katharina/Schneider, Sibylle/Stein, Margit (Hrsg.): Übergänge von der Schule in

Ausbildung und Beruf bei jugendlichen Migrantinnen und Migranten – Herausforderungen und Chancen. Bad Heilbrunn: Klinkhardt.

Scharrer, Katharina (2015): Die Transition von der Mitarbeiter- in die Führungsposition. Identifizierung, Selektion und Entwicklung von Nachwuchsführungskräften durch Talent Management. Bern: Peter Lang Verlag.

Schein, Edgar H. (1985): Organizational Culture and Leadership. San Francisco: Jossey Bass.

Schein, Edgar H. (2003): Organisationskultur. Edition Humanistische Psychologie-EHP.

Schiersmann, Christiane/Thiel, Heinz-Ulrich (2009): Organisationsentwicklung: Prinzipien und Strategien von Veränderungsprozessen. Wiesbaden: Springer VS Verlag für Sozialwissenschaften.

Schilling, Jan/Kluge, Annette (2009): Barriers to Organizational Learning: An Integration of Theory and Research. In: International Journal of Management Reviews, 11, 3, pp. 337–360.

Schmalen, Helmut 2001: Grundlagen und Probleme der Betriebswirtschaft. Stuttgart: Schäffer Pöschel Verlag.

Schneider, Erika/Baltes-Löhr, Christel (2013): Normierte Kinder. Effekte der Geschlechternormativität auf Kindheit und Adoleszenz. Bielefeld: transcript Verlag.

Schröer, Andreas (2004): Change Management pädagogischer Institutionen. Wandlungsprozesse in Einrichtungen der Evangelischen Erwachsenenbildung. Opladen: Barbara Budrich Verlag.

Schützeichel, Reiner (2007): Handbuch Wissenssoziologie und Wissensforschung. Konstanz: UVK Verlag.

Senge, Peter M. (1999): Die fünfte Disziplin. Kunst und Praxis der lernenden Organisation. Stuttgart: Klett-Cotta Verlag.

Senge, Peter M./Kleiner, Art/Roberts, Charlotte (Hrsg.) (1996): Das Fieldbook zur ‚Fünften Disziplin'. Stuttgart: Klett-Cotta Verlag.

Smykalla, Sandra (2010): Die Bildung der Differenz: Weiterbildung und Beratung im Kontext von Gender Mainstreaming. Wiesbaden: Springer VS Verlag für Sozialwissenschaften.

Sozialpolitik aktuell (2014): Arbeitsmarkt und Arbeitslosigkeit-Grundinformationen. http://www.sozialpolitik-aktuell.de/arbeitsmarkt-grundinfo.html [Zugriff 21.12.2015].

Statistisches Landesamt Baden-Württemberg-Bildungsklick: Ausländische MINT-Fachkräfte im Südwesten: Jung und hoch qualifiziert. http://bildungsklick.de/pm/83224/auslaendische-mint-fachkraefte-im-suedwesten-jung-und-hoch-qualifiziert/ [Zugriff 17.04.2015].

Stiegler, Hubert (2005): Praxisbuch-Empirische Sozialforschung in den Erziehungs- und Bildungswissenschaften. Innsbruck: Studien Verlag.

Strauss, Anselm/Corbin, Juliet (2010): Grounded Theory: Grundlagen Qualitativer Sozialforschung. Weinheim: Verlagsgruppe Beltz.

Struthmann, Sandra (2013): Gender & Diversity im Unternehmen. Wiesbaden: Springer VS Verlag für Sozialwissenschaften.

Suárez-Herrera, José Carlos/Springett, Jane/Kagan, Carolyn (2009): Critical Connections between Participatory Evaluation, Organizational Learning and Intentional Change in Pluralistic Organizations. In: Evaluation, 15, Los Angeles: Sage Publications, pp. 321–342.

Swieringa, J./Wierdsma, A. (1992): Becoming a Learning Organization: Beyond the Learning Curve. Wokingham: Addison-Wesley.
Taylor, Edgar/Cranton, Patricia (2012): Handbook of Transformative Learning. Weinheim: Wiley.
Tosey, Paul (2006): Bateson's Levels of Learning: A Framework for Transformative Learning?. http://epubs.surrey.ac.uk/1198/1/fulltext.pdf [Zugriff 17.04.2015].
Truschkat, Inga (2008): Kompetenzdiskurs und Bewerbungsgespräche – Eine Dispositivanalyse (neuer) Rationalitäten sozialer Differenzierung. Berlin: Springer Verlag.
Van den Brink, Marieke/Benshop, Yvonne (2011): Slaying the Seven-Headed Dragon: The Quest for Gender Change in Academia. In: Gender, Work and Organization 19, 1, S. 71–92.
Villa, Paula-Irene (2011): Sexy Bodies. Eine soziologische Reise durch den Geschlechtskörper. Reihe: Geschlecht und Gesellschaft, Band 23, Wiesbaden: Springer VS Verlag für Sozialwissenschaften.
Walgenbach, Katharina (2014): Heterogenität, Intersektionalität, Diversity in der Erziehungswissenschaft. Opladen: Barbara Budrich Verlag.
Walgenbach, Katharina/Dietze, Gabriele/Hornscheidt, Lann/Palm, Kerstin (2007): Gender als interdependente Kategorie. Neue Perspektiven auf Intersektionalität, Diversität und Heterogenität. Opladen: Barbara Budrich Verlag.
Watkins, Karen E./Marsick, Victoria J./Faller, Pierre (2012): Transformative learning in the workplace: Leading learning for self and organizational change. In Taylor, Edward/Cranston, Patricia: The Handbook of Transformative Learning: Theory, Research, and Practice. San Francisco: Jossey-Bass, pp. 373–387.
Weber, Susanne Maria (2007): Mythos, Mode, Machtmodell. Konzepte der Organisationsberatung als pädagogisches Wissen am Markt. In: Göhlich, Michael/König, Eckard/Schwarzer, Christine (Hrsg.): Beratung, Macht und organisationales Lernen. Wiesbaden: Springer VS Verlag für Sozialwissenschaften, S. 69–81.
Weber, Susanne Maria (2009): Großgruppenverfahren als Methoden der transformativen Organisationsforschung. In: Kühl, Stefan/Strodtholz, Petra/Taffertshofer, Andreas (Hrsg.): Handbuch Methoden der Organisationsforschung. Quantitative und qualitative Methoden. Wiesbaden: Springer VS Verlag für Sozialwissenschaften, S. 145–179.
Weber, Susanne Maria (2014): Towards a Research Agenda of Multiperspectivity: Potenzials of an integrated Diversity-Innovation- & Development Research in Academic Education and Research. In: Peters, M. (Hrsg.): Special Issue on: Education, Philosophy and Political Economy. Journal Knowledge Cultures. New York, pp. 125–142.
Weber, Susanne Maria/Göhlich, Michael/Schiersmann, Christiane/Schröer, Andreas (Hrsg.) (2011): Organisation und Führung. Wiesbaden: Springer VS Verlag für Sozialwissenschaften.
Weber, Susanne Maria/Göhlich, Michael/Schröer, Andreas/Fahrenwald, Claudia/Macha, Hildegard (Hrsg.) (2012): Organisation und Partizipation, Beiträge der Kommission Organisationspädagogik. Wiesbaden: Springer VS Verlag für Sozialwissenschaften, S. 45–58.
Weick, Karl E. (1995): Sensemaking in organizations. London: Thousand Oaks/Sage.
Weick, Karl E. (1996): Drop Your Tools: An Allegory for Organizational Studies. In: Administrative Science Quarterly, Vol. 41, No. 2, pp. 301–313.

West, Candace/Fenstermaker, Sarah (1995): Doing Difference. In: Gender & Society. Official publication of sociologists for women in society, 9, pp. 8–37.
West, Candace/Fenstermaker, Sarah (1996): Doing Difference. In: Ngan-Ling Chow, Ester/Wilkinson, Doris/Baca Zinn, Maxine (Hrsg.): Race, Class and Gender. Common Bonds Different Voices. London: Thousand Oaks, pp. 357–384.
West, Candace/Fenstermaker, Sarah (2001): „Doing Difference" revisited. Inequality, Power and Institutional Change. London: Routledge.
West, Candace/Zimmerman, Don (1987), Doing Gender. In: Gender & Society, Official publication of sociologists for women in society, 1, S. 125–151.
Wetterer, Angelika (2009): Gleichstellungspolitik im Spannungsfeld unterschiedlicher Spielarten von Geschlechterwissen. Eine wissenssoziologische Rekonstruktion. In: GENDER – Zeitschrift für Geschlecht, Kultur und Gesellschaft, 1, 2, S. 45–60.
Winker, Gabriele/Degele, Nina (2009): Intersektionalität. Zur Analyse sozialer Ungleichheiten. Bielefeld: transcript Verlag.
Winker, Gabriele/Degele, Nina (2010): Feminismus im Mainstream, in Auflösung – oder auf intersektionalen Pfaden. In: Freiburger Geschlechter Studien, 24, S. 79–93.

Unsere Fachzeitschriften auf
www.budrich-journals.de

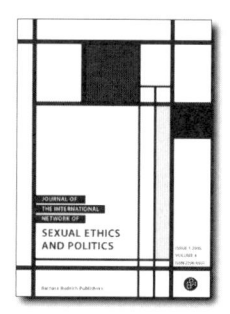

- Einzelbeiträge im Download
- Abonnements (Print + Online)
- Online-Freischaltung für Institutionen über IP
- mit Open Access-Bereichen

Als AbonnentIn mit einem Kombi-Abo Print + Online bekommen Sie Ihr Heft bequem nach Hause geliefert und Sie haben zusätzlich Zugriff auf das gesamte Online-Archiv der jeweiligen Zeitschrift.

Verlag Barbara Budrich
Barbara Budrich Publishers
Stauffenbergstr. 7
D-51379 Leverkusen-Opladen

info@budrich-journals.de

www.budrich-journals.de